制度为什么重要

政治科学中的新制度主义

［英］薇薇安·朗兹（Vivien Lowndes）
马克·罗伯茨（Mark Roberts） 著
徐常锌 译

WHY INSTITUTIONS MATTER

THE NEW INSTITUTIONALISM IN POLITICAL SCIENCE

中国人民大学出版社
·北京·

译者序

提笔之际，忆起自己在阅读和翻译本书时收获良多，恰是一段景盛气集的旅程，希望读者们也能在阅读本书的过程中有所裨益。特借这篇译者序，粗略介绍本书及其作者的情况，并说明翻译过程中的一些斟酌考虑，以期便利读者。

本书题旨一见可明——述评政治科学中的新制度主义研究。作为关心实务的“参与性”学者，本书作者重申了制度主义必须以制度作为根本解释的核心主张，观察到制度主义各个支派已迈入逐渐融合、相互借鉴的新阶段。基于近年来建构主义学者的研究成果，他们提出，制度可通过规则、惯例与叙事话语及其不同搭配而生效。为了回应“何谓制度”这个理论难题，作者既要承认制度的非正式维度，又要预防“概念拉抻”，不可毫无节制地扩大其定义外延。因此，他们深刻探讨了制度主义者是否应当承认能动性、如何认识结构与能动性之间的矛盾等问题，并延伸到制度主义思想如何解释制度的变化与多样性。最终，作者回归到他们的“参与性”立场上，讨论人们是否有可能真正地设计制度。

两位作者中，薇薇安·朗兹博士是英国伯明翰大学荣休教授，她的研究涉及政治制度、地方治理、公民参与、性别和移民等诸多方面，曾在2020—2021年度被英国政治研究学会授予以赛亚·伯林政治研究终身贡献奖；马克·罗伯茨博士在英国德蒙福特大学任研究员与讲师，致力于城市政治、合作治理及社区结构等议题，著述颇多。特别值得注意的是，两位作者在理论知识外均具有丰富的实践经验：朗兹博士曾任英国下议院公共管理特别委员会顾问，负责欧洲委员会、英国下议院及地方政府的多项实务研究工作；罗伯茨博士在投身学界之前就曾长期在地方政府工作，曾负责桑德维尔大都会自治市镇理事会（Sandwell MBC）的儿童保育事务。

因此，本书一方面理论视野宏阔，涉及多个学科的研究成果，另一方面特别注重联系实际，以事说理，各国案例俯拾皆是，对甫始学习政治学的同学、来自其他专业的朋友和从事相关工作的实务人士来说都是友好易读的。

虑及本书的这些特征，我在翻译时尽可能以“归化”为主要策略，让译文贴合中文表达的语言逻辑，靠近原文简练畅达的语言风格，在中文存在类似表达或约定俗成的旧译时不另作新语、新译。但翻译学术著作，应当优先做到完整地传达原文内容。种种情况不能遍举，我在此仅就下列几种常见情况作出说明。

首先，在本书开展理论探讨时，特别是在较为抽象的概念上，原文内容是有一定门槛的，加之中英文间固有的语言逻辑差异，译文就不免冗复甚至晦涩，还望读者谅解。

其次，在原文内容要求读者具备某些特定知识，或作者化用某些俗语、谚语时，亦不得不在正文中采取直译，再以“译者按”的形式在脚注中作出说明。两位作者非常惯用比喻、比拟修辞，但这些喻体和喻解本身对普通读者特别是中文读者来说就有所隔膜。比如“dedazo”一词，它出自西班牙语，且是一个专用于形容墨西哥政治的合成词①，虽然中文确有“指定”一词，但仍需在脚注中有所说明。类似地，其他诸如“借巢孵蛋的杜鹃”的生物现象、来自几何学的“化圆为方”、源起古罗马神话的“雅努斯之面”等语，也均在脚注中作补充说明，协助读者理顺思路。

此外，作者的比喻修辞接近于中文语境下的某些专有名词，但又有明显差别时，为忠实原文计，一般采取直译。比如“pilot”和“beacon”就未译作“试点项目”和“示范工程”，而是仍然依其本意，直译为“试行”和“信标”。

可见，从源语言到目标语言的跨越过程中，信息的丢失和变形都是难以避免的。因此，即便显得行文破碎，有失美观，我仍以圆/方括号在译文中标注人名、地名等专有名词的英文原文，还在脚注中列出部分作品业已出版的中文译本，以便读者随读随查。

在翻译学术作品时，译者面临的关隘应当还是目标语言（中文）与源语言之间的语言逻辑差异。在日常语境下，若干个不同的英文单词对应同一个中文词语，或是同一个英文单词在不同情境下指向不同的含义，往往可以大而化之、模糊处理，个中差别虽然微妙，但其实无碍于主要内容的传达。但在学术作品特别是理论著作中，这样的微妙差别恰恰是主要内容本身。两个日常生活中可交替换用的同义词，在理论世界中可能是内涵天差地别的关键概念，二者取舍之间正是不同理论流派的分歧所在。要如何传达出这样的差别，甚至在译文中凸显出作者在某个具体语境下“必然”使用这个单词（而非那个单词）的思考，对译者而言是非常艰难的。

笔力不济如我，这样的理想境界固非所及，但希望本书的译文不至错讹艰涩过甚而有误读者，也敬请各位读者朋友多多批评，令我略有寸进。

能得译本书，首先要推功杨端程博士从中引介，更仰赖中国人民大学出版社各位编辑老师的支持和帮助。此外，杨光博士也对译稿提出宝贵的修改意见。谨在此一并深表谢意。如有错漏差误，文责自负。

徐常锌

2023 年 3 月 17 日于雪城

---

① 请参见辛塞尔 1987 年发表于《外交政策》的《墨西哥：总统问题》一文：ZINSER A A. “Mexico：the presidential problem.” *Foreign Policy*，1987（69）.

致谢

我们对政治和制度的兴趣，（尽管时间范围略有参差，但）都是在伯明翰大学地方政府研究院和莱斯特的德蒙福特大学公共政策系培养形成的。它们都提供了一种非常特殊的学术环境，就是敢于挑战传统的学科界限，质疑理论和实践之间的分野。

我们在本书中所能明确表述的任何观点见解，既是理论分析和经验研究等更为正式过程下的产物，同时也是我们同伯明翰和莱斯特两地同事非常享受的多次非正式讨论、辩论乃至（不时的）争论的产物。我们想要感谢这些年来影响着我们思考方式的同事们，他们有时会帮助我们进一步完善自己原有的思路，有时又会打断我们的路径依赖、将我们送到前所未闻的知识领域中。在伯明翰大学工作的这一时期，我们想要感谢约翰·斯图尔特（John Stewart）、海伦·沙利文（Helen Sullivan）、克里斯·斯克尔彻（Chris Skelcher）、史蒂文·格里格斯（Steven Griggs）、珍妮特·纽曼（Janet Newman）和特蕾莎·佩恩（Teresa Payne），并且要感谢已故的基伦·沃尔什（Kieron Walsh）的贡献。在德蒙福特期间，我们则要感谢劳伦斯·普拉切特（Lawrence Pratchett）、大卫·威尔逊（David Wilson）、史蒂夫·利奇（Steve Leach）、梅尔文·温菲尔德（Melvin Wingfield）、乔纳森·戴维斯（Jonathan Davies）、蕾切尔·查普曼（Rachael Chapman）、凯瑟琳·杜罗斯（Catherine Durose）、伊斯梅尔·布兰科（Ismael Blanco）、拉比亚·卡拉卡亚·波拉特（Rabia Karakaya Polat）和瓦莱里娅·瓜妮罗斯（Valeria Guarneros）。其中不少同事已经转向应对其他方面的挑战了，不过我们依然一道致力于推进跨学科的学术研究，这既有着强劲的理论活力，也与政策实践密切相关。

目前在诺丁汉大学的薇薇安[①]想要感谢保罗·海伍德（Paul Heywood）、马特·汉弗莱（Mat Humphrey）、露西·萨吉森（Lucy Sargisson）、苏·普莱斯（Sue Pryce）、菲尔·考利（Phil Cowley）、简·迈耶-萨林（Jan Meyer-Sahling）、玛丽亚·韦德（Maria Wade）、哈拉

---

① 2013 年本书出版时，薇薇安·朗兹在诺丁汉大学任教，现为伯明翰大学荣休教授，特此说明。——译者按

尔德·德克尔（Harald Decker）和德斯波伊娜·格里戈利雅窦（Despoina Grigoriadou）。同时，为他们多年来的建议与支持，也向弗朗西丝卡·盖恩斯［Francesca Gains，曼彻斯特（大学）[1]］、彼得·约翰（Peter John，伦敦大学学院）和迈克尔·塞沃德［Michael Saward，华威（大学）］致以谢意。

我们还要感谢帕尔格雷夫·麦克米伦出版社（Palgrave Macmillan）的史蒂文·肯尼迪（Steven Kennedy），感谢他的耐心、鼓励和切实有力的支持，包括他建议我们引入自己的新主张，并不偏不倚地加以探讨等等。正是由于这条建议，我们才得以同谢菲尔德大学政治系建立起密切联系。我们也要感谢西蒙·布尔默（Simon Bulmer）、科林·黑伊（Colin Hay）、马丁·史密斯（Martin Smith）和乔治娜·韦伦（Georgina Waylen）的助益，以及在我们检验最初构思时做出高效反馈的硕士和博士研究生们。

我们还要感谢同样来自帕尔格雷夫·麦克米伦出版社的海伦·康斯（Helen Caunce）在整个写作过程中的建议和协助，以及本系列丛书的编者格里·斯托克（Gerry Stoker）、乔恩·皮埃尔（John Pierre）[2] 和盖伊·彼得斯（Guy Peters）。我们要特别感谢格里·斯托克和罗德·罗兹（Rod Rhodes）（他们目前都执教于南安普敦大学，但之前也成长于伯明翰大学地方政府研究院），感谢他们在这本书漫长的孕育过程中始终相信它必定会出版问世。

在工作之外，我们也都受到家人和朋友们的极大支持。薇薇安在此想要感谢斯图尔特（Stuart）、阿拉斯泰尔（Alastair）、霍普（Hope）和罗里·道格拉斯（Rory Douglas），理查德（Richard）、芭芭拉（Barbara）和菲尔·朗兹（Phil Lowndes），朱莉亚·布坎南（Julia Buchanan）、佩妮洛普·戈尔曼（Penelope Gorman）、伊丽莎白·梅（Elizabeth May）、萨拉·高恩（Sara Gowen）、奥德丽·齐美洛（Audrey Zemiro）、杰基·韦斯特（Jackie West）和莎伦·斯夸尔斯（Sharon Squires）。马克则想要感谢西尔维娅（Sylvia）、格雷厄姆（Graham）、金（Kim）、萨姆（Sam）、亚斯明（Yasmin）和露西娅（Lucia），也要感谢哈里·罗伯茨（Harry Roberts）和简·迪德里克森（Jan Didrichsen）。

薇薇安·朗兹

马克·罗伯茨

① 原文如此。特此补全，下同。——译者按

② 原文如此。应指哥德堡大学政治科学系教授乔恩·皮埃尔（Jon Pierre），特此说明。——译者按

例证材料一览表

方框

图

表

目　录

1　为什么要研究制度？

制度是政治分析题材的核心。实际上，直至 20 世纪 50 年代，由于政治科学聚焦规章体 1
制的研究以及代议制和政府的组织安排，制度研究**正是**（*was*）政治科学本身。政治学家们选取行政和立法机关，又或政党和选举制度，做跨国、跨时间的比较。法律和历史的研究方法，佐以一种描述性的语言风格和一套构成“良政善治”的假设，占据着统治地位。

自 20 世纪 50 年代末以来，行为主义革命对制度主义发起挑战，追问政治的正式形式下还潜藏着什么，并运用经验主义的调查研究，查明不同环境下“谁（真正）在统治”（Sanders，2010）。到下一个世代，理性选择理论家试图从个人自身利益的相互作用入手，对政治做出解释（Hindmoor，2010）。新马克思主义者则另寻他途，专注于（源自劳资关系的）“系统性权力”对政治的主导作用（Maguire，2010）。无论肤色种族，此时的政治学家看起来都在坚决批判前辈学者们对制度全盘接受、不加质疑的态度。他们发出了一个明确的信号：不止于代议制、决策和政策执行的正式安排，政治还包括更多的内涵。

当这些强有力的思潮将政治科学推向新的方向时，那些制度主义者们也被弃诸身后了，那么他们又发生了什么呢？其中不少人深信“你只需静坐原处，风水总会‘轮流转’”（Rhodes，1995：57），并身体力行地继续开展他们的学术工作。其他人则愤然起身，为他们的“常识性”假设和研究方法辩护，在公共管理和宪法研究等分支学科中尤其如此。事实上，到 20 世纪 80 年代末，随着新研究范式的内在局限明确显露出来，制度主义已经“回潮倒流”了。学科的主流研究路径认为，制度充其量不过是个人偏好的简单集合罢了，而“新制度主义”的出现正是要对这个“社会化不足”（undersocialized）的特征做出回应。

“新制度主义者”主张的仅仅是“政治生活的组织有一定影响”（March and Olsen， 2
1984：747）而已，政治学家们就从各个不同的分支领域云集景从而来，聚集在新制度主义的大旗下。历史和比较研究的学者带来了制度在福利和税收等领域塑造政策选择的观点（Steinmo *et al.*，1992）；理性选择学者则关注个人选择形成当中制度要素的影响作用（Weingast，1996；Ostrom，2005）；新马克思主义者阐发了“调节”和“体制”理论，以分析 20 世纪 70 年代被结构主义者所贬低的制度性变化（Painter，1995；Stoker，1995）。古丁和克林格曼（Goodin and Klingemann，1996：25）将新制度主义描述为政治科学的“下一场革命”，就反映出学者对这一理论兴趣的飙升。新制度主义者并没有回归到老一代制度主义那种描述性和非理论的作风上，而是为他们的研究对象发展出一个内涵更广的定义（以包含正式规则之外的非正式惯例），并采用了更为清晰易懂的理论框架（尽管它们并不统一）。历史制度主义、理性选择制度主义和社会学制度主义也各自发展出了迥乎不同的分析路径（Peters，2005）。

在本书中，我们将讲述新制度主义“革命”的故事，并就其对政治科学的贡献，无论是正面的还是负面的，都作出我们的评价。不过，我们也发现存在着另一种正在不断发酵产生的变化，它们风光稍逊，但却同等重要。如果将“旧”制度主义称作这个智识轨道的第一阶段、“新”制度主义称作第二阶段的话，那么在我们眼中，第三阶段业已浮现，轮廓已清晰可见了。这个发展阶段的特征就是，各个（原先分裂的）制度主义学派围绕着各个核心概念和关键难题，逐渐开始形成共识。

在过去 30 年间，制度主义理论已在快速变革，制度本身也是如此。因此，本书并不仅仅将新制度主义作为一种理解政治的途径加以关注，还注意着新制度的发展与扩散，它们通过新的方式构建着全世界的政治。实际上，这两个关注点是相互联系的。随着政治和政府的组织方式变得复杂化、碎片化，政治学家也需要掌握更为精巧复杂的理论和方法论工具。同时，受益于这些工具的有效性，一些在其他情形下可能会遭到忽视的现象，也能得到充分阐释。

伴随着大规模官僚机构的解体，以及人际关系网、合作或“掌舵”（steering）（Rhodes，
3 1997；Sullivan and Skelcher，2002）等“软性”过程的增多，一部分评论家已论及政治和政府的“去制度化”（de-institutionalization）。但政治制度的重要性并未稍减；确切地说，它们有所变化。制度主义理论之所以能为分析当代治理提供一系列有效的概念工具，恰恰是因为它并不将制度等同于组织，也不预先假定政治仅取决于正式的结构和框架。制度主义者们相信，政治生活中存有制度的分化现象；例如，与统治集团和官僚机构共存且影响作用愈发强大的市场和人际关系网等。他们也预见到制度的杂合性，预料到现有制度和新兴制度将会有所重叠，并且会通过各种依托于情境背景的途径重新结合起来。此外，他们也认识到，非正式传统能够具有与正式规章同等的约束力，甚至尤为抗拒改变。更重要的是，第二阶段以及眼下第三阶段的制度主义者们，都格外强调制度的“双重性质”，即制度约束着人的行为，但它又是人的创造物（Grafstein，1988：517—518）。我们看到自己周遭的政治制度正在蓬勃壮大，但它们并非天降的外星来客；相反，它们是政治行为的产品，也是政治斗争的结果。

制度是什么，制度主义解释又是什么？

辞典将“制度”定义为“正式制定的法律、风俗或惯例”。自 16 世纪起，这个词同政府的惯例与习俗就有着一种特殊的联系。如今，“制度”也可泛指各种社会性组织的形式（Williams，1983：169）。它是一个多面向的术语，用以指涉多个不同层级的社会现象——比如非

正式的行为准则、书面契约、复合型的组织等等；它也透露出对这些现象的某种评价；较之字面含义，制度总有“更多”内涵存焉：它们还是“特殊的”程序和惯常做法（Lowndes，1996）。而且随着时间的推移，它们还能显示出相当的韧性，形成“稳定持久、受人珍视、反复出现的行为模式”（Huntington，1968）。

在生活中，我们既在不断巩固我们周围的制度，也在逐渐削弱我们周围的制度。制度存在于我们生活的方方面面，社会生活、经济生活、政治生活，无处不在。婚姻、市场、媒体……它们都能被称为“制度”，都会创造出“可预测的模式化互动”（Peters，2005：18）。制度规律性的源头尽管彼此相异，但也相互重叠。我们知道，对男性和女性在政治活动中的 4
角色期望是由婚姻和家庭的制度所塑造的，这二者的影响并不仅仅限于家庭内部。随着社会活动渐趋商业化，且国家的多项服务也已被私有化，市场的许多制度（价格、契约、竞争等）正日渐渗透进公共领域。不论是在美国、中东还是在欧洲，宗教制度开始塑造政治冲突，因而它也不再是一项“私人”事务。

可是，将某种制度描述为“政治制度”意味着什么呢？我们可以参照阿德里安·莱夫特威克（Held and Leftwich，1984：144）对政治的定义：

> 政治关乎权力；关乎那些左右和反映权力分配与使用的各方力量；关乎权力对资源使用和分配的影响；关乎社会因素、能动性及制度的“转型”能力；总之，政治与统治并不相关，或者说政治并不仅仅与统治有关。

由此，在理解政治制度时，“普通人”能做什么、不能做什么，与政府以及那些直接占据在政治场域内的行动者的行为能力是同等重要的，同样应当受到我们的关注。制度塑造着我们作为公民所享有的各种机会，令我们能够公开发声，参与决策过程，获取公共服务。选举系统、政治党派、社会运动、人权法规等制度，均影响着我们能否践行某一政治行为（及其涉及的成本、风险与潜在收益等等）。政府的组织方式为公民提供了联络自己的民意代表和决策者的机会——诸如协商座谈、申诉制度或问答环节等制度性机制，也有投票表决这类传统渠道。至于公民是否会利用这些机会，则受制于制度构造当中其他不甚明显的方面——比如公共集会的时间安排与选址——和各种影响着议题讨论和决策方式的非正式传统。制度性的机会和限制，对各个特定的公民群体起到的作用也各有不同：家有子女的父母可能无法出席一场傍晚举办的会议，年轻人可能会非常反感传统的委员会议事流程，新移民可能需要借助笔译或口译服务设备，等等。

虽然自下而上的视角是重要的，但同样真实的是，国家的正式制度架构给政治家及为其 5
工作的公务员们设定了可行与不可行（和可取与不可取）的行为界限。例如，一个国家采取的是比例代表制或是多数代表制，会导致组成联合政府的可能性更大或更小，进而影响到政党间的关系和政治家面对选民的行为。相较总统制，首相制会使政党对行政部门施展更大的影响力。同样地，在国有资产或国家服务已被私有化的国家，公共部门员工的政治影响力会有所减弱，同时也会出现新的商业投资机遇（也会出现商界游说拉拢政治家或联合消费者群体结盟的新诱因）。

制度对于政治行为的影响可谓五花八门，同时包括了规章制度中“高贵庄重”和“高效便捷”两大部分（Bagehot，1867），上至国家的大政要务，下至地方政府的日常运转，无所不至。非正式制度可能与正式制度同样强有力——在议会会议上所能观察到的辩论传统，虽然通常不在纸面上具文说明，但却会对该国政治的基本性质产生深远影响。公共生活中的“透明天花板”（glass ceiling）并不具备正式地位，但仍在实际上塑造着女性的机会。在许多社会民主国家，公共服务的精神深刻影响着卫生或教育行业从业人员的行为，这一精神主要是通过非正式的过程加以存留延续的，并且它已融入一套强有力的正当化叙事话语体系，成为其不可分割的一部分，用以强调公共部门工作者相对于其私营部门中的同行所扮演的重要角色。

而且，政治制度并不是一成不变的。随着人、商品和信息的国际流动不断加快，我们熟悉的制度景观也在变换着形态。技术革命既是这些变化的一部分，也是其驱动因素之一。其实不限于这些，如今许多我们熟悉的制度，还在回应其他呼吁变革的要求：

- 政党已受到新的利益集团和社会运动的挑战，它们反映出政治身份走向撕裂和国际化的趋势。在新的公众舆情评估机制（民意调查、直接行动、谈话节目、博客、推特和网络请愿）涌现之际，政治家们要对选举结果做出估测。
- 政治家和公务员意识到自己在一个复杂到前所未有的多层治理体系中工作，他们
6 身在其中，受到各种跨国制度框架的约束——譬如，欧盟（European Union），或是关于气候变化和贸易的全球协议，以及我们更为熟悉的军事和国防盟约等。
- 减少中央政府干预程度的诉求，同时也加强了“较低”治理层级的重要性——譬如，分权议会、地区性机构以及（在一些事务上的）地方议事会。
- 提高效率、加强竞争的需要，通过私有化和市场化的进程，一方面驱使着国家官僚体系走向拆分与割裂，另一方面也促使着公共部门、私营部门和社会等之间构建形成多部门的合作伙伴关系。
- 加大政府透明度的推动力，正揭露出处于种种看似负有权责的正式结构缝隙之间的非正式制度——比如恩主制、腐败和扈从主义——一直以来所具有的重要意义（以及它们持续不断的适应过程）。

我们的研究路径具有灵活性，能够超越我们最为熟悉的西方自由民主制，进一步延伸其理论抓手。不同于“旧制度主义者”（请参见第2章），我们并不就政治制度的面貌或它们所象征的价值作出任何假设。新制度主义也同样感兴趣于政治行为和身份是如何为独裁制、部落制、军国主义、一党制国家或宗教共和国等制度所塑造（或更为严苛地划定界限而成）的。国际政治（无论是关于贸易、移民、安全的还是关于维持和平的）行为，跨越如此纷繁相异的制度秩序，给政治家与研究者都带来了严峻挑战。

因此，我们明确认识到，政治制度林林总总，且处于动态变化当中，并且我们也介绍了它们形塑政治行为的一些方式。但制度主义究竟给予我们怎样一个解释性的理论抓手，以便

我们理解那些我们运用其他研究路径可能忽略的政治现象呢？盖伊·彼得斯（Guy Peters，2005：164）如是概述这一核心命题：

> 囊括全部这些不同思路的根本性议题……就是它们均将制度视为政治生活的首要组成部分。在这些理论当中，制度是以最直接、最有节制的方式来解释政治生活的一个要素，而且它本身就需要解释。而这些理论的基本主张是，制度的的确确非常重要，并且远比其他任何用于解释政治决定的事物都要重要。

制度主义者声称，政治行动者在制度框架中运转，通过研究这些制度框架，就能获取最大程 7
度的理论效力。简言之，通过研究制度所特有的规则和惯例，以及行动者们（无论是政治家、公务员、公民还是社会运动）与之互动的方式，就能最大程度地理解政治行为和政治结果。我们可能提出的这类问题包括：某个特定政治领域的正式“游戏规则”是什么？未能落在纸 9
面上的主导性惯例是什么？正式规则与“真正奏效”的事物运作方式之间是否存在分歧？是否有一些反复编排的“故事”被用于解释为何人们会这样做而不是那样做？在行动者看来， 10
如果他们自己不遵循规则，或没有遵守主导性惯例的话，又会发生什么？行动者会如何规避，或尝试着适应规则和惯例呢？不同的行动者，是否对规则的体察认知也有所不同？是否有替代性的规则和惯例在“暗流涌动”？是否正在出现一些描述未来事物还能怎样运作的新故事？行动者又会如何回应那些意图变更规则的人呢？

正如彼得斯（2005）所警告的那样，制度主义就“政治制度的构成”这一问题发展出了一个更具扩张性的定义，但与此同时，它也带有“概念拉抻”（conceptual stretching）的风险。为了预防这一指控，在回答什么是制度主义解释的同时，我们也需要明确什么不是制度主义解释。非常简单地讲，制度主义解释将政治制度置于第一位，这同（例如）相对优先考虑社会和经济结构影响作用的结构主义思路、相对优先考虑政治思想的理念主义思路或优先考量个体行动者可观测行为的行为主义思路均有所不同。方框 1.1、1.2 和 1.3 选取一系列简介，阐释说明制度主义与非制度主义话语在面对同样的政治现象时的相异之处。

方框 1.1　对照制度主义与非制度主义的叙述

案例 A：英国下议院议员的经费丑闻

7 《每日邮报》（*The Daily Telegraph*）掌握了一份遭到泄露的经费报销完整副本，并于 2009 年 5 月 8 日开始，以每日连载的方式披露其细节。最终，这起英国议会的经费丑闻导致了多位议员引咎辞职、遭到罢黜、退出当届选举甚至被迫宣布退休，同时还有多人公开致歉并退还报销经费。这些内幕的曝光新闻占据英国媒体报端长达数周之久，揭露出多位下议院议员利用报销制度谋求一己私利，情节恶劣，令人发指，其中甚至包括内阁大臣，且所有政党均牵涉在内。对这起经费丑闻的主流分析意见，往往聚焦于个体行动者的能动性，以及他们利用“公共财产”实现个人利益最大化的行为；而制度主义视角则还能扩展出如下几个关键点：

- 当时的经费报销规定非常松弛，而且即使明显有机会收紧这些规定，各党党魁也均未在这方面显露出任何政治意愿。
- 国会经费办公室（Parliamentary Fees Office）未能有效监督报销情况，并且它实际上鼓动了部分议员报销某些支出项目，而这些支出项目稍后均被发现是超出规定的。
- 极端情况下，一些议员蓄意为自己攫取最大化的经济利益，但大多数议员认为，他们只不过是依循着一套惯例行事，这套惯例受到了国会职员的明面支持，而他们所属政党的党魁也予以默许。
- 随着这起经费丑闻的曝光，多位议员被迫退还了过去数年中“正当”报销的各项经费。而且，议员们还抵制制度改革，屡屡表示对“惩罚过甚”的不满，这样更是固化了公众和媒体对其行为的恶劣观感。

以自身利益最大化的思路加以解释，就会忽视规则被拟定、执行并且溯及过往而加以解读的各种过程；而且，即便照此推论，这种思路也只能解释为何一些议员当初会开始“恶意操弄”这个报销体系，而不能解释其他议员为什么极少或从不报销经费，更不能解释政治家们为什么不论是个人还是集体，会不顾他们利益的明显受损，也要继续挑战公众舆论的做法。

方框 1.2　对照制度主义与非制度主义的叙述

案例 B：欧盟的政策制定

8 在欧盟内部，政策制定过程很大程度上依赖于其成员国之间形成的协议。由此，国际关系学中的现实主义学派，以及大多数的新闻媒体，均倾向于关注欧盟的历次“峰会”，并将之视作各个自主的国家行动者，通过外交与博弈手段，推进主要政策制定过程的主舞台。由于法国和德国在欧盟各成员国当中拥有最大的政治和经济“影响力”，因此人们普遍认为，绝大多数政策产出直接反映着这些强国的利益。较长期来看，制度主义方法则能凸显出不少有悖于这一规律、不受各成员国（无论是单独还是合力）直接控制的政策方案：

- 数十年来，欧盟一直在性别平等方面发挥着关键作用，但这并不是其成员国战略意图的直接表达，而是《罗马条约》[①]（Treaty of Rome）收录第 119 条后所带来的一个计划外副产品。
- 欧盟一向在工作环境的卫生与安全领域开展广泛的干预措施，并制定出多项远超大多数国家相关标准的政策。不过，

---

① 该条约于 1957 年 3 月 25 日由比利时、法国、意大利、卢森堡、荷兰、联邦德国六国签署，于 1958 年 1 月 1 日正式生效，由此建立了欧洲经济共同体（European Economic Community），该条约至今依然有效。——译者按

政治家在其中仅仅是宽松地开展监管而已；反而是“技术官僚”将多个国家的最优实践拼合起来，化零为整，由此得出一套胜过各个局部相加的整体方案。

● 欧盟的社会规约（EU Social Protocol）就是峰会的产物之一，但它依然不是法国、德国等关键行动者的预期成果。这些国家与拒不让步的英国政府陷入苦战当中，于是它们提出了一个“豪华版”规约，希冀能借此缓和事态，争取英国方面的支持。结果，约翰·梅杰（John Major）政府拒绝所有折中方案；而且，还因此出现了一个新的政策方针，它较任何行动者之前所做出的提案都更为宏大广泛，令其余各个成员国受困其中。

因此，要将国际关系学的分析思路用于论述那些备受瞩目的行动者在高端峰会上的连番较量，恐怕只能得失各半了。无论如何，这种思路都忽视了各种政策自身性质所带来的一系列影响效果，而这些影响在群峰之间的漫长“峡谷”中也十分有力。这些“峡谷”包括立法工作导致的计划外后果，令较低姿态的行动者得以“钻空子”、暗中影响政策的制度缺口，以及协议达成期限所带来的压力等等。

方框 1.3 对照制度主义与非制度主义的叙述

案例 C：“全球性”金融危机

9 2009年打击各国经济的一系列冲击性事件，被描述为一场“全球性”金融危机。事实上，美国和欧洲受到的影响是最大的，而在欧美国家中，这场危机的起因与后果都是受到它们具体的政治和社会条件影响而形成的。制度主义的分析不仅让我们得以在规章条例和惯例习俗的层面考察各个经济体之间互联互通的关系，也能将焦点集中于各个特定国家的制度变化细节上，并细致考察经济体内部不同层级行动者的职责，进而质疑所谓的“全球化命题”。

以英国为例，制度主义方法能够凸显出下列关键点：

● 在20世纪70、80年代，制造业从英国大量流失，“服务”业和金融产品得到发展。当时保守党执政的政府，其一大政策方针就是要废除那些被认为有碍这一转型的规章条例，这一政策在1997年新工党上台执政后也得到了延续。

● 英国的银行业多年来都奉行其自有的行业道德规范，以此约束从业人员在设计产品和向客户推销时的行为。

● 国家层面上撤销管制的发展进程，最终削弱了这些行为约束；在公司层面，行动者得以毫无限制地推行“自行认证”（self-certification），旨在让申请人能在其情况说明真伪性不受核查的情况下获得房屋抵押贷款。

● 数年间，自这些自行认证的抵押贷款流入房地产市场的外部资金流产生了泡沫效应，导致原先经营状况稳健、受到高度认可的银行破产倒闭，比如苏格兰哈里法克斯银行集团［Halifax Bank of Scotland (HBOS) Group］等。

因此，虽然“全球化命题”倾向于掩盖各国在金融政策与管制途径上的差别，但制度主义的视角却让我们得以检视各层级行动者对于经济震荡的发生负有怎样的责任，也能更好地理解为什么经济危机的影响和起因会各有不同。

本书贡献

千禧年以降，在评价制度主义对政治理论和研究有何影响这一问题上，佳作实多。黑伊（Hay，2002）所著的《政治分析》（*Political Analysis*）一书正是这类研究之滥觞，它不仅就制度主义展开论述，也以总体上客观冷静的态度，就政治理论作出了全面评述。彼得斯的《新制度主义》（*New Institutionalism*，2005）[①] 是一部集（我们在本书中称为）第一和第二阶段制度主义学说之大成的百科全书式作品，它特别描述了第二阶段当中涌现的多种制度主义学说，并对其作出分类。罗兹（Rhodes）、宾德（Binder）和罗克曼（Rockman）编著的《牛津政治制度手册》（*The Oxford Handbook of Political Institutions*，2006）汇集多位知名制度主义学者的文章，但作为一部汇编作品，它并未试图给出一个凌驾于制度之上的中心主题。

我们的思路与这些作品迥异，是要忝为提出一种“参与性”思路（“engaged” approach）。这个词语有三点意涵。第一点，我们是制度主义思想的践行者，也是它热切的支持者：我们在自己的研究中广泛使用制度主义理论，并相信它在理论、方法论乃至整个学科领域都是
11 “能够奏效”的。第二点也由此而生，我们相信，制度主义赋予了我们深刻洞见，以审视权力、不平等、社会中各个群体与个体之间及各个国家之间长期持续的矛盾冲突等多个关键政治议题。制度主义不仅使我们可以更好地理解政治制度如何运作，更让我们能够制定出反抗与改革的策略，以图优先满足新的利益关切和价值取向。第三点，我们采用“参与”这一措辞，是为了明确一种“价值批判”（value-critical）的视角，这种视角不仅用于观察政治行为和结果，也将用于反思制度主义自身的发展历程。作为能够反躬自省的人类，作为具有反思意识的学者，我们不仅要提出制度主义“奏效”这一主张，更要抽身而出，客观质问这一理论在什么情况下可能会有所欠缺，以及它未来能怎样改进。我们希望自己能够远离任何一个具体学派狭隘的派系界防。

本书认为，关于制度主义的沿革历程，要讲述一个令人信服又引人入胜的故事，以帮助我们理解我们随时间推移所见到的诸多理论变化。而这个故事的缘起，正是“旧”制度主义者们对于法律和章程的正式性相对狭隘的执着。随后，制度主义在其他竞争理论的压制下，一度竟至散佚无闻；即便偶尔被重新发现，也总是淆杂无章、学统不继。后来，在多位跨越研究边界的学者的努力下，加之制度主义所探讨的各个概念始终彼此联系，制度主义的诸多支脉才得以沿着各自的轨道，向心凝聚，集束起来。当然，我们不会在此就给出这个故事的结局，因为就在我们写作的同时，这条智识发展的轨迹仍在继续延伸。我们旨在向读者生动翔实地描述制度主义由何而来，同时也推动它今后的发展。简言之，我们这本书有以下几个目标：

---

① 该书全名为《政治科学中的制度理论：“新制度主义”》（*Institutional Theory in Political Science*：*The* ‘*New Institutionalism*’），中译本由王向民、段红伟翻译，于 2011 年 6 月由上海人民出版社出版。——译者按

- 明确制度主义各个核心概念所共有的理论内核；
- 解释制度主义与各种主要矛盾之间的关系，包括能动性与权力、时间与空间、变化与稳定等；
- 将制度主义作为一个学理贯通的著述整体，阐述它对政治科学当中的经验研究所作出的贡献；
- 考察与制度主义相关的方法论路径（以及挑战）的适用范畴；
- 调查制度主义现在以及未来指导公共政策制定的潜力；
- 最后，推动制度主义作为一个参与性的价值批判理论实现进一步发展。

我们的核心主张是，在学术探索多元化、碎片化的表象下，人们最早认识制度时就已出 12
现的许多概念，它们的内核当中就早已萌发着一以贯之、条理清晰的制度主义思想。这是一个什么样的主张呢？我们不仅仅是在讨论某种独特的“制度主义思维方式”（Heclo，2006），或只是一个断言“制度非常重要”的泛泛口号。我们是在描述一个逐渐融合成形的理论，它统括了制度主义各条线索所引发的理论关切与困境，进而对政治行为和结果作出若干具有说服力的解释。与此同时，我们并不是说这个融合的过程目前就业已完成，也不是说它将会尽善尽美地构建起来。这样佯作乐观之语，恐怕会过于夸大这个理论汇集融合的态势，何况我们全书处处都着墨于制度与人类能动性的不完美，这样妄自断言也不免前后矛盾、狼狈失据。

我们研究项目最大的障碍在于，不少制度主义者在结合来自理性选择理论和社会学的研究思路两方面观点时，总是踌躇不前。这样的犹疑思绪不能一概而论，其中意涵甚广，既有那种怯于接触“对方”思想的神经质情绪，也有基于本体论思想所提出的原则性抗辩。科林·黑伊（Colin Hay）和丹尼尔·温科特（Daniel Wincott，1998：953）曾提出著名论断，称“制度主义分析的两大方法彼此争竞、互不兼容，二者之间有着绝难处理的分歧”，以此反驳那种“将不同思想根源的制度主义观点草率拼凑黏合”的做法。与之相反，薇薇安·施密特（Vivien Schmidt，2006：117）表示，只要制度主义者“开始在他们的边界上探索双方能够彼此共存的领域”，就能发现前方自有坦途。科林·克劳奇（Colin Crouch，2005：4—10）则带着更具信心的态度，观察到“智识上的再结合”已是制度主义的一大特征，并且断定，现今留存的观念差异“不应当受到过于认真的对待，因为作者们已经能够轻松挣脱各个‘学派’那些显而易见的禁锢了”。

总体而言，我们自己的本体论观点可以归入建构主义一派。建构主义是建立在一个前提上的，即世界是由各个个体以不同的方式所构建起来的，人们（受到不同理念建构的指导，从而）依据各自的信念而采取行动。此外，一个人在遭遇某种状况之后，可能会在某个较晚的时间点，以不同于过去的方式，建构一个相同或非常相似的状况，并因而采取不同于过去的行动（Parsons，2010）。不过，黑伊（2002：126－134）认为，人类行动者所能做到的还
不止于此，因为他们还格外地“具有行为自觉、条件反射和策略思维”。因此，我们有权提出 13

疑问：如果行动者有能力在同一时间（*simultaneously*）以不同方式建构同一套直观环境条件呢？当一个个体处在一个她①自认为必须采取行动的状况下时，她是能够同时近乎条件反射地制定出一个或若干个行动方案的，而且这些行动方案既能在一定程度上迎合她眼中自己家庭的需求、自己所归属的某些更广泛群体的需求（例如，包括她政治上的拥戴对象），也能满足她抬升或仅仅维护自己地位的“自私”欲求。正如加勒特·哈丁（Garret Hardin，1968）注意到的那样，“我们从来就无法只做一件事”。

在某些情况下，她尝试合并起来的行动方案之间可能相互冲突，甚至无法调和，结果就不得不敷衍搪塞过去，或者折中妥协。不过在其他情况下，她也可能构建出某种“化圆为方”②（squaring of the circle）的解决方案，依据她的认知，实现她的家庭、她跻身其中的更广泛社会群体和她本人等多方的利益。我们以这种方式将行动者的能力概念化，由此得到这一具体的理论见解，即行动者的战略意图（strategic intent），并不是仅仅由他们对自身所处地位的某种单一建构所决定的，而是取决于若干种彼此不同的本体论立场，进而产生出交相混合的行为动机。由此看来，战略意图更多的是指行动者为了让这些自相矛盾的诉求协调一致而做出的种种尝试，而不仅仅是要实现这些内在目标之一。

假如这类“混合型动机”的同步建构是普遍存在的，那么从特征鲜明的制度视角出发就能推断出，那些对我们有着重大影响的制度本身正是混合型动机建构的产物，而我们恰恰就出生在这样的一个世界当中（Schickler，2001：4）。再则，假如我们相信行动者均与制度处在一种相互对话的关系当中，那么我们在政治中最常观察到的，就应当是正在试图“化圆为方”、协调同一时期内混合型动机需求的各个行动者之间的互动，以及自身内部就包含着受不同混合型动机需求遗存至今的影响的各种制度。这种思维方式对制度理论有着非常深远的启示意义，因为这就表明，要集聚各个理论支脉，从中发展出一个“多重理论”（multi-theoretic）（Rhodes，1995：56）的视角，这并不是什么锦上添花的美事，而是马入狭道、理所必然。对行动者动机的各种可能性不加检验的话，政治分析家就无法理解行动者们自身具备的战略意图，也不能理解制度主义的核心内容——制度本身。

14 不过，是否可能将这样一个多重理论方法投入实际操作呢，它又能否在认识论上给出任何重要收获呢？这个问题将在随后几章中得到充分论证，将有选自多个国家研究的诸多案例对其作出阐释。在此，我们姑且以美国医疗保障制度的变革为例展开探讨，由此说明多重理论方法能令混合型动机得以显露这方面的优势（请参见方框 1.4）。显然，以不同行为动机为

---

① 原文如此。近年来，有作家出于性别平等的考虑，在指代性别不明确的单数第三人时，使用“she”或性别模糊化的“they”（暂且作为单数代词使用）以表达尊重，请读者自辨。——译者按

② “化圆为方”是一个由古希腊哲学家阿纳克萨戈拉（Anaxagoras）提出的尺规作图问题，其完整叙述是，给定一个圆，能否以尺规作图的五个基本步骤，在有限次内作出一个正方形，使其面积等于圆的面积。这一问题是致力于将当时不可测量的圆的面积，转化为可明确测量的正方形的面积，抽象而言，也就是要化不可知为可知、不可为为可为。在此，作者就是借以喻指某种能够兼容各方利益冲突、实现皆大欢喜的“完美”解决方案。——译者按

基础的解释之间并不是相互排斥的。巴拉克·奥巴马总统就为他的行为作出了一个不断自我强化、自我加深的解释，这个解释将救贫扶弱、挽回他总统任上的政绩颓势、执行和实现民主党长久以来的政治承诺等三方面需求结合了起来。就其本身而言，这三方面解释均是必要而不充分的；也就是说，要得出一个足以信服的解释，这三方面都是必不可少的，但又无一能自成一说。那么举例而言，要是不考虑奥巴马不愿其在总统任期内遭受嘲讽的诉求，就很难建构出一个足够可信的解释；但与此同时，他持续推进这些备受争议的改革，也让人很难相信这样的决心背后是没有价值导向或历史语境的。这三种解释全部是必需的，它们协调一 15
致，共同起效，令人满意地解释了奥巴马为什么要坚定推进这一法案。

方框 1.4　改革美国的医疗保障

14 2010 年，美国公民的医疗保障制度经历了一场深度大变革。巴拉克·奥巴马在其总统任期的第一年就呼吁国会通过立法改革美国的医疗保障，这是他的一项关键竞选承诺，也是一个首要的立法目标。他提议扩大医疗保险的覆盖面，以囊括原先未参保的人群，提高保险金的最高限额，允许务工人员在离职或更换工作时保留其保险覆盖等。他的提案将在十年内投入 900 亿美元，还包含一项政府保险计划，这个计划也被称为“公众选项”，它将同商业保险行业展开竞争，通过这种方式来降低参保费用、改善医疗保险质量。这项法案将会把承保人放弃病人或以已有疾病为由拒绝病人参保的行为，定为违法行为，并要求每个美国人都参加医疗保险。计划还包括降低医疗花费，并对提供高额保费方案的保险公司加征税费等。

2009 年 7 月 14 日，众议院民主党领袖推出了一份长达 1 017 页的美国医疗保障体系改革方案，奥巴马希望国会能在 2009 年年底之前通过这一提案。2009 年国会夏季休会期间，经过广泛的公开讨论，奥巴马于 9 月 9 日在国会两院的一场联席会议上发表讲话，对其政府的各项提案表示关切。2009 年 11 月 7 日，以公众选项为重点的医保提案在众议院得以通过。2009 年 12 月 24 日，参议院以 60 票对 15
39 票的党派投票①，通过了其自有的法案——其中不包括公众选项。2010 年 3 月 21 日，参议院 12 月通过的那份医保提案，在众议院以 219 票对 212 票通过。2010 年 3 月 23 日，奥巴马签署这份法案，使之正式成为法律。

在这场制度变化的实践中有许多值得瞩目的特性，其中大多数均涉及这一变革终究得以实现的这一事实。首先，此前多位总统，也包括西奥多·罗斯福和理查德·尼克松等共和党总统，均尝试将这一议题以某种可接受的形式提交给国会，但均告失败。其次，在他力图通过这项立法时，奥巴马自己的声望正处于一个最低谷，共和党与那些代表着“美国价值观”的人群，对这项法案表示强烈反对，并蓄意针对总统本人。然而，奥巴马非但没有像其前任那样，在看到立法可能失败

---

① 党派投票（party-line vote）是指一政党的全体成员（往往同其他政党相对立地）做出相同投票，这类投票取决于政党自身的派系方针，无关于议题本身的优劣得失，亦无关于议员个人的政治理念。——译者按

时就撒手放弃，反而以自己总统任期的成败为赌注，选择同自己的反对者"真刀真枪"地豪赌一场。最后，即便是在奥巴马宣称医保法案是他的首要立法目标之一时，也很少有人相信这能颠覆现有的医保政策，因为在美国的福利体系中，这些政策的制度化过程极为棘手，令人生畏。美国国内外的政治家与新闻记者均对此持怀疑态度，但他们的质疑其实早就为政治分析家所预见到了；哈克（Hacker，1998）就作出评判，将美国体制中的路径依赖视为改革的最主要障碍，皮尔逊（Pierson，2004：77）回顾2004 年以前医保改革的历次试水时称："这些改革者根本就是姗姗来迟了。"

我们不是要宣称制度主义各条线索收束与融合的过程已经彻底完成，也不是要断言多重理论的方法神通广大、无所不包。但是，正如我们所研究的政治行动者，政治学家本身也是具有自省能力的行为主体。无论自身是否带有某些学派的标签，许多学者为拓展知识、增益学术，都在跨越理论边界开展研究，并不断尝试着同时将政治世界中形形色色的建构融会贯通。然而，即便我们得出结论，说这种方法既具备一定的理论价值，又在经验层面切实有效，也不意味着我们就应当沿着那类"混搭式"（mix-and-match）的方法论走下去、它们对透明性或正当化全然不加留意。我们的理论观点已经暗示出问题错综复杂的性质，这也就需要采取严格缜密的研究方法，以探究各个关键问题，例如制度是如何构成的，它们怎样限制行动者的行为，它们又如何随时间而变化发展，等等。

本书结构

16 下一章的目标是，要明确制度主义中各个概念所共有的内核。我们要展现出制度主义是如何沿着一系列分析序列向前走深、继而从它的"旧"形态发展到"新"形态的。这些动向逐步指向一种对于制度的概念化构想，这种构想在正式要素之外也承认制度中的非正式要素，认识到制度既有稳态也有动态，并且（考虑到权力斗争和大环境变化的情况）能呈现出制度运作方式中的差异化和偶然性而非工作效率。从这些不同点出发，我们认为，在经历了第一个探索（exploratory）阶段和第二个分裂（fragmented）阶段后，制度主义目前正在走进它的第三个阶段，即融合（consolidating）阶段。

在第 3 章，我们会思考制度如何发挥其效用这一核心问题。我们提出，制度有三种不同的方式，能对行动者加以约束：通过规则、惯例与叙事话语。这些约束模式是如何相互结合（或相互分割）的，这更多侧重于经验主义层面而非本体论层面。因此，将这些不同的约束模式区分开来，在逻辑分析和方法论上均有重要意义，这对我们探索政治制度的研究有着指导性价值。第 4 章关注的是权力与能动性的问题，这二者相对立于结构和约束。我们考察制度怎样通过诸如法律、权利和批准许可等可见可记录的机制，直接授权于某些行动者；它们又怎样通过非正式、不成文的机制，间接地做出授权，譬如依性别而区别对待的规范，或是与裙带关系、庇护关系有关的某些特权等等；以及，个人和群体的叙事话语如何将他们的权威正当化，又如何预先阻止对其权威的挑战。学者们从不同视角试图解释制度的多元性与内在动力，因此我们考虑应当在制度主义的范畴内，开始更广泛地重新启用能动性的概念。由此，我们给出制度主义对权力和能动性的独特观点。

第 5、6、7 章着眼于制度自身如何变化，又如何为人所改变。这是处于第三阶段制度主义中心地位的困境。第 5 章批判性地就制度变化的理论作出评价。其中，第一阶段制度主义学说聚焦于解释政治当中的稳定性，而第二阶段制度主义则以“停止/启动”（stop/go）的角度，将制度的变化概念化，识别出那些有继以长期“路径依赖”的关键节点（或“标点”）。但随着第三阶段制度主义的到来，研究兴趣就转向了渐进式（但又潜在地具有变革能力的）变化的重要性和内、外部驱动因素的影响作用上。我们认为，制度表面上不随时间而改变的 17
稳定性，其实是一个激烈竞争的制度维护过程所产生的结果，其中反映着不断转换的权力关系，及因各种理念和价值观念而展开的持久“阵地战”（war of position）。第 6 章表明，跨越空间和时间，这些内在的变革动力要如何在制度景观中衍生出多样性。政治制度往往是若干个迥然相异、难以比较的要素相结合而成的，并且还同更广泛的社会和经济领域中的制度有着紧密联系。第三阶段制度主义中的这种“衍生性”（generative）理论，与稍早的“复制性”（reproductive）论述恰恰形成鲜明对照，后者则是探讨各种制度趋同的倾向。

考虑到制度变化的持续性和激烈性，第 7 章发问，是否可能在任何有意义的层面上人为地设计制度。尽管极不可能实现其全部既定目标，但由于政治行动者们力图将他们的理念和价值“深深黏着在”制度性机制当中，制度设计的尝试又总是在所难免。这种行为不仅包括奠基性的英雄时刻（例如新的宪法）或根本性的改革方案，也包括身处一线的战略性行动者们所着手的诸多细微的调节性事务。在这一背景下，我们探究什么能构成一个“良性的”制度设计过程，进而提出“可修正性”（revisability）与“稳健性”（robustness）两大衡量标准。在本书的最后一章，我们回顾所了解到的理论与实践知识，并且深入探讨第三阶段制度主义迄今为止的发展历程，以及将要来临的种种挑战。

2 制度主义的三大阶段

18 我们在这一章中最首要的目标，是要辨识到居于制度主义中心位置的各个概念所共有的核心内涵。我们所说的与政治分析相关的理论是指什么，尤其是我们所说的制度主义又是什么，特别是它在知识宣称（knowledge claims）上的边界又在哪里？我们就从探明这些问题开始。由此而言，理论持续不断地演进变化，它在追寻某种纯粹且恒定的真理这个层面上始终是未臻圆满的。进而，这一章将着眼于制度主义是如何走过两大发展阶段，并在现今迈入第三阶段的。在第一阶段，即 20 世纪 30 年代到 70 年代，我们发现了一个探索与再发现（*exploration and rediscovery*）的过程，其中包含所谓的“旧”制度主义，理性选择理论与行为主义两方面对它的挑战，以及随后“新”制度主义的再发现。在 20 世纪 80 年代初到 90 年代末的第二阶段中，我们搜寻到多条发散与分隔（*divergence and division*）的发展轨迹，这些轨迹见证了新制度主义在多个不同方向的快速发展。我们还探知到制度主义的学术工作与研究在 2000 年左右进入了新的阶段，其表现在于学界围绕关键概念与显著困境逐渐达成共识。

作为理论的制度主义

对一名政治科学家而言，理论有何用处呢？政治科学不就只是观察政治家、观察政治，再从看到的情况中得出结论而已吗？质疑理论在政治分析上价值究竟几何的论调绝非罕见（Blyth，2002a），上可追溯至“旧”制度主义和早期行为主义的学术传统，其中就已嵌有这种怀疑了（Sanders，2010：32）。从这种角度出发，所见即所得，那么我们悉心收集的政治观察结果，也就自然而然地引导我们在实践上走向“基于事实证据”的政策方针（Davies *et al.*，2000）。

19 这样一种思路是以“归纳”为特征的，因为它依赖于汲取（*drawing in*）源于外部世界的知识。与之相对，反复上演着一种带有偏向性的定见，它认为我们作为政治分析家，必然会陷入对自己所在的生活世界及其政治的观察当中不可自拔。由此而观之，我们所观察到的现象以及我们理解自身观察结果的方式，是由我们对于这个世界的实然与应然观念所调节的。因此，我们的信念和价值，就在我们的观感与外部世界之间发挥着滤除的作用，那么我们就不能相信自己对于政治家和政治的观察是完全“客观的”。

解决这一问题的一种方法是建立起某种理论立场，用于调焦对准分析者的世界观（“本体论”），以求减少不必要的外部干扰及其相伴而生的复杂性。分析者在建立起一个边界明确、相对简明的世界观后，就能构建出政治行动者在这个世界中可能如何表现的理论模型，并在现实研究当中检验这些模型所得出的观点。这个研究过程中出现的事实证据，透过分析者世界观的折射，反馈回分析者自己的身上，进而（至少在原则上）得以丰富理论基础。

这类思路则被称为“演绎”，因为它们依靠的是调动取用（*drawing down*）分析者自身怀有的内在信念，而非对外部世界的直接参考。但这种视角也长期备受批评，尤其是因为在调焦对准其观点角度的同时，这种视角有可能会执着于某些本当加以削弱的滤除过程。因此，纯粹的归纳性立场，是将分析者完全暴露于外部世界抛来的任何信息下，未免过于“开放”；而完全演绎性的立场则可谓太过“闭塞”，它仅仅在政治领域的某个预定层面开放一个窗口以供观察，并将所收集到的一切资料通过同一个窗口强行反馈回来。

在找寻更为微妙精准的方法这一过程中，我们就理论在政治分析中究竟有何作用这一问题，可以设想出一个渐变式的观点序列（continuum），其中包含两端的固定极点，以及两个极点之间这些观点的渐变层级，这些层级彼此清晰可辨，但在其相交接的若干细节上又有所交融。这个渐变序列的两端，分别是纯粹的归纳性与受理论驱动（*theoretically driven*）的立场、纯粹的演绎性与受经验驱动（*empirically driven*）的立场。在政治分析的现代史上，经典马克思主义正是前者的极佳代表，而早期行为主义或朴素的经验论则可作为后者的例证。

对那些位于或靠近左侧极点开展工作的研究者来说，理论居于牢不可动的地位，它既是 20
开展工作的驱动力，也是研究工作最终落脚的受益方。从纯粹归纳性的视角来看，理论正是政治分析的意义所在（*the point*）。对那些处在或接近右侧极点开展工作的研究者来说，情况则完全相反。站在他们的角度上，政治科学只能从“现实世界”的观察出发，研究者期望就此将经验主义的调查发现概括起来，归纳为一整套从广义上阐述的政治支配定律。只有在研究者的观察结果继续支持这些定律的情况下，理论才得以保留其地位；理论“只不过是它本身的一个最新研究成果”，每当它同实地搜集的事实证据相对照时，理论都极有可能遭到修正。那么，在迈向下一轮观察现实政治的环线路上，理论也只是其中一个中转站罢了。

然而，构想出一个渐变序列，有其真正价值存焉，它显示出两个极端之间尚有广阔天地。事实上，自 1989 年马奇（March）和奥尔森（Olsen）“重新发现制度”以来，制度主义者就不断设法探索这片天地，以求逃离出这个经验与理论驱动二选其一、演绎与归纳方法非黑即白的二元论。于是，制度主义者们在这个渐变序列上排布开来，开展一系列值得关注的研究工作，并产出相应的学术成果，他们不同程度地在理论与经验两方面同时有所见解（*informed*）。这种理论与经验之间的不断迭代更新，正处于制度主义的中心位置，黑伊（Hay，2002：46—47）就准确地把握到了这一点：

> 理论是要简化复杂的外部现实，但这并不是说要将理论当作现实的建模工具，也不是要基于观察到的规律性现象，用理论得出预测性的推断。更确切地说，理论是开展经验探索的指南，是在某种程度上反思制度演进与转型等复杂过程的思考方式，更由此凸显出关键性时期或阶段，它们有必要受到更为严密审慎的经验性考察。理论会帮助分析者意识到，从众多事件的纷纭杂沓中，择选出潜在的机制与变化过程的同时，也是在阐明某些因果性的发展过程。

制度主义逃离上述这两个固定极点，反而在理论与经验探索之间来回“踟蹰”。那么这样一个研究课题，就要求研究者必须有规律地时常反思理论与经验这二者之间的关系，并且审慎回应二者在具体情况下的研究发现。理论与事实证据之间展开对话，这固然非制度主义所
21 独有，但也仍是制度主义思路的一大鲜明特征。同时，规避演绎和归纳这两种极端，也有助于防止去情境化（decontextualization）趋势的裹挟，迫使制度主义者愈加关注时间与空间的动态变化（请参见第6章）。

将这两大领域最优质的研究成果兼收并蓄，这一弘愿既有代价也有助益。至关重要的是，它在知识宣称上设立了界限。制度主义者们在远离两大序列极点的同时，也避免了在政治世界中理所当然地应用自然科学的经典研究方法。在这方面，黑伊（2002）的“政治分析”相较于“政治科学”可能是一个更为贴切的用词。在政治分析（*analysis*）中，不论是在理论层面，还是在应用方面的产出上，都没有什么绝对意义的确然性事实或目标终点。由此，制度主义这样的一个理论就得以不断演进，它在求索某种纯粹且恒定的真理上永无完竣。

在演绎或归纳极点上均无锚定，也使得制度主义内部产生了一系列矛盾，其证据就是制度主义明显欠缺预测能力。一个大胆宣告“规则重要”、依循着行为的规律性观察世界的理论，在预测政治行动者未来——尤其是大环境有所变动的情况下——将有何举动时，它是否能承受住任何影响效力的损失呢？这种理论路径是否无外乎是知识性的机会主义（intellectual opportunism）肆意利用这个序列上的空当而已呢？有无可能它并未建立在理论与事实间缜密对话的基础上，只是出于稳妥考虑，保留所有可选项，以便在研究过程中，一旦情况变化就能“半路换马”呢？

为了评价这些批评意见，也为了更好地评价作为一个理论的制度主义，我们必须首先了解制度主义从何而来、它近来的发展动向以及当下的发展轨道。关于新制度主义起源的描述，往往是从它的对立面，特别是在它对20世纪60、70年代占主导地位的行为主义和纯粹理性

选择路径的背离（Hay，2002：46）上展开叙述的。但如此一来，未免迟迟不能述及制度主义的发展史，也难免对一些积厚流光的社会科学渊源太过轻描淡写。而我们在此基于三大发展阶段，另作一套阐述：

- 第一阶段——探索与再发现（*Phase 1 - Exploration and Rediscovery*），其中兼有（跟随在理性选择理论与行为主义浪潮之后）对所谓“旧制度主义”各种观点的重新考察和随后以“新制度主义”形式出现的“卓有成效的反向改良”（successful counter-reformation）（Peters，2005：1）两个方面。
- 第二阶段——发散与分隔（*Phase 2 - Divergence and Division*），见证了新制度主义在多个不同方向上的快速成长，尤其是理性选择制度主义、社会学制度主义和历史制度主义这三大分支学派，但同时也舍弃了话语制度主义和女性主义制度主义等新兴理论。 22
- 第三阶段——趋同与融合（*Phase 3 - Convergence and Consolidation*），则充分认识到理论始终在演进发展当中，它永不完满、质疑不断，而与此同时，目睹制度主义各个学派围绕政治分析中的核心概念与关键性困境聚合起来的一整个过程。

我们现在就将依次探讨各个阶段。

第一阶段：探索与再发现（20世纪30年代至70年代）

制度主义各个概念间一个共有内核的出现，关乎不同社会科学学科各自应对相同挑战的方式方法。以类似方式作出回应时，不同学科之间就会频频借鉴彼此的学术概念和研究策略。因此，我们首先要略作论述的是：20世纪上半叶，在经济学和组织理论中，制度主义的潜力是如何得以开发的；而在下半叶，它又是如何重新为人们所发现的。在这之后，我们才会更为细致地着眼于制度主义在政治学中如出一辙的探索与再发现历程。

在**经济学**（*economics*）中，当时处于主流地位的新古典主义路径将制度背景视为既定不变的外源性条件。这一学术传统在20世纪初就受到凡勃仑（Veblen）、缪达尔（Myrdal）和康芒斯（Commons）等“制度”经济学家的挑战，他们指责新古典主义过度依赖于简化理论与数理模型。他们认为，政治和社会结构能够妨碍、扭曲“正常的”经济过程，并从社会学、政治学与法学中汲取养分，针对经济问题提出了一套跨学科的思维路径。

第二次世界大战后，人们对制度方面的理论兴趣进入了一个低谷期；20世纪60年代后，由于经济与商业史学家（North and Thomas，1973；Chandler，1977）和尤以威廉姆森（Williamson，1985）最为引人关注的组织经济学家的工作成果，它才得以复苏。新制度经济学宣称，通过新古典主义以均衡为导向的主流研究路径，是能够对制度开展分析的，由此它也就背离了早先的制度学派传统。威廉姆森（1985：1）解释称，这一任务就是要开发出一种 23
“用于研究经济组织的微观分析路径”。

新制度经济学在接纳个体效用最大化行为这种假设的同时，强调制度是在认知局限和信息不完备的情况下，面对跟踪调查和落实执行契约的种种困难，出现并留存下来的。它的基本假设是，在创立和维系制度的增益大于其成本的境况下，制度就得以存焉。正如我们将要看到的，在政治分析领域，理性选择一派的学者们在将其关注点转向政治行动发生的制度环境时，就借鉴了这些观点。

在**组织理论**（*organization theory*）中，制度主义的起点却颇为不同。新制度经济学将制度视为若干个工具效用导向的个体所刻意创造的事物；而组织理论家们却认为，尽管制度源于人类活动，但它们未必就是有意设计出的产物（DiMaggio and Powell，1991a：8）。这样一种思考方式是扎根于组织理论长久以来的传统中的。20 世纪 50 年代，塞尔兹尼克（Selznick，1957）就提出了他将“行政”（administration）与“制度化”（institutionalization）加以区分的经典论述。纯粹的行政行为是理性的，以手段为导向，以效率考量为指导方针；而制度化则承载有价值取向，反映着内部团体与外部社会的价值观念，具有适应能力和快速反应能力（Perrow，1987：167）。

组织理论中的新制度主义最早始于 20 世纪 70 年代末。新、旧两种思想路径之间相通处甚多：这两种思想路径都关注具体的组织形态要通过怎样的方式实现“正当化”（legitimated），除效率或实质结果等工具性考量外，文化价值也会在其中刻痕着迹、施以影响。然而，它们在核心关切上有所区别。旧思想路径研究的是个体组织实现“制度化”（institutionalized）的方式，而新路径则要在更为广泛的环境中明确识别出制度化的过程。塞尔兹尼克及其支持者认为，组织本身正是在回应其所处的本地社群和其内部成员所具有的价值观与文化；然而，新制度主义者则主张，组织会不断调整，以贴近存在于更广泛的组织域（organizational field）中的“制度模板”（institutional templates）或“神话”（myths）（Meyer and Rowan，1977）。这些研究主题在政治分析当中也为学者所议及，特别是在政治社会学家和话语理论家当中受到重视。

在**政治学**（*political science*）中，“旧制度主义”则被表述为这个学科的“历史学心脏”
24 （Rhodes，1997：5）。可能正是因此，它遭受到了最为猛烈的抨击；不过，关键的是要区分开其中较为粗陋的论述和较为精妙缜密的处理手法，后者为新制度主义奠定了重要基础。罗德·罗兹（Rod Rhodes，1988，1995，1997）就坚决地为政府和政治研究中的制度路径辩护，他将之称为“每位政治学家工具包中不可分割的部分”（1997：64）。20 世纪初芬纳（Finer）和罗布森（Robson），及 20 世纪 70、80 年代约翰逊（Johnson）和里德利（Ridley）等学者就曾应用这种传统的制度分析，而罗兹就致力于将其中的主要元素梳理出来：

> 制度路径是涵盖规则、程序以及政府正式组织的一大主要题材。它运使着律师和历史学家的工具，用以解释加诸政治行为和民主效能上的种种限制；而且，它也蓄养培护

代议制民主的威斯敏斯特模式①（Westminster model）。（Rhodes，1997：68）

埃克斯坦（Eckstein，1979：2）注意到，这一路径的践行者“对他们所有推测性假设几乎全然避而不谈”。彼得斯（Peters，1999：2）则将他们方法论的特征归结为“聪明机灵的观察家试图通过非抽象的措辞，描述并理解他或她周遭政治世界的方法”。这种面对理论和研究方法的沉默，实际上就向我们透露出这一路径的某些内情——对于理论与方法等议题，它当时总体上是欠缺考量的，理所当然地以“事实”（夹带着价值观念）为是，并作为政治分析当中的某种“常识”，得以兴盛一时。

传统制度主义的批评者直指它在适用范围和方法上的各种局限。它（当然）关注各式各样的政府制度，但对其研究题材的理解却局限颇多，而它又是基于这种理解而开展研究活动的。它关注的焦点落在正式规则和组织上，而对非正式的常规惯例不加留意；关注政府的正式官方架构，而非（国家机关内、外）制约治理的广泛制度约束。在描述性方法和对理论的藐视情绪背后，那些推测性假设正自藏头缩脚，而批评者们则争取令这些假设“现身”。彼得斯（1999：6—11）如是描述旧制度主义的“原初理论”（proto-theory）：它是规范性的（normative，关注“善治”），是结构主义的（structuralist，各种结构决定了政治行为），是历史主义的（historicist，历史的核心影响力），是法律主义的（legalist，法律在统治当中发挥主要作用），也是整体论的（holistic，注重描述和比较各个整体的统治体系）。约翰（John，1998：40－41）点明，其中有一种很强的功能主义倾向：假定具体制度是“政治生活各项功能的表征”，或某些制度是“民主体制所必需的”，等等。对于现代读者而言，旧制度主义者自诩客观、“科学”，但 25
这往往与他们高谈好辩的风格、培养促成“威斯敏斯特模式”的愿望格格不入。

制度主义传统中也有较为严密精巧的工作成果，方框 2.1 就给出了这方面的若干例证。罗兹（1995：49）就反对竖起“稻草人”②（straw man）。不少旧制度主义者所采用的分析形式，相较其批评者所意指的远为精微细致。20 世纪 30 年代，赫尔曼·芬纳（Herman Finer）就曾特意表明，对于宪法的研究远远超出书面文件之外（Finer，1932）。20 世纪 70 年代，内维尔·约翰逊（Nevil Johnson）在正式结构之外，也对程序上的惯例（procedural norms）表达关切（Johnson，1975）。自伍德罗·威尔逊以降，历史比较方法的倡导者们都明白，潜存在一个体系下的价值观念，要同另一个体系相比照，才能显现得更为清晰。

① 威斯敏斯特模式，是指以英国为滥觞和代表的议会制政府类型，其关键内容包括：行政分支由立法机关成员组成，并对立法机关负责；议会中存在反对党；除政府首脑外，另有一名仪式性的国家元首；以及由此催生出的一系列议事程序与行政惯例；等等。这一模式因英国议会所在地威斯敏斯特宫（也译作“西敏寺”）而得名，故此也称“西敏寺模式”或“西敏制”等。此处应当是喻指类似议会辩论的学界风气，下文亦同。——译者按

② 此处的“稻草人”是指“稻草人谬误”，也称假想敌谬误，是指论辩当中有意或无意地扭曲对方观点，以便进行攻击，或回避对方论证中的较强环节，即我们日常生活所说的“树靶子”。——译者按

方框 2.1 “旧制度主义”：对比鲜明的实例

25 ● 芬纳（1932）在观察美国、英国、法国和德国政治制度时，有意回避了（当时更为常见的）逐国分析的方法，而是就各国的不同制度（例如，政党、选区、公务员系统、司法体系等）进行逐一比较。他将国家理解为“强制性权力的垄断”，并以此为基础开展分析，从而对传统的研究路径予以启迪，提出了新的版本。

● 曾任美国总统的伍德罗·威尔逊（1956）在“分立政府”[①]（divided government）问题开始影响到总统制时，曾对其进行研究，并将议会制作为可选方案，分析其可能带来的影响。

● 罗布森（1960）在研究英国国有产业的产生与运营时，就公有制企业组织与管理的各个层面作出了全面论述。尽管当时的舆论气候是怀疑为主，但罗布森仍坚定地为公有制企业辩护，称其为“为公共管理作出的卓越贡献”，并为其未来的企业改革开出了药方。

● 波尔斯比（Polsby，1975）关于立法机关的名作，堪称制度主义分析中还原论一脉的标杆；该文聚焦于“立法机关这一特殊的组织形式，如何将自身嵌入多种多样的背景条件中”。

来源：罗思坦（Rothstein，1996）；罗兹（1997）；彼得斯（1999）。

26 而且，我们在第 3 章将会看到，传统的制度路径并不是什么过时遗物，不能用事后诸葛亮的眼光等闲视之。事实上，它们仍在宪法研究和公共管理等分支领域继续得以施展，助益政治分析。不过，随着政治与治理实践的开展，实践经验发生诸多变化，在这个大环境下，这一传统路径的局限性也日益明显。政府的正式层级体系在许多国家均面临着压力，“律师和历史学家的工具”也由此被逐渐证实是不堪足用的：传统的制度主义者要怎样才能解释利用关系网与政治联盟实施起效的治理活动，又要怎样解释市场与官僚集团相互之间不断加深的贯通渗透，或者是政治党派作为大众团体日渐式微的情况呢？一个着眼于稳态与规律性的分析形式，要怎样才能理解制度快速变化中相互竞争、彼此角力的动态过程呢？

“旧”制度主义的影响力业已衰微，“新”制度主义的再发现尚未开始，在一段相当长的时间里，上述这些问题是悬而不决的。直至 20 世纪 50 年代，行为主义在美国、英国的政治分析中已确立起牢固地位，与制度主义比肩齐声；在 20 世纪 60、70 年代，它更是令制度主义黯然失色。在此期间，行为主义者坚称，“第一，不论是在个体层面，还是在社会性群集层面，可观察的（*observable*）行为才应当是分析的焦点；第二，任何对于这一行为的解释，都应当是能受到经验检验的”［Sanders，2010：23，着重号为原文所有（original emphasis）］。而在这一过程中，他们使自己这个“政治科学”的版本符合卡尔·波普尔（Karl Popper）的

① 分立政府是一种政府类型或政府现象，往往发生在总统制下，即行政和立法机关分别由两个不同的政党所掌控；而在半总统制政府中，行政机关本身为两个政党所瓜分，也属于“分立政府”现象。在议会制政府中，同样会发生政党分别掌管行政与立法机关的状况，但由于议会可通过不信任案迫使内阁解散，因此这种现象在议会制下往往不甚重要。——译者按

可证伪性原则，与自然科学中应用的研究模式［“实证主义”（positivism）］相一致。然而，不少行为主义者不加反思地遵循波普尔的信条，“倒向机械性的经验主义”，在随后的数十年间受到持续不断的攻讦非难，他们如今就转向了一种“后行为主义”的立场，即“理论不仅会产生可检验的假设，也会在首先要收集的经验性证据上提供相关指导意见与方向指引”（Sanders，2010：30 and 40）。当制度主义重新为人所发现并作出改进革新时，行为主义也随之调整，令其自身更加靠近演绎-归纳的思想主流；不过，与理性选择理论（下文将另作考量）不同的是，行为主义并未与制度主义有所重合，这很大程度上是因为它依然坚定不移地遵守可证伪性原则与“科学方法”。

当行为主义无处不在的影响力开始逐渐退去，而制度主义又尚未得到重新发现时，理性选择理论在政治分析中逐步建立起其主导地位。这一理论涌现于 20 世纪 50、60 和 70 年代，但在 80 年代及其后数十年中尤为显赫，黑伊（2002：8）将其核心目标总结为“假定个体是 27
理性的，而且他们表现得仿佛（*as if*）他们在筛选出最有可能最大化其自身物质利益的选项前，会对他们所有的可选方案展开成本-收益分析一样，依据这一假设，构建出政治行为的程式化模型”。当行为主义借鉴心理学或社会学，并将其作为自己的知识基础时，理性选择理论则依循这一个人主义的转向，从经济学中汲取养分。

然而，如同他们之前的行为主义者（当然也包括制度主义者）一样，许多理性选择理论家在遭受多年质疑与内部分歧后，调整修改了他们最初的目标与理论立场。例如，沃德（Ward，2002：88）就主张，尽管理性选择理论为政治科学提供了“一套宝贵工具”，但“方法论上的个人主义与完全还原论的解释都是不现实的。它的地位更类似于适宜具体数据类型的统计学技术；而不是一种用于理解政治领域整体的独立研究范式”。

新一代理性选择理论家更为兼收并蓄，他们在新制度主义的发展过程中带来了深刻见解，为我们理解关键性困境也作出了极大贡献。帕特里克·邓利维（Patrick Dunleavy，1991）探讨了自身利益诠释受到制度塑造的多种途径；埃莉诺·奥斯特罗姆（Elinor Ostrom，2005）对于集体行动问题的多种制度性解决方案作出斟酌考虑；赖克（Riker，1980）为制度变化建模，而皮尔逊（Pierson，2004）论述了制度设计与开发的时间动态。因此，在行为主义者调整观点但仍与制度主义保持距离的时候，不少理性选择理论家已从制度主义中寻求到灵感，并助力于塑造其理论前沿。

20 世纪 80 年代浮出水面的新制度主义重申了多项旧制度主义的原则，它面对那些解释社会、经济和政治行为而“社会化不足”（under-socialized）的还原论阐述，决心要颠覆其统治地位。马奇和奥尔森（1984：747）在其开辟性的文章中就主张“政治生活的组织有重大影响”，并断言制度在塑造政治行为方面扮演着更有自主性的角色。尽管制度主义从未真正离去，但直到 20 世纪 80 年代，它一度被认为处于政治学主流之外。正如我们所看到的，在行为主义者眼中，制度主义只不过是源于若干个彼此独立的职能角色、处境地位与习得性反应

28 的集合体而已；对于纯粹的理性选择理论家而言，制度也无非若干个以效用最大化偏好为本而分别做出选择的累积（Shepsle，1989：134）。而马奇和奥尔森却坚称，政治制度在塑造政治结果方面发挥着更具自主性的作用：

> 官僚机构、立法委员会、上诉法庭，它们都是各种社会力量相互角力争竞的竞技场，同时也是多个能够定义且捍卫利益的标准运作流程与结构的集合体。它们都是自行其是、自成其理的政治行动者。（March and Olsen，1984：738）

罗德·罗兹考虑到十一年来制度路径的发展前景，表示：

> 聚焦制度的关注点，以及历史学家和律师的方法，依然是切中肯綮的……（但）含而不发的推测性假设必须让位于直白清楚的理论，才能在其中建立起关于制度的研究。（Rhodes，1995：50）

而这，正是“新制度主义者们”要欣然相迎的挑战。

第二阶段：发散与分隔（20 世纪 80 年代初至 90 年代末）

新制度主义的各个视角萌芽于政治分析，它们试图建立在传统研究路径最优的理论基础上。诚然，它们的确重申了早期制度传统的关键信条：政治结构塑造政治行为，并深深嵌刻在行为规范与历史沿革中；但它们也力图打破各个严格受限的概念定义，突破前辈学人含蓄隐晦的理论。从 20 世纪 80 年代开始，新制度主义者们就带着更富拓展性（却也更精细缜密）的研究主题定义、更为直截了当（却也更具多元性）的理论框架，开始研究活动。因此，较其“长姊”，新制度主义在三个重要层面分化出显著差异：

- 从正式的规则与结构入手，新制度主义进一步拓展其理论关切，将塑造政治行为的非正式惯例与联盟关系也涵盖其中。
- 它拒绝仅仅从表面上观察政治制度，而是批判性地审视制度是如何具体表现出价值观念和权力关系的。
- 29 它否定早期思想中的决定论，主张制度既能约束个体的行为，但也是人为创造的产物，会随行动者的能动性而发生变化、演进发展。

假如新制度主义是围绕着这一共同内核建立起来的，那么为什么会如此迅速地涌现出不同“学派”，又为什么关于制度主义的学术话语会变得如此争强好辩呢（Schmidt，2006：117）？要回答这个问题，我们就需要考虑 20 世纪 80、90 年代制度主义重新出现时的学术与政治环境。当时，制度主义学者担负着一种义务，他们要对一系列内、外挑战作出足可信服的回应。对外，制度主义者接受了一项任务，他们要反驳行为主义者的个人主义思想和理性选择理论视角，并要说明社会存在着各种既有结构，它们以集体为基础，既约束着行动者，也为他们赋权。对内，制度主义者意图发展理论，回应那些批评“旧”制度主义、如今已树大根深的反对意见。这场“卓有成效的反向改良”（Peters，2005：1）采用了一种批判性的理论视角，这一视角由其自身出发，鼓励思想发散分化，各自形成彼此不同的制度主义“阵营”。

这样一来，在这个受到多学科影响、借鉴多学科成果的理论主体当中，就发生了这个至关重要的转变。从这个意义上说，一定程度上思想有所分流相异，正是新制度主义在它的诸多源头上就已具有的内在特征；因此，新制度主义被重新发现后不久就有多番论战，其中各个支派也纷纷重申立场，各起炉灶。政治和学术的大环境也造成一大批学者进退无据，他们也在寻找思想的栖居地，其中不少人就此投向新制度主义。20世纪80、90年代大事频仍，这些事件先后考验了政治左、右翼视角的可信性。柏林墙倒塌，随后国家社会主义暴露出其诸多缺陷，这引发了针对经典马克思主义理论的根本性质疑（Marsh，2002：153）。在这一背景下，市场却显示出相对的稳定性，这也令人对第一阶段的理性选择理论产生了怀疑，因为它预测经济波动将不断出现，反映出个体行动者选择的聚合过程（Blyth，2002a：292—310）。

在这些因素的合力作用下，出身于不同学术传统的学者们，尽管各有怀抱，但仍向新制
度主义汇合过来。因此，他们对核心概念的解读和应用也就各有不同。他们在演绎-归纳序列上 30
的自我定位也各不相同，而且在极大程度上，他们定义自身理论立场的方式，是要看他们准备在多大程度上包容理性选择理论闯入其中的影响，又准备在多大程度上容纳新马克思主义者的影响。他们试图捍卫自己的理论立场，为制度主义的具体解读加以标签，以此显示出他们的拥护态度（Crouch，2005：9）。1996年，霍尔（Hall）和泰勒（Taylor）确认出三个理论变种，到1999年盖伊·彼得斯（Guy Peters）发现了七种，方框2.2则略述了九个变种。

方框2.2 新制度主义的不同支脉

31
● **规范制度主义者**（*Normative institutionalists*）研究政治制度中所体现的行为规范与价值观是如何塑造个人行为的（请参见马奇和奥尔森1984年、1989年的开创性著作）。

● **理性选择制度主义者**主张，政治制度是多种规则与诱因所构成的若干体系，身处其中的个人则试图实现其效用的最大化［请参见温加斯特（Weingast）1996年对各种理性选择理论路径的综述］。

● **历史制度主义者**则关注，关于统治体系制度设计所做出的种种选择，是如何影响到个人在未来的决策行为的（请参见霍尔和泰勒1996年所作的综述）。

● **经验制度主义者**（*Empirical institutionalists*）是最为贴近“传统”理论路径的，他们将不同制度分门别类，分析它们对政府效能的实际影响（请参见彼得斯在1996年所作的综述）。

● **国际制度主义者**（*International institutionalists*）表明，国家行为受到国际政治生活中（正式和非正式）的结构性约束［一个方便易读的例证，请参见里特伯格尔（Rittberger），1993］。

● **社会学制度主义者**研究的是，制度能通过哪些途径为个人创造意义，从而为政治学中的规范制度主义提供了重要的理论构造元件［请参见迈耶和罗恩（Meyer and Rowan）1977年的经典论述］。

● 关系网制度主义者（*Network institutionalists*）则说明个人与群体之间常态化但往往非正式的互动模式是如何影响政治行为的［请参见马什和罗兹（Marsh and Rhodes）1992 年编著的论文集］。

● 建构或话语制度主义（*Constructivist or discursive institutionalism*）认为制度是通过意义框架——用于解释、斟酌或合法化政治行动的观念和叙事话语（请参见黑伊，2006a 和施密特，2006）——来影响行为的。“后结构主义制度主义者”（Post-structuralist institutionalists）则更进一步，主张制度实际上建构了政治主体性与政治身份（Moon，2012；Sørensen and Torfing，2008）。

● 女性主义制度主义（*Feminist institutionalism*）探究性别规范如何在制度中发挥作用，以及制度性过程如何构建并维系性别化的权力动态［请参见克鲁克和麦凯（Krook and Mackay），2011；肯尼，2007；查普尔（Chappell），2006］。我们也已看到“女性主义历史制度主义”（Waylen，2011）和“女性主义话语制度主义”（Freidenvall and Krook，2011），这表明理论将更进一步走向碎片化。

为了完整性，我们对这九种制度主义的理论定位作出简要叙述，以显示这些理论支脉的某种共同起源及其彼此之间互联互通的关系。不过，我们并非说每一个理论变种在制度主义原理上的重要性都彼此相当。相反，我们与大多数制度主义作家是一致的，他们业已确定了一项理论纲要，即三个主要的理论支脉在第二阶段居于主导地位［例如，斯科特（Scott），2001；戈杰斯（Gorges），2001；霍尔（Hall），2009］——社会学制度主义、理性选择制度主义与历史制度主义。表 2.1 就这三者的关键特征作出简述。

表 2.1　制度主义的三大主要支脉：关键特征

	社会学制度主义	理性选择制度主义	历史制度主义
制度的定义	文化传统、行为规范、认知体系、惯例（Scott，2008）。	“一个社会中的游戏规则”（North，1990）。	正式与非正式的流程、例行程序、行为规范与传统（Hall，1986）。
关键研究对象	组织域、社会运动和制度扩散现象。	个人选择及其结果、集体行动问题、博弈情景。	全国性政策和权力精英、发散性路径和“资本主义的多样性”。
理论焦点	能动性所处的制度和文化环境，及其对能动性的塑造影响。	创造稳态并抑制能动性严重过剩的制度。	能动性所处的制度和历史背景，及其对能动性的塑造影响。
理论假设	行动者遵循行为规范和传统或“合宜性的逻辑”（logics of appropriateness）(March and Olsen，1989)。	行动者处在制度框架内，计算出最佳行动方案，以追求其个人利益（Ostrom，1986）。	文化与计算逻辑的融合产物（Hall and Taylor，1998）。
常见方法	案例分析、“深”描、诠释性方法论。	测试模型、量化数据的运用、实验室与实地实验。	历史案例、过程追踪、跨国性比较分析。
时间范围	最近的过去以及未来。	现在和最近的未来。	长期的过去。

续表

	社会学制度主义	理性选择制度主义	历史制度主义
如何看待变化	变化即“制度化”（institutionalization）（Scott，2008），包括对既有制度的仿拟、适应与再利用。	变化是以行动者的意愿为转移的，着重于有意识的设计、符合理智的调整措施、协商与“博弈”等。	变化是高度依赖于具体情况的，特别关注于（变化）形成的具体时刻和路径依赖（间断平衡）。
参与（*engagement*）的含义	相对缺乏权力的群体，处在由公共与私人部门组织共同塑造的制度环境当中，开展动员。	小社群和小商业组织，在没有中央政府行动者帮助的情况下，设计其自有制度。	大型团体和得授权力的行动者所组成的联盟，依其利益需求，阻挠或推进制度改革。

社会学制度主义（*Sociological institutionalism*）萌芽于“旧”制度主义在组织理论中的影响，这一点我们在前文已有述及。在他们看来，制度在某个特定的组织环境内，能够对行动者施以约束或赋予机会（DiMaggio and Powell，1991a；1991b）。这个世界与制度、组织、行动者之间交织着错综复杂的关系网，而行动者早已忘却或从不知晓游戏规则为什么成为如今这样，因此这个世界也同样具有非理性（irrationality）的特征。这类“合宜性（appropriateness）逻辑”（March and Olsen，2004：3）之所以“得到遵守，是因为它们被认为是自然而然、理所应当、情理之中、正当合法的”。行动者们不过是“试图履行其角色的各项义务，包括身份认同、身属某个政治社群或团体的成员身份，以及其相关制度所施加的思想道德约束、惯例习俗和行为预期等等”。

社会学制度主义不仅仅是接纳了“公共理念的力量”（Reich，1990），也将其自身的理论化推进到下一阶段。就根本而言，这就将制度化的过程定义为一种观察认知的过程，而不是评估衡量的过程。如此一来，它就提出，文化传统、惯例规范和认知体系能够凸显出某种考虑政策问题的特定思路，同时确保其他视角始终是渺不可见的；而行动者们就会受到它们的限制。普雷姆福什（Premfors，2004：16）称，社会学制度主义的思想路径建立在三种密切相关的观点理念上。首先，人类行为强烈地依赖于其所发生的社会背景环境。因此，能动性
更多地受到情景驱动（context-driven）而非受到目标驱动（goal-driven），且受文化逻辑的影 31
响尤深。其次，“这样的背景环境往往是深度制度化的”——也就是说，制度并不仅仅能影响到其最直接接触的周界（sphere），或是社会学家所惯称的“域”（field）以内，其影响还能
扩散到与其互关互联的方方面面，乃至遍及全社会。最后，制度在潜意识层面也有所作用， 32
它们在社会中会形成某种理所当然的“文化基础设施”（cultural infrastructure）。不过，相比稳态而言，这类理论难以解释制度的变化。制度化被看作一个持续不断的过程，其中就包含有制度适应外部环境变化的过程［例如，彼得斯和霍格伍德（Peters and Hogwood），1991］。当变化是由行动者自己发起的时候，那就往往涉及理念与构思的借用、共享和回想，产生出“重组重构”的结果（Crouch，2005）而非改头换面的产物。此外，我们对“制度如何变化

（及保持原样）”这一悖论已在前作中另有探讨（Lowndes，2005：291）。

33 在其经验研究中，社会学制度主义者们就社会的公共部门、私营部门及第三部门中特定的组织“域”进行了案例研究。具有这一学派特点的研究者们一般采用诠释性的方法论，“深”（thick）描那些微妙且处于动态的过程，这些过程往往不能被他们的研究对象轻易理解并表达出来。因此，组织环境中某些具体理念或规范实现制度化的详细过程，正是这一支派所共有的研究对象。例如，克利金（Klijn，2001）就展现出制度是怎样使得荷兰鹿特丹和海
34 牙的两个社会住房组织网络内的决策环境形成的；他特别指出这两个案例分别具有不同的两套规则，这些规则导致了截然不同的结果。在美国，施耐博格和劳恩斯伯里（Schneiberg and Lounsbury，2008：648）回顾并述评了一系列关于社会运动的研究，这些研究“均对论争和群体动员过程有共同兴趣——不同群体如何联合起来，对某些特定做法或行动者表示支持或反对，进而产生或抵制新的制度性安排、抑或革新既有的制度性安排”。这包括20世纪60年代的黑人选民登记（McAdam，1988），动员农场主、女性和工人向国家提出索赔要求（Clemens，1997），股东就企业经营控制权开展的论争（Davis and Thompson，1994），呼吁和平、倡导同性恋权利、号召保护环境的运动在日益增多（Laraña，Johnson and Gusfield，1994），跨国性的压力集团也在不断崛起（Keck and Sikkink，1998）。

我们能在社会学制度主义中看到其独具一格的理论立场，同时也能看到它与其他两大制度主义支派有着论述完备的共通之处。尤其要提到的是，尽管不及历史制度主义所指的时间跨度，但其制度化的相关概念所设定的时间视野，也将较为延长的时间动态纳入考量。此外，我们也能看到“以行动者为中心的制度主义”（Mayntz and Sharpf①，1995）有所发展，它认为行动者抱有利己的认知与观点，这与理性选择理论的假设是有所重合的。社会学制度主义者是典型的“参与性”理论家，他们会将权力与不利因素的议题置于突出位置，并凸显不同社会群体之间持续不断的矛盾冲突。因此，制度被视为明确表达出来的、分配权力的正式协议，借由这些协议，种种限制与机会也不均衡地分配出来，它们既可能遭到抵制，也可能受到维护。

不少学者倾向于将**理性选择制度主义**（*rational choice institutionalism*）看作制度主义中“借巢孵蛋的杜鹃”②（cuckoo in the nest）——这也就好比是一个孩子，通过伪装矫饰而被人收养，随后又一心要毁灭其他分走养分的竞争者。从我们的“参与性”立场出发，我们能够理解这类指责理性选择理论“具有政治破坏性”的批评（Hindmoor，2010：56－57），例如，理性选择理论就断言，无法测量的事物就是不存在的，暗示（借用一下玛格丽特·

① 原文如此。应当是指马克斯·普朗克社会学研究所名誉所长弗里茨·沙尔夫（Fritz W. Scharpf）。后仍遵循原文，恕不一一说明，请读者自辨。——译者按

② 杜鹃鸟，又称“布谷鸟”，杜鹃科是鸟纲鹃形目下的一科，包括多种鸟类，其中部分有“巢寄生”或“托卵寄生”的行为，即产卵于其他鸟类的巢中，其幼鸟孵化后会将同巢的寄主幼鸟或寄主卵顶出鸟巢，使得寄主亲鸟只能喂养自己，独享绝大部分养分，同时杜鹃成长快、体型大，甚至超过寄主亲鸟的体型，往往会出现极不协调、极大视觉反差的“以小饲大”现象。此处作者是在描述部分学者对于理性选择制度主义的批评意见。——译者按

希尔达·撒切尔的名言[①]）“根本就不存在什么社会”。这句批评能历久仍存，我们很大程度上归咎于理性选择理论本身，因为它始终致力于大刀阔斧地简化自身的世界观和“人的模型”（model of man）（Premfors，2004），结果使自己及其衍生的理论门户洞开，全然暴露在批评抨击面前。

然而，我们也看到，学者所具有的能动性是不会任由理论投闲置散的。相反，理论的边 35
界会随着时间的推移而变得模糊不清，如此一来，要将制度主义的不同理论支脉简单粗暴地划分开来也就变得日益困难了。与之类似，我们也看到，有一部分抱有敌意的批评家倾向于将理性选择制度主义等同于最初的、纯粹的理性选择理论，或是倾向于静止地看待理性选择制度主义，将之视同于其初期的理论表述。为了抗衡这种趋势，我们在第 3 章描述了理性选择制度主义者们如何与这类怀疑论的论调针锋相对，在解释制度的过程中承认了惯例和理念所发挥的作用［例如，青木昌彦（Aoki），2002，2010］。持理性选择理论的学者，通过研究用于管理林场或渔场等“公共池塘资源”（common pool resources）的合作性制度（Ostrom，2007），以及抗议团体在美国如何实现制度化（Lichbach，1998），也同样接纳了制度主义对于“参与”（engagement）的理论偏好。

既然已有这些预防误解、避免曲解的说明，那么我们就能大体上同意普雷姆福什（2004：17）对于理性选择制度主义立场的描述：

> 首先……他们[②]单独选出那些由个体所做的、以自我为中心的、策略性的理性行为，将之作为社会因果性（social causality）的主要形式；而且，虽然制度能够影响到个体行动者们效用计算[③]（utility calculus）上的条目内容，但是这些影响也只会令人们变为追求效用最大化的人（utility-maximizers），绝非他物。其次，类似的是，他们认为，偏好

---

① 玛格丽特·希尔达·撒切尔（Margaret Hilda Thatcher），是英国保守党派政治家与首相（1979—1990 年在任），也是欧洲的第一位女性首相。1987 年 10 月，她在接受《妇女界》（*Women's Own*）杂志采访时，批评当时的福利政策令部分公民滋生出不劳而获、寄生于政府救济的生活态度和习惯，引发广泛争议。但此处“借用”，确与原文原义有较大不同。特将这段发言摘译如下，请读者自辨。——译者按

> 我觉得我们已经看到太多人觉得只要自己有什么问题，就应当由政府来应付解决。“我有困难，我要得到救济金。”“我无家可归，政府必须给我提供房子。”他们是在把自己的问题抛给社会。而且，你知道，根本就不存在什么社会，只有一个个男人和女人，只有一个个家庭。政府要是不通过人民支持，就做不成任何事，所以人们必须首先自己指望自己。我们有义务要先照顾好自己，然后再去关心照顾我们的邻居。现在人们心里只想着权利，完全不考虑自己的义务。一个人要是不先履行义务的话，就压根不会有什么权利。

② 依据下文，此处应当是指理性选择制度主义者。——译者按

③ 效用计算，又名幸福计算（felicific calculus）或快乐计算，是由功利主义哲学家杰里米·边沁（Jeremy Bentham）构想形成的一种算法，用于计算某一具体行为可能产生的“幸福”的“量”或“程度”，共有七种维度的矢量，即强度大小（intensity）、持续时间长短（duration）、确定发生与否（certainty & uncertainty）、时空临近与否（propinquity & remoteness）、多产性（fecundity，是否可能引发同类快乐）、纯度（purity，是否可能引发与之相反的后果）和范围大小（extent，影响到多少人）等。此处应当是指，制度仅仅会对各项指标产生影响，但并不会影响个体趋利避害的行为取向。另外，“计算”（calculus）一词在英文中的含义还包括“微积分”，也可用来描述“各个部分相互关联、错综复杂的系统或措施安排”，与正文内容也能相互对照、增进理解，请读者自辨。——译者按

> 的形成过程在本质上是外生性的——制度仅仅能影响手段，而非目的。最后，理性选择制度主义者们对于社会科学研究工作的性质所抱有的理想追求，是与社会学制度主义者（以及大多数历史制度主义者）大相径庭的——在他们看来，理论首先应当是精练简约的，只（或者至少是主要）依据其预测能力而接受评判，而且评估经验性证据的首要标准，应当是传统的实证主义经验论（traditional positivist empiricism）的标准。

尽管我们已在迈向制度主义的第三阶段，但对于一些理性选择制度主义者而言，他们的理论和方法论路径的的确确并没有发生太大变化。在这个具有强烈个人主义特征的碎片化体系当中，每一个行动者都为了实现其战略意图而理性计算出最佳行动方案，进而追求他或她的个人利益。同样地，制度也就形成了十分精简粗略的理论，因此也变得相当简单易懂——它们
36 就是鲜明显眼的游戏规则，对所有行动者都是清楚可见、简单明了的，并且经过设计以实现回报的最大化。那么，在这个体系当中，政治的首要目标就是，要将个人做出的个人利益最大化选择汇集起来，整合产出公共选择的结果，并出台实施各种制度，以侦测和处理违法分子的舞弊行为。

在经验研究当中，这种朴素的本体论就任由研究者们预测行为，于是他们把生活理解为一系列博弈活动，进而作出简洁粗疏的理论建模，并据此给出预测。由此，在制度性规则对后续行为构成约束的情况下，人就会无休无止地不断发问："到底什么行为会给我创造出最大的效用？"这么一来，就能够利用数学公式方程，通过量化检验，测量行动者对于不同规则体系做出反应的不同方式，在实验环境下分析现实生活中的某一特定层面，比如谈判。在这一思想路径中，行动者认知所及的视野往往是短期的，这一时期内规则发生的变化很可能是由行动者自己或是试图限制行动者的人有意设计而引发的。但在这一方法论的支持者中，也有革新理性选择理论的创新者。例如，奥斯特罗姆（2007：1）就对用于设计公共池塘资源管理规则的两项核心假设作出批驳：

> （1）资源的使用者是不受行为规范约束的、追求直接回报最大化的人，他们在面对共同困境时不会相互合作、共渡难关；（2）另外，政府公职人员具有足够的信息和动机，设计出效率、效果兼具的规则，以保证公共池塘资源的长期可持续使用。

奥斯特罗姆将"小心控制变量的实验室试验所得出的研究发现"概括为"对第一项假设构成质疑，令人不得不相信人类是极易犯错的、只能在有限度的范围内具有理性。根据所处情况，个人可能会将规范性的回报（包括正面和负面）也纳入其偏好计算的方程中"。接着，她"依托实地环境中各种规则的广泛研究成果"，探讨"利用规则结构性地改变共同困境的复杂性"。最后，奥斯特罗姆总结称，"那些仰赖中小型规模公共池塘资源的人，不是永远受困在这些江河日下的恶劣处境中无法抽身的。我们需要认识到，治理往往是一个涉及不同层级多个行动者的适应性过程。而这样的体系看起来都是混乱不堪、难以理解的"（Ostrom，2007：21，

着重号为原文所有）。

那么，我们承自普雷姆福什的三条基本准则就增添了多个层面的复杂性，总体上对行动 37
者和制度表现出一种远为社会化的见解。例如，行动者是会犯错的，也会受到所处社会环境中行为规范的影响。规则也就此变得更为复杂，它们当下是在特定环境中实现特定目标的“工具”，或“应用性规则”（rules-in-use）（Ostrom，1999）。实验室的试验是用来构建模型的，而模型则要在生死攸关的复杂环境（例如，灌溉系统的控制权）中接受检验。从参与性视角来看，奥斯特罗姆的研究表明，“那些仰赖中小型规模公共池塘资源的人”（包括以社区为基础的残障人士小团体等）能够设计规则，以围绕稀缺资源开展合作，这些规则相较中央政府自上而下强制执行的规则要远为有效。这些特性转而说明，行动者的视野不可能仅仅是短期的，因为个体必然要在一定程度上推想出应用性规则未来将如何运转。这样看来，博弈活动一般会涉及高度的想象、先见和预期。尽管人人心中各怀切身利害，但随着人们围绕着各种集体行动问题形成不同团体，这个个体相互孤立隔绝的碎片化体系，显然也变得更加条理井然了。

社会学制度主义萌发于组织理论，理性选择制度主义源自经济学，而**历史制度主义**（*historical institutionalism*）的学统由何而来，则难以卒定。不过，我们可以确认，历史制度主义者们共同抱有三大理论关切。首先，历史制度主义者们一向对大地理规模的政治现象兴趣盎然，也就是一整个国家的制度机关和全国层面的制度构成要素，譬如就业权利和福利供给等等。这样的规模把握，恰与社会学制度主义、理性选择制度主义形成鲜明对比，前者倾向于观察组织层面的现象，而后者则从个体行动者入手建立其理论路径。其次，历史制度主义者们关注制度的长期沿革，因而也包括与之相关的时间效应。最后，鉴于 20 世纪 70 年代理论大分裂（Hay，2002：115－116）和 80 年代苏联阵营瓦解的情况，历史制度主义者的大多数（不过不是全部）研究工作都包含某些批判和发展经典马克思主义的理论尝试。“计算”方法令学者得以从理性选择理论中得到借鉴，以解释自私自利的行动者群体如何遵从并
维护资本主义的种种制度布局；“文化”视角则纳入了理念的力量，特别是葛兰西学派对于资 38
本主义为何能够长期存在并具有若干不同的制度形态这一问题所作的解释。

这种糅合二者的思维路径带来了界限宽泛的定义，这在霍尔和泰勒（1996：947）对政治制度的定义中就有所显现：“不只是正式的规则、流程或规范，也包括符号体系、认知脚本和道德模板，它们会提供指导人类行为的‘意义框架’（frames of meaning）。”在他们的经验研究中，历史制度主义者在国家层面就关键历史时期开展案例分析，考察公共政策形成、执行的过程和各个大型团体（雇主组织、工会、政治党派与压力集团）之间逐渐明朗化的关系，而这些关系构成了该国国内的种种权力格局。在这一传统下的研究者一般采用被称作“过程追踪”（process tracing）（Thelen，2004）的技术，追踪调查行动者是如何随时间的推移而影响制度的，以及制度又是如何转而影响行动者的。

"资本主义的多样性"[①]（Varieties of Capitalism）学派正是一个说明历史制度主义者理论关切的绝佳范例，它通过收集比较数据，展现出涉及相同政策问题的制度在不同的国家如何走上不同的发展路径，并且在时间上表现出不同的稳定性。活跃于 20 世纪 70 年代末的比较学者有功于"将国家重新带进来"，并有力开辟了历史制度主义的研究方向［例如，卡岑施坦因（Katzenstein），1978；斯考切波（Skocpol），1979；克拉斯纳（Krasner），1980；斯科洛尼克（Skowronek），1982］。其后，彼得·霍尔（1989）对各国凯恩斯经济学的研究就被广泛视为历史制度主义的经典著作，特别是因为它对各个具有长期影响力的大规模机构和全球范围内变化不定的比较性结果均作出论述。霍尔认为，在 1945 年后至 20 世纪 70 年代货币主义崛起前这一时期内，凯恩斯主义这套思想体系就应用于经济政策问题的规则、流程和认知脚本给出了一个便捷易用的模板。

而理性选择理论对历史制度主义的影响，则可在伊默戈特（Immergut，1992）研究不同国家医保改革的杰作中一探究竟，其中她发现各国之间存在差异，并从各国医学界为避免自身利益受到影响而有计划地展开行动、阻碍制度改革的角度出发，对这些差异作出解释。皮尔逊（2004）的《时间中的政治》[②]（*Politics in Time*）一书则提出，理性驱动的行动者会被"隐形且缓慢移转"的制度所生成的权变性效应（contingent effects）干扰，同时
39 也会被其他对自身行为的影响不甚关心或知之甚少的行动者干扰。凯瑟琳·西伦（Kathleen Thelen，2004）对过去一百年中英国、德国、日本和美国的职业培训体系所进行的比较研究[③]表明，行动者为追求自身所感知到的利益，组成（又频频抛弃）同盟关系，而制度的渐进式演化正是伴随着这一现象而实现的。因此，我们可以将历史制度主义视作制度主义中别具一格的一支（尤其是它与马克思主义批判的种种关联），但它同时也广泛借鉴了其他两个制度主义学派的观点。历史制度主义非常关注强有力的联盟能通过哪些方式阻碍原本可能惠及弱势人群的制度改革［例如，伊默戈特（Immergut），1992；施密特（Schmidt），2009］，这具有非常典型的"参与性"特征。

在其发展阶段的大部分时间里，历史制度主义往往趋向于倚重"路径依赖"（path dependence）这一概念。其基本观点是，一旦政策制定者开辟出某一特定路径（不论这一初始选择是如何的主观武断），改变方向的成本都是很高的。路径依赖是基于增大回报或正面反馈

---

① 此处是指以彼得·霍尔和戴维·索斯凯斯（David Soskice）合作编著的作品为滥觞的学术观点派别。该书全名为《资本主义的多样性：比较优势的制度基础》（*Varieties of Capitalism：The Institutional Foundations of Comparative Advantage*），于 2001 年 11 月由牛津大学出版社出版；中译本由王新荣翻译，于 2017 年 10 月由中国人民大学出版社出版。——译者按

② 该书全名为《时间中的政治：历史、制度与社会分析》（*Politics in Time ：History，Institutions，and Social Analysis*）；中译本由黎汉基、黄佩璇翻译，于 2014 年 5 月由江苏人民出版社出版。——译者按

③ 此处是指西伦的代表作《制度是如何演化的：德国、英国、美国和日本的技能政治经济学》（*How Institutions Evolve：The Political Economy of Skills in Germany，Britain，the United States，and Japan*），于 2004 年 9 月由剑桥大学出版社出版；中译本由王星翻译，于 2010 年 8 月由上海人民出版社出版。——译者按

这一理念的。正如保罗·皮尔逊（Paul Pierson，2000：252）所解释的那样：

> 在增大回报的过程中，沿着同一路径每向前迈出一步，在这一路径上继续前行的可能性就会不断提高。这是因为相较其他可能选项，目前这一活动的相对效益会随着时间不断增多。换句话说，退出或转向某些原先可行的选项的成本也在不断提高。

正如其所论证的，路径依赖创造出一个自我增强活动的强力循环；而这既可能是良性循环，也可能是恶性循环。没有理由可以假定这个已然“锁定不变”的选项要优于其他早前被放弃的选项。事实上，考虑到创新和适应变化不断的环境的措施所遭遇的人为阻挠，这种可能性随着时间的推移是逐渐降低的。科技史上的一大典型案例正是柯蒂（QWERTY）键盘①，它本身就是为了降低打字员速度、防止出现机械按键的卡键问题而专门设计的。而如今，它尽管效率低下，却依然得以存在，这也只是因为变更产业标准的成本太过高昂而已（David，1985）。

不过，历史制度主义者对这一概念过分倚重，他们在解释同制度稳定性相对立的制度变化时就感到尤为棘手了。要解释变化，一般是依赖于各种“停止-启动”②（stop-go）模型，特别是要借助于“间断平衡”③（punctuated equilibrium）这一概念［最初来自克拉斯纳（Krasner），1988］。在“常态化”（normal）时期路径依赖依然存在，而当外部出现剧烈震 40
荡，进而引发政治剧变时，关键节点（critical junctures）就在这样的紧要关头出现；在这一时期内，变化的成本相对于连续性的成本得以降低，行动者也就能够大刀阔斧地改革既有的制度框架［例如，科利尔和科利尔（Collier and Collier），1991］。然而，“停止-启动”的思路长期以来一直饱受批评（我们在下一节就将看到），因为它在理论上无从说明制度变化的内源性动力，也不能解释演进式的细微调整久而久之所叠加产生的那种具有潜在变革性的影响力（Streeck and Thelen，2005；Mahoney and Thelen，2010）。

第三阶段：趋同与融合（21 世纪初至今）

在制度主义的第一阶段，经济学、组织理论和政治学三大学科各自挖掘了制度理论的潜

---

① 柯蒂键盘，又名全键盘、QWERTY 键盘，是如今世界各国最为广泛使用的、基于拉丁字母的标准打字机和计算机键盘布局。因“QWERTY”是该键盘布局字母区第一行前六个字母而得名。它由克里斯托弗·莱瑟姆·肖尔斯（Christopher Latham Sholes）发明，于 1868 年申请专利、1874 年投入量产，此后成为应用最广的人机接口。其最初的设计原则，是减少打字机工作时连动杆之间相互挤压而导致故障的状况，因此有意隔开常用按键，以杂乱无序的顺序来排列字母按键，降低打字员的打字速度。然而，即便在连动杆挤压问题得到解决后有其他打字效率更高的键盘布局相继问世，例如奥古斯特·德沃夏克（August Dvorak）和威廉·迪利（William Dealey）设计的德沃夏克键盘［Dvorak（Simplified）Keyboard］、莉莉安·莫尔特（Lillian Malt）设计的莫尔特键盘（MALT）等，柯蒂键盘的普及程度仍然不可动摇。——译者按

② 前文写作“停止/启动”。原意是指走走停停、断断续续的过程，一般用于描述交通状况，也常引申用于描述经济形势和经济政策。此处作者是在喻指制度时而稳定、时而变化，稳态、动态交替出现的现象。——译者按

③ “间断平衡”是演化生物学中关于生物进化模式的一种理论，由古生物学家奈尔斯·埃尔德雷奇（Niles Eldredge）和斯蒂芬·古尔德（Stephen Gould）于 1972 年共同提出，认为有性生殖的物种可在某一个时间段内，经历一个快于原先速率的物种形成过程，随后则是一个较长时间、变化较小的时期。也就是说，生物的进化过程并非如达尔文所言，是一个连续的、缓慢的渐变式积累，而是长期的稳定与短期的剧变交替发生的过程。——译者按

力。随后的一个时期内，在这些学科连同社会科学内的其他学科之间，理性选择与行为主义等“社会化不足”的论述却将关于制度及社会如何构造而成的种种思想推挤下台，弃置一旁。制度在20世纪80年代的重新发现，是建立在“旧”制度主义的思想遗产上的，并重新塑造了原有的若干学术畛域。而且，马克思主义和理性选择学者（及其他学派）在“新”制度主义中寻得思想家园，他们的加入使制度主义得以进一步丰富，变得更为复杂。随着第二阶段的推进，趋于明朗的是，三种主要的新制度主义思想，在这一“品牌”下的众多宣称中脱颖而出。这三种制度主义思想，尽管各有特色，但相互之间也有重要的理论共通点。这些共通点，也远非政治生活中“制度非常重要”这等简单断言可比。

我们将制度主义视为一个不断演化发展的“活”的理论，因而我们认为在制度主义的不同支脉之间，尚有容纳分歧争论的充足空间。不过，我们也相信，趋同与融合的进程在第二阶段只是缓慢起步的，而在第三阶段的头十年间已是势头大增。正如我们在政治行动中所观察到的那样，在制度主义学者身上同样存在着与之相似的行为模式，即跨越边界的能动性。我们发现，学者当中存在着这样一种倾向，他们将一个标签贴在自己的研究工作上，转而又从其他理论分支借用观点并将自己的观点分享出去，打乱原先的标签化分类。这些标签往往
41 变得更像是“方便旗”①（以保证他们能够跻身某些特定的期刊、会议小组或研究团队等），甚至是保护性的身份声明（更多的是为了表明学者并非持某一立场，而不是要说明学者真正支持的观点）。将这些标签置于一旁，我们实际看到的是，最为杰出的那些制度主义学者围绕一大批困扰制度主义已久的“大难题”（能动性、权力、时间和空间）所做的研究工作当中有一种趋同会聚的趋势。我们转而又看到，多个核心概念（规则、惯例、叙事话语、变化）得以逐渐巩固成形，其中不少概念是从第一阶段和第二阶段的制度主义思想中提取出来的，但如今它们又构成了第三阶段制度主义的基石。

在随后各章中，我们将详尽探讨这些“大难题”和核心概念。不过，我们先要梳理出第三阶段学者们所理解的政治制度的主要特征，以此收束本章内容：

制度——正式与非正式（*formal and informal*）

正如我们在本书第1章中所勾勒的，制度主义者们对规则始终有着浓厚的兴趣，将之视为政治的“硬件”（hardware）。第二阶段的制度主义者们将制度的定义从有意设计且明确阐述的正式书面规则（譬如，合同、岗位职责说明、委员会职责范围及预算体系等），拓宽到包括惯例做法和非书面的传统习俗（例如，政党团体在决策中所扮演的角色，或者“无多数席位政党”的政府中各党派之间的关系等）。因此，早在第二阶段制度主义中，规则与惯例就已被制度主义者们广泛接纳为研究对象了，而且一些学者还认为，惯例（或应用性规则）实际上更有效力（Ostrom，1999：37）。同时，我们也将在第3章中表明，三大理论支脉的理论

① “方便旗”（flags of convenience）是指商船为规避限制性法规、扩大盈利，而在他国注册并挂上他国国旗的做法。——译者按

家们也已愈发关注理念、信仰和价值观在制度动态中所发挥的作用。这一理论关切则是在运用话语理论（discourse theory）、叙事的方法论（narrative methodologies）和政治修辞（political rhetoric）的研究成果［例如，费尔德曼等（Feldman *et al.*），2004；杰克逊（Jackson），2006；杰索普（Jessop），2010］，观察制度通过哪些方式，化身为那些讲述“我们这儿就这么做事”的故事集锦。总之，我们看到，第三阶段的制度主义趋于统一，会聚在三种不同的约束模式——规则、惯例与叙事话语——及其三者之间的互动关系上。

制度——稳态与动态（*stable and dynamic*）

稳定性在理论中一贯被描述为制度的一大必要特征：在第一阶段制度主义中，亨廷顿
（Huntington，1968）就将政治制度定义为“稳定持久、受人珍视、反复出现的行为模式”。 42
马奇和奥尔森（1989：16）在重新发现制度的同时，认为制度是“在潜力未尽、尚不成熟的政治世界中，创造并维系着仿佛岛屿一样不完美且临时性的组织”。然而，这些概念化却共同揭露出关键性的制度困境。如果制度被理论化为某种稳定结构，那么制度为什么还会发生变化，制度如何变化，在某些情况下甚至还是相当迅猛的变化？而且，如果它们被理论化为“临时性”的，那它们在什么意义上方可算作制度呢？制度主义者们在第二、第三阶段着手处理这些问题，他们力图探究制度达到稳态的过程（*processes*），而这也可能会展现出变化得以发生的各种途径。这样一来，理论家就分别汇聚到两套具体的体系上，这二者均将制度的稳态与失稳解释为同一机制中不可分割的成分。第一种解释，是基于制度自身的根本性质，指出没有制度是独立存在的，而是与其他一大批制度相互关联，以增强其自身效力，或是作为其他制度的补充，相辅相成（Ostrom，1986：7—8）。从这一视角出发，当制度环境发生变化，特别是与之相关的制度失去稳态时，一个制度就会失稳。第二种解释则转而寻找稳态与变化的内生驱动力而非外在成因，并坚称制度是“持续不断地处于建立、复原、脱胎换骨的过程中，并且始终抗拒着各式各样扰乱组织体系的力量”（Streek①，2001：31）。因此，这一思想路径就特别强调在创造与维系稳态时人的能动性的重要意义，也注重制度在遭受政治行动者忽视与攻击时时常表现出的脆弱性。在此，我们所观察到的这种会聚趋势就是，学者们认为制度仅仅是“相对”稳定的，制度的稳定性是有条件的，需要有某些具体形式的支持方能实现。

制度——权力与批判（*power and critique*）

正如我们早先所看到的，“旧”制度主义受到（有时有失公允的）指责，称其对于“良政善治”的关切过于外露，且对治理活动隐含有某种特定的价值观念与模式范本。权力以及政府和公民个人行使权力的用途，一贯被认为是不值得深入探讨的。第二阶段的制度主义者们则试图识别出制度通过哪些方式体现并塑造社会的价值观念，而这些价值观念本身就可能相互矛盾、变化不停。马奇和奥尔森（1989：17）就揭示出这些看似中立的流程和

① 原文如此。应当是指德国科隆大学教授、马克斯·普朗克社会学研究所名誉所长沃尔夫冈·施特雷克（Wolfgang Streeck）。后仍遵循原文，恕不一一说明，请读者自辨。——译者按

43 安排如何承载着特定的价值观、利益与身份认同，进而将权力从一部分行动者手中剥离，并转而授予另一部分行动者。三个主要理论支脉的制度主义者们均从权力与弱势、不平等和持续冲突的角度，发展出一种“参与性”思路以开展制度研究。第三阶段的学者们，诸如施耐博格、奥斯特罗姆和西伦等均表示，尽管社会上的弱势群体受既有制度结构限制而渐趋边缘化，但是在特定情况下，按黑伊（1997：50）的说法，他们仍然能够利用这些制度或其他制度，以“重新定义社会、政治和经济领域中可能的活动范围”。那么，我们在此就可看到，学界逐渐形成共识，认为即使制度限制并压迫某些特定的行动者团体，但抵抗依然始终是可能的，也往往是真实存在的。

制度——杂乱与差异化（*messy and differentiated*）

从制度主义第二阶段的早期开始，历史制度主义者就沿袭“旧”制度主义的作风，在时间、地理和规模上，都趋于探讨其研究对象的宏观广泛性。如此，他们也就极易遭到批评，约翰（1998）就指责他们由于忽视了人的能动性，也由于他们假定制度具有内在的统一性和同质性，而未能理解制度性权力的“精微之处”（fine grain）。为了回应这一批评，我们也已看到第二阶段与第三阶段的制度主义者，其中就包括不少历史制度主义者，从制度所囊括的多种多样的政治活动“场域”（例如，选举体系、税收与营利部门、内阁决策、预算编制、政策制定或政府间关系等），以及制度约束政治行为的多种模式（不仅仅是规则，也包括惯例与叙事话语）出发，对制度中的“杂乱性”进行理论化处理。我们看到，正在形成一种共识，认为制度是“差异化”的：首先，各种制度并不一定能“组装”到一起，形成一个整体，或体现出满足功能性需求的解决方案（Orren and Skowronek，2002：747）；其次，它们“对不同个体与群体而言，分别体现、维护并授予各有差别的权力资源”（Goodin，1996：20）；最后，制度永无全然“闭合”或圆满完成之日，在制度性约束与实际行为之间始终存在着间隙或脱节（March and Olsen，1989：16）。

制度——决定性与偶然性（*determinant and contingent*）

44 无论如何，制度主义者必须要赋予制度一定程度上决定或至少是塑造政治生活中具体结果的能力。如果规则、惯例与叙事话语均不能对政治行为产生显著影响，那么根据我们的理解，它们就不能被定义为制度。不过，制度即使是处在完全打散、毫无组织的情况下，当行动者在极力理清新生的或朦胧模糊的状况，忽视甚至违反现有规则，或者力图适应规则以支持其信仰、满足自身所感知到的利益时，它们也依然能以意想不到的方式演进变化，产生偶然性的效果。那么，第三阶段的制度主义者们要如何阐释制度的决定性和偶然性之间的悖论呢？我们看到的是，学术意见趋向认同两种偶然性来源的重要性。其一，要理解任何一种制度如何运行，我们就需要在更广泛的制度环境［或按奥斯特罗姆的话说，“构造布局”（configuration）］中定位到它，并查明它与其他制度的双向联系——包括政治性的与非政治性的，同一空间范围内的和处在不同空间范围内的，以及整个时间段内的。其二，要理解制度动态，有鉴于我们稍早描述的“雅努斯之面”①，这需要我们能够理解各种要素与制度之间相互塑造、相互构成的特征。对于任何一个具体的政治制度而言，偶然性影响正是在它同其他制度、同所处环境中的行动者之间具体的情景式互动中萌发的。

制度——结构与能动性（*structure and agency*）

对制度主义者来说，一大关键困境就在于他们所能允许个体行动者自由活动的限度。在制度主义的第二阶段中，三大主要支脉均遭到批评，称真实、具体的人类个体，在他们对制度动态的阐释当中，或者是被生硬地抽离出去，或者根本就从未出现过：在社会学制度主义中，合宜性的逻辑（logics of appropriateness）令行动者囿于主导性的行为规范和信仰之中，他们的能动性几乎毫无施展余地；在理性选择制度主义中，行动者必须遵循个人利益最大化这种单一的行动方针；而在历史制度主义中，路径依赖则决定了行动者必须延续传统的政策偏好。针对这一困境的历次回应，逐渐凝聚成制度主义中的能动性概念。三大理论支脉已形成共识，认为它们的行动者必须具有一定的反思与策略能力。至少在某种程度上，行动者要能够回顾过往，吸取经验教训（当然，并不总是能学习到正确的经验教训），并且能展望未来，尝试影响将来发生的事件（同样，也未必总能成功）。由此，我们看到，三大理论支脉正向着结构-能动性这一序列的中段会聚起来。就像我们稍早看到的那样，奥斯特罗姆等理性选
择制度主义者们已对他们行动者所处的环境作出社会化处理，而社会学制度主义者与历史制 45
度主义者们也分别做出努力，试图“将行动者重新带进来”。我们在本书中则试图发展出一种具有制度主义特征的能动性概念。

小结

我们在本章中的首要目标，始终是要识别出位于制度主义中心位置的各个概念共有的理论内核。我们从探讨何谓理论开始，也探索了知识宣称上存在着哪些局限。我们坚持认为，理论是不断演变的，它在追求纯粹且恒定的真理上永无完满成功之时。接着，我们与读者共同走过制度主义的三大阶段，并收束于当前这个时期。在“旧”制度主义的基础上（第一阶段），在政治学及其他学科中，新制度主义分裂出无数个变种，其中三大主要学派（第二阶段）具有一定凝聚力。然而，各个学派之间理论和方法论的相互借鉴，以及它们共有的“参与性”立场，引导着不同理论支脉围绕核心概念与关键性困境，逐渐汇集起来，百川归流。

① 原文如此。但前文实际上并未提到“雅努斯之面”。根据文义和语境推断，作者应当是指第一章中描述制度具有的“双重性质”（double life），请读者自辨。雅努斯（Janus）是古罗马神话当中象征初始与变化的神，其掌管范围既包括门户、通道、路径等具象层面，也包括时间和事件的终焉、变化、过渡时期等抽象层面。他的形象一般有两个或四个面孔，分别面向前、后方，意味着观察过去和未来，或面向东、西、南、北四方，象征着看向世界各处。古罗马人出征时就要从象征雅努斯的拱门下穿过，这日后也演变为欧洲常见的凯旋门样式。另外，他的名字也被用于描述一年中的第一个月，即拉丁语中的“Januarius”（一月）以及英语中的“January”（一月）。在此，作者应当是借以喻指各种要素与制度之间双向塑造的关系，这与雅努斯一体双面的特征相类。——译者按

经过一系列巩固性变化，政治制度如何运转的共识逐渐形成：制度能够通过正式和非正式的方式，塑造行动者的行为；它们同时具有变化动力和稳定性；它们分配权力，并且不可避免地相互冲突、彼此竞争；它们的外在形式是杂乱无章、各有差别的；它们同它们所影响的政治行动者、影响它们的政治行动者之间，是彼此影响、相成相生的。

不过，我们并不认为围绕这些核心概念的融合趋势是普遍存在的，也不认为这种变化在任何程度上臻至完美。我们试图就制度主义作出阐述，以质疑各个相竞相争的学派与宗门之间的派系纷争，而非囿于这类宗派之见。在本书随后各章中，我们将充实自己所勾勒的草图轮廓，依次阐明各个理论交汇点。其间，我们将继续展开论述，建立起一个理论上稳健牢固、经验层面具有启发性的制度主义立场。在接下来的第 3 章中，我们将着眼于基本概念。我们在观察当中如何识别出一项政治制度？制度又是如何发挥它们的效用的呢？

3 规则、惯例与叙事话语

政治制度实际上究竟是如何塑造行动者的行为的呢？在本章中，我们将具体说明并探究 46
三种制度性约束模式：规则、惯例与叙事话语。在每种模式下，我们都会回顾来自理性选择学者、历史制度主义者和社会学家的深刻洞见，同时也会试图从中推证出其理论的交汇点与相通之处，并辨别出关键困境与未来的研究议程。不过，规则、惯例与叙事话语的存在，并不是能保证得到遵守，因此我们批判性地对执行策略进行审视，阐述针对约束的抵抗行为是如何不可避免的，且它怎样能证明是制度变化的一大有力来源。

但在此之前，我们留意到，许多学生和研究生阶段的研究者会竭力明确自己想要研究的具体制度。而在不少资深学者的著作中，制度主义各个概念的操作化往往是暧昧不清、令人沮丧的，又或是过于灵活、无从把握的。因此，我们将从“制度在现实中是什么样子的”（你看到一项制度时能够识别出它来吗?）这一棘手问题入手，进而思考我们可能用于深入探索制度的分析与方法论策略。

制度是什么样子的，我们能怎样了解它们呢?

制度主义者一致认为，政治制度是“游戏规则”（the rules of the game）。但被归入规则一类的应当是什么呢？新制度主义者将非正式传统与正式流程均囊括其中，从而得以描绘出一个更为精微也更为务实的图景，即究竟是什么在**实际**（*really*）约束着政治行为和决策。不过，拓宽
“制度”的定义带有“概念拉抻”的风险（Peters，1996：216）——随着这个定义将任何指导个 47
人行为的因素都纳入其中，它的内涵与影响也就大为稀释了。诺斯（North，1990：83）将传统、习俗、文化和习惯均纳入非正式“制度”，而在马奇和奥尔森（March and Olsen，1989：17）看来，制度与行为规范之间总体上并无明确区别。罗思坦（Rothstein，1996：145）指出，如果制度的概念“意味着一切，那么它也就毫无意义”——政治制度要如何从其他社会现象中区分出来？约翰（John，1998：64）提出，新制度主义者“将政治生活中的过多层面归入一

类……（这）掩盖了其中所发生的互动与因果机制的多样性”。

在实践层面，政治学家在看到一项制度时，要如何识别（并测量）它？而在理论层面，他们又要如何避免还原论与重言式的陷阱呢？彼得·霍尔（Peter Hall，1986）所提出的“标准运作流程”（standard operating procedures，SOP）这一概念给出了十分有益的推进思路：研究者的目标，应当是要识别出各个行为主体达成一致并（基本）遵循的具体行为规则，不论它们取得的是明确认可还是默许（请参见罗思坦，1996：146）。因此，非正式的制度规则——或是我们所称的“惯例”——与个人习惯或“拇指法则”①（rules of thumb）就得以区别开来：它们仅存在于某一特定的政治或政府环境中，它们（即便不能得到严格遵守也）受到行动者的承认，它们带有群体性（而非个人性）的效应，而且它们能够被研究者描述与解读。例如，某个政府委员会质询的作风与形式，可能不会以书面形式记录下来，但这显然可以被视为构造出政治行为的“标准运作流程”，并表达出了特定的价值观念与权力关系。这种“标准运作流程”是能够加以描述、评估并与其他备选措施进行审查比较的。与之相对，一名委员会成员整理他或她的文件的方式（不论它怎样常态化和体系化），都只是一种个人习惯或例行程序，并不足以作为一种非正式制度或一种标准运作流程。

某些个人或行动者组成的团体是有可能规避或操弄摆布标准运作流程的，但总体而言，行动者仍会认同这类规则和惯例的基本性质，并对其有所反思。与此同时，新的规则可能会得以正式达成一致，但要取得标准运作流程的地位，依然需要一定的时间。与其他领域无异，
48 在政治活动中，规则会得到遵守，但也可能遭到违背！彼得斯（Peters，1999：144）针对重言式②的批评，实际上仅仅适用于那些以规律性——也就是对于行为规则的接纳态度——定义（*define*）制度的理性选择视角。如果我们认为，规则也可遭到抵制，或随着时间的推移而有所调整，且正式规则与非正式惯例之间可能存在若干分歧，那么我们就得以设立起研究议程，进而（一）区别于政治行为之外，对制度进行研究，并且（二）将个人与制度之间积极有效、相互映射的关系作为分析对象。

49 标准运作流程这一概念成功树立起一个典范，即制度主义者如何能够一方面将正式规则与非正式惯例融为一体，另一方面又将政治制度从更为广义的习俗与习惯当中区别出来。埃莉诺·奥斯特罗姆（Elinor Ostrom，1999：38）就极具教益地将“形式性规则”（rules in form）和“应用性规则”（包括非正式惯例）作出区分。奥斯特罗姆将应用性规则干净利落地

① 拇指法则，又称“拇指规则”“大拇指规则”“经验法则”等，是指一般被认为大体正确而非科学精准的、基于经验和常识的普遍原理或具体方法。其来源说法不一，但其内涵基本一致，姑且胪列如下：其一，木工工人会伸出拇指而非使用量尺，测量木材的长度；其二，据说在英国的早期普通法中，男性用于殴打妻子的棍子只要不粗于其大拇指，就不属于虐待行为；其三，在农业播种时，农民用大拇指插入土壤，以确保种子达到合适深度。——译者按

② 重言式，又称永真式，属逻辑学术语，是指某一给定的命题公式，无论其分量如何，所对应的真值始终为真（true），该命题公式即为重言式。例如，“两足动物就是有两只脚的动物”或“因为他有小孩缘，所以小孩都喜欢他”，诸如此类的命题在日常生活中也往往被认为是“废话”。作者在此描述的是，彼得斯反对“制度就是指行为受到规则约束”这种重言式的定义。——译者按

定义为“一个人在一线现场所能学到的各种注意事项”组成的一个独有的整体。但要识别并评估应用性规则并非易事。彼得斯（1999：145）提醒制度主义者们“对那些被认为会构成制度的现象进行概念化并作出评估时，有必要更为审慎严谨”。这种困难一部分是由于制度主义者们开展研究时的空间与时间范畴有所不同。正如我们在第 2 章所看到的，受理性选择理论启发的研究者，一般从事微观层面的决策分析，而更具社会学倾向的研究者们着眼于描述一整个活动领域（例如，司法系统或议会政治等），历史导向的学者们则关注历史沿革，譬如财税与保险系统在数十年中的发展变化等。方框 3.1 显示的是制度主义者正在发展健全的一整套方法论技术总目①，其中从民族志和叙事话语分析到实验方法和博弈论，不一而足。历史、比较与案例分析方法（这与较为杰出的那些“传统主义者们”运用的方法无甚差别）依然占据主导地位，但如今，研究更倾向于从理论所产生的研究议题入手。

方框 3.1　制度主义的方法论

48 ● 数理建模（*Mathematical modelling*）——克劳奇（Crouch，2005）使用建模方法，显示出制度的异质性能在现有“路径”受阻时给出新的机遇，也能促使现有路径中的各个要素形成新的组合，进而促进经济政策的创新发展。

● 博弈论（*Game theory*）——邓利维（Dunleavy，1991）运用博弈论，发展出他的“部门塑造”（bureau shaping）理论，以作为“预算最大化”等传统假设的理论备选，用于解释追求自我利益的官僚是如何影响他们借以开展工作的各项制度的。

● 实验方法（*Experimental methods*）——奥斯特罗姆等（1997）同时在实验室和实地开展实验，调查使用林地或牧地等“公共池塘资源”时决定合作能否实现（以及过度开发能否避免）的各项制度与物理参数。

● 民族志（*Ethnography*）——道格拉斯（Douglas，1987）使用人类学与民族志方法，发展出她关于“制度如何思考”的理论，将法律、宗教或科学当中不同文化的思考方式差异化地加以构建起来。

● 国家案例分析（*Country case studies*）——施特雷克和西伦（Streeck and Thelen，2005）分析宏观经济走势与政策发展，比较渐进式变化引发当代资本主义制度转型的不同途径。

● 实践案例分析（*Practice case studies*）——朗兹等（Lowndes *et al.*，2006）通过半结构性访谈和重点人群访谈，收集微观数据，进而分析英格兰城市中影响公民参与的“应用性规则”（请参见方框 3.2）。

● 叙事话语分析（*Narrative analysis*）——弗雷登瓦尔和克鲁克（Freidenvall and Krook，2011）就各国官方文件（声明、法律判决、技术指导等）中关于引入性别配额的措辞、意象与布局展开分析，同时也关注其在流行文化话语中的各种表达方式。

---

① 技术总目此处原文为“repertoire”，原意是指“表演者所掌握并能演出的所有节目”，且可引申到“（某人所具备的）全部技能、全部本领”。因此，译文进行模糊化处理，一般将之译作“总目”，请读者自辨。——译者按

制度如何发挥它的效用？

说制度约束或塑造行动者的行为固然不错，但这究竟是怎样发生的呢？行动者通过哪些过程来理解外界对自己的预期期望，而他们为什么要费心对这些信号做出回应呢？霍尔的标准运作流程概念为我们提供了宝贵的切入点，但我们仍然需要深入观察制度究竟是如何发挥效用的。

我们在上一章已经看到，社会学制度主义者主张政治制度通过塑造个人的“价值观、行为规范、利害关系、身份认同与信仰理念”（March and Olsen，1989：17）来影响行为。理性选择学者认为，虽然制度性因素本身“并不促成行为”，但它们的的确确影响着能够筛选行动者的“某种形势的结构”，这主要是通过对激励因素和信息流施加影响而实现的（Ostrom，1986：5—
50 7）。近来，话语或建构制度主义则指出，制度是通过意义框架——用于解读、考量或合法化政治行动的各种观念和叙事话语——来塑造行为的（Schmidt，2006：99）。

那么我们是否需要在这些论述之间做出抉择呢？尽管有一些评论家坚持认为这些观点反映出根本上有所区别的不同本体论立场（Hay and Wincott，1998：953），但我们所支持的一派观点认为，这些相互竞争的理论变体之间差别甚微，并在不断缩小。我们划定为第三阶段的制度主义思想，实际上就承诺要促成政治学传统上相互敌对的各个派别“重归于好”（Goodin and Klingemann，1996：11）。这一发展可不只是指学界人士要友好相待，它更是反映出一个关键的理论要点。制度的独有特征恰恰就在于它们“是由诸多因素所决定的”这一事实（Scott，2001：51）。在稳定健全的制度性安排当中，管制、规范与话语等多种机制是共同作用以塑造行为的。这正是制度“超出”各类组织的所在，而且这也解释了制度为什么能够随时间持续存在并在其内部受到重视（也会有持不同价值观的制度与之相斗争）。

薇薇安·施密特（Vivien Schmidt，2006：116）提醒我们，“以问题为导向的学者总是偏好将各种理论路径糅合起来，只要是适用于解释其研究对象的理论路径，他们都会加以运用”。正如我们在第1章中所解释的，政治行动者与制度设计者们本身就服从于混合型动机，这反映出那些立场“纯粹”的本体论建构本质上就是人造的。我们的观点是，制度通过三种约束模式——规则、惯例与叙事话语——发挥效用，而不是要这些约束模式一较高下。制度主义真正的研究议程，是要更好地理解这些独特的约束模式在实践中如何相互联系起来，并查明这对于不断推进的制度变化过程以及对于制度性抵抗和改革的前景而言意味着什么。

翔实记述不同的约束模式，这是一项十分重要的理论任务，它同时也就政治制度研究的目标给出了方法论的指导。正如亨廷顿（Huntington，1968）四十余年前的解释，制度是“稳定持久、受人珍视、反复出现的行为模式”：要理解这些模式是怎样出现的，我们就需要查明行动者是通过哪些方法来了解外界对他们的预期的。从社会学视角出发，斯科特指向制度的“载体”（carriers）；从理性选择的立场出发，埃莉诺·奥斯特罗姆（1999）则述及决定着哪些行动（或结果）是“必需
51 的、严禁的或允许的”的“药方”，以及当规则不被遵守时所要实施的各项惩处措施。这样的药方是深深嵌入到规则、惯例与叙事话语当中的；而它们在不同政治背景下的明确表达方式，则

是一个经验性问题而非本体论问题，即便这个问题——对那些试图抵制或削弱主导制度的人、那些被指控设计新制度或改革既有制度的人来说——具有相当重大的政治意义也是如此。

在详细讨论三种约束模式之前，我们还需要考虑实施执行这一问题。要显示规则的存在或说明规则的重要性，并不一定就要证明规则始终能得到遵守。但破坏制度性规则的重要之处在于，不论规则本身是正式的还是非正式的，行动者是清楚知道（*know*）自己正在破坏规则的。这样一来，这种行为就与个人在处理自身事务时所做出的其他日常选择有所不同了。制度性规则、惯例与叙事话语，并不仅仅是被行动者所承认的，它们同时也受到某种“第三方”执行情况的影响。简单说来，这意味着某个人（或某种利益关联）关注制度性规则和惯例是否得到遵守，而且他们还会将若干种执行机制落实到位，以确保（或至少是鼓励）遵规守法，并惩罚（或至少是震慑）犯规逾矩。克劳斯·奥菲（Claus Offe，1996：203）提出，制度的一大决定性特征就在于它们是“三合一”（triadic）的——也就是说，“它们是由未参与制度化互动的‘第三方’建立起来并加以实施的”。（与之相对，组织是“二合一”的，而纯粹的行为传统则能够自我强化。）实际上，正是将迈向未来的行动者约束于某些具体行动方针这一关键机遇，才使得制度设计和改革成为如此重要的政治问题。

尽管我们的阐述略带唯意志论的色彩，但在现实中，“实施执行”的行为主体有可能迷失于时间的迷雾，也有可能为某种象征性的人造产物所取代：支撑民主制度的宪法性文件、加冕礼上体现着君主制度的冠冕、俯视着学术界制度的梦幻尖塔①等等。不过仍有执行者活跃地发挥着作用——维护着法律规范或医德医风的职业性协会，监督教学实践的质量保证机构，监管生产流程的健康与安全部门，接收举报、发出指导意见的巡视专员，以及审查那些政府中冗繁难解的各个机构、监督公共服务落实情况的“规格标准监督机构”等。全球化则创造出新的一批跨国执行者，他们意图在各种迥然相异的环境条件下确保规则（或至少是“最佳实践”）实现——试想一下，就比如气候变化相关的议定书、国际刑法、贸易协定或人权等等。

尽管第三方的实施执行是制度相较其他组织性安排措施的一大特征，但这也不意味着它总以某种特定的形式出现，或者它在确保人们遵规守纪方面始终是“成功”的。实施执行仅仅是指“就某种制度化的现行命令为何有效并因此理当为人所遵守给出的各种论据”而已（Offe，1996：204）。而且，鲍勃·古丁（Bob Goodin，1996：41）解释称，最为有效的执行 52

① 梦幻尖塔（dreaming spires），或梦幻尖塔之城（city of the dreaming spires），一般用于喻指牛津城或牛津大学。典出英国诗人马修·阿诺德（Matthew Arnold）为纪念其友人亚瑟·休·克拉夫（Arthur Hugh Clough）所作的挽诗，也是其代表作之一的《泰尔西斯》（*Thyrsis*），该诗最早于1866年4月发表在《麦克米伦杂志》（*Macmillan's Magazine*）上，诗中回顾两人在牛津优游求学以及毕业离校后追求梦想的故事，摘译如下：“温柔的紫色在灌木与野蔷薇丛间晕开，坐拥梦幻尖塔的甜美之城呵！她的美无须六月炎夏来装点渲染。她的可爱时时刻刻，今夜亦如是。”最早在《曼彻斯特卫报》（*The Manchester Guardian*）1876年7月7日的一篇文章中就以“梦幻尖塔”称呼牛津大学。而在1879年8月22日发表在《环球》（*The Globe*）上的《穿过科唐坦》（*Through the Cotentin*）就称法国城市卡恩“几乎与牛津堪相媲美……此处矗立着另一座甜美的梦幻尖塔之城”，“梦幻尖塔”由此成为牛津的美称。作者在此应当也在喻指其他与牛津大学相当的名校学府，请读者自辨。——译者按

机制可能正是那些能建立起信任、“直接吁求道德原则”的机制，而非那些仅仅意图管控行动者追求自身利益、倾向“违规悖逆”的行为的机制。他指出：“‘为流氓无赖设计制度’的这类机制性解决方案，反而有把流氓无赖视作更值得重视的行动者的风险。”实施执行的过程，
53 既依赖规则、权利与运作流程的“硬件设施”，也倚仗具有说服力的论据与叙事话语等“制度性软件”。表 3.1 简要介绍了三种约束模式及其实施执行的各个机制。

表 3.1 制度性约束模式：关键特征

	规则	惯例	叙事话语
我们如何识别它们	经由正式构建并加以记录的	通过行为举止加以演示的	通过口头语言加以表达的
经验例示	宪法条款、受托职能权限、国家和国际法规	当选成员在国会、议会或地方议事厅中如何表现	政客解释变革的必要性所做的讲演；一个组织中，用以正当化现有局面的故事集锦
由行动者通过以下方式制定形成	书写，并作正式解读——例如，法律、政策文件、指导意见	始终连贯一致地展示“我们这儿就是这么做事的”	将各种思想理念同解释和劝说的行为相关联，并在口头上加以表达
经过以下方式对行动者加以影响	读取到规则（例如，行车限速标志、操作流程手册等）的各种表述和解读	观察到这一团体成员的常规化、程式化行动，并试图复制这些行动	收听到司空见惯的故事，识别并认可这些共识，以至于将其中的规范性寓意视为理所应当
通过以下方式施以奖惩	通过正式的奖励和惩处措施予以实现的强制性举措	表明反对态度、社交孤立和暴力威胁	缺乏理解并加以嘲讽，以及尝试诋毁不遵循主流意见者的名誉和信誉等
与其他约束模式的相互联系	叙事话语往往用以正当化规则的存在；规则常常使确立已久的惯例实现正式化	惯例往往为叙事话语奠定基础；规则可能会明确规定行动者必须借由哪些惯例来制定规则	解释变更规则的论证，往往是以叙事话语的形式给出的；叙事论述能以正面或负面的角度，将常见惯例呈现出来
指示性研究方法论	文献资料分析，包括博弈论应用、数理建模等在内的实验室研究等	正式会议台前与幕后的行为观察，民族志方法等	采访行动者并记录他们的故事，找寻政策的口头解释，对演讲和访谈作叙事话语分析

规则：正式且书面

制度通过种种正式构建而成的书面规则对行动者进行约束，其中包括宪法条款、议会的职能权限、国家和国际法规，以及汗牛充栋的规范标准、规章条例、协议定则和政策等等。
54 正如我们在第 2 章中所示，关于正式规则的研究主导了制度主义的第一阶段，并且提倡“律师与历史学家的工具，用以解释加诸政治行为和民主效能上的种种限制”（Rhodes，1997：68）。彼得斯（2005：6—7）则指出法律的制定与执行在理解政治活动时的重要意义：

> 对于绝大多数欧陆国家而言，法律是治理的关键要素，而在英美两国关于公共部门的

> 观念中，它也的确发挥着重要作用。法律既构成了公共部门本身的框架结构，也为政府影响其公民行为提供了一大主要途径……因此，关注政治制度，就是[1]关注法律。

正式规则与结构虽然同“旧”制度主义之间联系紧密，但这种联系不应当掩盖它们在理论和实践中始终保有的重要意义。比较政治学作为一个分支学科，依然专注于研究不同政治体系对政策效果的影响作用，以及正式结构的发展历程同历史轨迹、文化传统之间千丝万缕的联系。阿伦·利普哈特（Arend Lijphart）的经典名著《民主的模式》[2]（*Patterns of Democracy*，1999）深入调查了政治权力集中的“多数主义”民主体制与分权制约的“共识”民主体制之间的差异。利普哈特一一比较其正式制度，分析（例如）一党执政与多党联合执政两种体制相比较的影响作用、单一制与联邦制相比较的影响作用、一院制与两院制相比较的影响作用、柔性宪法与刚性宪法相比较的影响作用，以及非独立性中央银行与独立性中央银行相比较的影响作用等等。也有丰富的研究文献就具体政策的制度展开比较，例如福利国家、调控管制体系或经济和金融中介机构等［请参见凯尔尼（Cairney），2012：72—73］。同时，国际关系作为一个分支学科，也关注于各种协议、规约和公约的正式条款细节，以及多边机构（联合国、欧盟、国际刑事法庭等等）设计与重新设计的各种预期设想等。

在民主转型的大背景下，不论是东欧剧变、苏联解体，抑或拉丁美洲或南非威权政体的崩塌，实质上都对正式规则的相关研究注入了新的能量。设计新的宪法，给予各国民族解放运动以重大机遇，它们由此得以将其价值观深深刻进那些将要塑造（无论其过程是如何的不尽完美） 55
未来政治行为与政策结果的结构当中。要将各种根本性问题的应对举措编排起来并形成体系，正式规则是必需的，这些根本性问题包括：谁来投票，谁将制定法律，谁来主持正义、执行审判，谁来征收赋税，谁将接受福利服务，以及谁将捍卫新近得来的民族独立？而在每一个“谁”的问题上，都关联着一个“怎样”（通过什么制度体系）的问题。牵涉到诸如伊拉克和阿富汗等后冲突国家建设的国际行动者们［请参见凯里（Carey），2006］，也要面对同样的挑战。

即便是在以规则管制规则、政局稳定的民主国家，宪制事务也依然是尤能激起政治兴趣的。例如，在美国，依据宪法中某些条款提起上诉，或宣称某一政策方案“违宪”，在政治辩论中都属于致命一击。此外，在大多数民主国家，宪法的各项规定均受到特别保护，比如立法机关意图修宪（例如，英国的分权化改革[3]）时要求必须满足的“绝对多数”（super majorities）等。我们将在第 7 章中看到，考虑到历史遗产、资源限制、信息缺失、不同政治需求相互竞争、国家机关内外权力斗争不断等现实情况，宪制设计与改革所面对的挑战是极为艰巨的。

---

① 原文在此写作“was [and is]”，即“过去是、现在也是”。——译者按

② 该书全名为《民主的模式：36 个国家的政府形式和政府绩效》（*Patterns of Democracy: Government Forms and Performance in Thirty-Six Countries*），于 1999 年 9 月由耶鲁大学出版社出版；中译本由陈崎翻译，第一版于 2006 年 11 月由北京大学出版社出版，第二版于 2017 年 8 月由上海人民出版社出版。——译者按

③ 20 世纪 90 年代末，英国通过一系列宪法和法律改革，将中央政府权力下放到威尔士、苏格兰、北爱尔兰，即将原属于英国国会的政治权力和决策权转交于上述三地的地方议会。——译者按

“更为软性”的约束模式则通过惯例和叙事话语发挥作用，尽管它们在制度主义的第二阶段中愈发受到重视，但正式规则在构建政治行为中的重要性依然历久不变、始终存在。一部分第二、第三阶段的制度主义者们，偏向于将这类规则暗指为阻挠我们理解现实状况的干扰项，并将其作为某种形式或表象，轻易地一笔带过。这类思维方式与一种深刻的怀疑论相关联，它质疑那些有意推进的制度设计方案的有效程度。与之相反，我们的主张则是，第三阶段制度主义正确的研究主题应当是那些在不同背景下制约政治行为的正式与非正式机制之间的具体组合（*combination*），而这些机制正是试图引发制度变化的种种尝试（也不论这些尝试是如何的不尽完美）所致力实现的目标和实验对象。

那么，正式规则是如何运转以约束政治行动者的呢？在制度主义的理性选择一派，赖克（Riker，1980）和谢普瑟（Shepsle，1986）发展了阿罗（Arrow，1950）所理论化的“决策规则”（decision rules），它们能在政治体系（或均势平衡）中形成其他情况下均不会存在的稳态。有形且透明的规则正是这类制度的关键特征，这让行动者们在加入一场“游戏”时清
56 楚他们究竟在同意什么规则，包括他们在任何“一轮”游戏中的亏输损失能否在随后的游戏中弥补回来。彼得斯（2005：53）指出：“从这一视角看来，在做出种种选择时，制度能给出一种稳健可靠的方式，否则政治环境将变得争端不休。”与之类似，诺斯（1990）和埃格特森（Eggertsson，1996）均关注到产权体制作为正式且可见的规则体系是如何准许市场运转起来的。

最早由赫克罗和威尔达夫斯基（Heclo and Wildavsky，1974）阐明的委托-代理模型，已成为应对制度设计问题的主流思路，其中处于等级体系高位的行动者，意图确保处于低位的行动者能够履行其契约义务，且不会参与到理性行动者所能采用的各种欺诈行为中［例如，卢丕亚和麦卡宾斯（Lupia and McCubbins），1994］。理性选择一派的学者将这一概念进一步发展为“为服从而设计”（design for compliance），他们从制定和执行法律的人与试图以个人目的重新解读法律的人之间开展的一系列博弈入手，实现这一问题的理论化（Calvert，1995；Scharpf，1997）。

历史制度主义者们，尤其是那些出自经典马克思主义而在制度主义中寻得理论家园的学者，则致力于“将国家重新带进”政治分析中，回到其作为“规则制定者、裁决者和执行者”的角色上来（Scott，2001：54）。在我们可能称为历史制度主义宣言的作品中，西伦和斯坦默（Thelen and Steinmo，1992）就制度概念作出阐述，将政府的各个结构、法律与政策以及诸如社会阶层等远为广义的类别均纳入其中。致力于融正式规则和非正式惯例为同一理论关切，已成为这一派学者研究工作的标志性特征。霍尔和西伦（2008：9）如是解释：

> 我们将制度概念化为若干组具有规则特质的常态化惯例，行动者期待这些惯例能得到注意并为人所遵守；并且在一些而非全部情况下，这些惯例也受到正式惩处措施的支持。它们包括以法律效力为后盾的规章条例，或诸如工人遭到解雇时所适用的组织流程，也包括较为非正式且具有传统特征的惯例，譬如公司将提供一定数量的学徒岗位这类期望等。

他们添加了一条脚注，说明规则与惯例在实践中往往是相辅相成的：

> 值得注意的是，制度中较为正式的维度与其中较为非正式或传统的维度，尽管在分析层面彼此有别，但往往又是相互关联的。例如，大型企业提供学徒岗位的惯例，虽然 57
> 略有差距，但仍受到多种正式制度的支持——比如，必须加入雇主商会的强制性会员资格，强势的工会迫使公司提升劳动力市场待遇，且相对集中的工资谈判制度会压缩工资待遇，允许公司赚取培训租金。

在新制度主义的社会学一派，马奇和奥尔森（1989：21—26）则强调的是他们称为“规则与例行程序”所具有的互关互联这一根本性质，这些规则与例行程序在经验性环境中是以整体形式出现的。不过，在分析层面，他们对例行程序与规则这二者作出区分，其中前者是受具体制度下“合宜性逻辑”约束的稳定行为模式，而后者则构成了这种逻辑的“正式化”过程（Peters，2005：32）。马奇和奥尔森（1989：38）向理性选择粗略的理论假设提出异议，他们认为对于政治行动者而言，“身份与合宜性的计算”要较“政治成本与收益的计算”更为重要。

理查德·斯科特（Richard Scott，2008）凭借他“制度主义三大立柱”的概念构想，将社会学学派向前推进了一大步，他认为制度分别通过管控（regulative）、规范（normative）与认知（cognitive）三种机制运行生效。在论述管控这一立柱时，他展示出正式规则如何基于权宜便利、通过强制手段确保其得到遵从。制度就是要这样使得遵从规则或法律较打破规则或法律更为容易，而被设计产生出来的。斯科特（2008：52）如是总结：“各个管控过程均涉及设立规则、检查他人遵守规则情况和在必要情况下运用约束手段——包括奖励或惩处措施——等各种试图影响未来行为的能力。”不过，奖惩措施也可能既有非正式的，也有正式的，包括“羞辱或有意回避等社会习俗，或者它们可能是高度正式化、并指派给特定的行动者使用的，比如警察和法院等”（Scott，2008：52）。

惯例：非正式且有示范

制度施以约束的第二种途径是通过各种惯例。与规则不同的是，它们既没有被正式记录下来，也未曾获得官方许可。更确切地讲，它们的传播模式则是通过示范实现的：行动者通过观察其他
人的程式化行动并试图再现那些行动，由此了解到他们应当如何行动。赫姆基和列维茨基 58
（Helmke and Levitsky，2006：1）解释称，这些行为方式“是在官方批准许可的渠道之外所创造产生、加以传达并执行实施的”。但这全然无损于它们在行为约束或规则遵从方面的影响效力。

惯例可能对“正面”的行为模式予以支持，比如勇于担当任事的态度，或廉洁正直的品质，又或某种“公共服务精神”等；同样地，它们也可能支撑起“负面”的行为框架，比如恩庇关系、家长制作风或性别歧视等等。在一个完善健全的制度环境中，惯例可能仅仅是加强巩固正式制度安排而已；但在转型阶段，它们可能会尤为坚忍顽强，并且抵触改变，与正式规则共生并行——或者甚至背道而驰——而存在着。新的规则和结构能够有效地融入“旧

有途径”中，进而原封不动地将习俗惯例留存下来——使价值观和/或权力关系上预期实现的变化失去效果，或是暗中破坏这些变化。赫姆基和列维茨基（2006）发展出一套类型学论述，其中将正式与非正式制度之间的特有互动方式分为四类：补足型、适应型、竞争型和替代型。

忽视这些“非正式的游戏规则”，可能会令我们无法察觉许多潜藏在政治行为下最为重要的激励和限制因素。举例而言，兰斯顿（Langston，2006：143－159）关注墨西哥的“指定”(dedazo)现象，这个单词可勉强译为“用手指指着”，进而用于描述一种惯例，即在20世纪中的多数时期，在任总统通过防止较强的候选人参选、确保自己青睐的候选人赢下一场“结局昭然的竞选”，得以“亲手挑选”其继任者①。兰斯顿指出，关键之处在于，从正式视角来看，继任者事实上确实是依照宪法规定经由选举产生的，但法律本身的意图与运作方式由于同时存在有相互竞争的例行惯例，均已遭到颠覆。

不过，惯例既能成为制度设计的资源，也可能对某些特定的干预方式构成障碍。身处一线的行动者们会参与到一个将各种状况与规则相匹配的持续过程中，并且随着正式规则与大环境发生变化，非正式惯例可能会做出相应调整，以适应新的环境（March and Olsen，1989：34）。惯例也为那些试图应对变化的行动者们提供各式各样的资源，并为更为正式的制度安排其后的发展形成奠定基础（Knight，1992：172）。因为任何现有的制度性协议都体现着一套具体的权力关系，所以捍卫传统惯例（或将针对它们的干扰最小化）对于特定的行动者而言，可能是追求他们群体利益的一种有效途径。实际上，埃莉诺·奥斯特罗姆等理性选择理论家非常明确，“应用性规则”不仅包括切实（*actually*）起到制约作用而不仅仅是停留
59 在纸面上的正式规则，也包含着非正式的元素。方框3.2中的案例分析就展示出同时观察正式规则与非正式惯例将如何助力解答重大的政治难题。

方框3.2　共同起效的规则与惯例：解释英格兰各个城市政治参与的地方性差异

60 英格兰同其他地区一样，社会经济状况就足以解释各地不同的政治参与水平。然而，仍有一些地区与其预期的参与水平不相符合。究竟是什么原因使得一些富裕地区的参与水平异乎寻常的低，而一些贫困地区的地方政治却相当活跃呢？针对这些“反常”案例的理解能否推动城市政治参与的发展进程呢？

为了研究这一现象，英格兰有四组地方政府受到检验调查（Lowndes，Pratchett and Stoker，2006）。每一组均有相似的社会经济概况，但在参与程度上有所差异，其中包括选举活动，也包括意图影响地方决策的非选举性活动。社会资本理论主张，互信的行为规范和高度活跃的社团活动同政治参与密切相关（Putnam，2000），研究也仔细斟酌了这一观点。不过，样本中同样有兼具高社会资本、低政治参

① 原文系西班牙语，即“dedo（手指）”和“-azo（点击、撞击）”的合成词，用于描述“用手指指点”这一动作，也可引申为“指定”“指认”“指派”“任命”等这类抽象行为。——译者按

与的地区，也有低社会资本、高政治参与的地区。结果是，发生（或未发生）公民参与所处的制度框架才是最为重要的。尽管大多数地区的正式结构大体相似，这些结构经由“应用性规则”（Ostrom，1999）加以阐述并嵌入其中的方式，却对公民是否愿意参与的意愿有着极大的影响。实际上，当应用性规则不具有传导性时，与社会经济水平和社会资本相关联的参与技能和能力也停留在“潜在层面”；而在规则得到启用并成为吸引公民参与的惯例习俗的地区，这些技能与能力才得以充分激活。

61

研究发现，有三套不同的规则尤其重要。在政党政治领域，有利于党派激烈竞争和领导人定期更替的应用性规则，同更为活跃的公民参与相挂钩。在公共管理中，主导着公民和参与到服务交付的一线工作者之间互动的正式规则和非正式惯例，与促进参与的专业机构和平台场所的可得性是同等重要的。涉及公共服务交付的应用性规则，影响着公民对地方当局总体上可及性与响应性的认知。最后，在公民领域，重要的是，是否存在将不同的地方组织与其活动（社交网络、伞形团体[①]等）联系起来的正式和非正式机制，以及是否存在直接与地方决策者沟通交流的渠道（座谈会、公众审议等）。

这项研究一方面阐明了公民参与的差异背后的种种原因，另一方面也向政策制定者和实务工作者提供有利信息。通过拟定和维护应用性规则，公共机构可以（在决策者难以影响的社会经济地位与社会资本之外）为公民参与提供额外且可塑的激励因子。公共机构还可以设法建立起一个规范性场景，其中（公民与决策者均将）参与视作“合宜的”行为。塑造这样一个制度框架，尽管并不容易，但相比强行抹除长期存在的社会经济差异、填补社会资本的不足，这为政策制定者提供了一个更具吸引力的政策路线。

来源：朗兹等（Lowndes *et al.*，2006）。

对于社会学制度主义者而言，百年来将制度论述为例行惯例的研究文献可谓郁如邓林。斯科特（2001：9—19）就明确展示出社会学中的早期制度理论是如何为“新”制度主义者们对惯例的研究兴趣铺平道路的，其中描述惯例的用词形形色色，包括“民风民俗”（folkways）（Sumner，1906）、“风俗习惯”（mores）（Hughes，1936）及“行为规范”（norms）（Parsons，1951）等。20 世纪 80 年代，当制度临近其“重新发现”时，加芬克尔（Garfinkel，1974）的民族志方法论（ethnomethodology）就致力于揭示“某一社会领域内的参与者所研发并习得的、关于在这一领域内应当如何开展行动的‘常识性知识’”（Scott，2001：41）。同时，吉登斯（Giddens，1979）则在进一步推动社会学中发端于塞尔兹尼克（Selznick，1949）的理论观点，这一观点将制度视为若干个意义体系（systems of meaning），它们承载着行动者应当如何表现的明确认识，并且使行动者习惯于“接受其所属组织的行为规范与价值观念”（Peters，2005：118）。

---

① 伞形团体（umbrella bodies）是指多个相关组织所成立的联合会，用以协调活动、共享资源，譬如若干个环保公益组织所组建的行动网络。在英国，地方政府也可成立这类伞形团体，例如苏格兰地方当局大会（Convention of Scottish Local Authorities）等。——译者按

马奇和奥尔森受到此类理论影响，将制度重新带回到新一代政治学家面前的舞台中央，如是定义他们的主要研究题材：

> 一项制度是多个规则与惯例所结合而成的、较为稳定的集合体，它嵌入在若干个支持行动落实的**资源**结构（structures of *resources*）——组织、资金与人员的能力，以及用于解释和正当化其行为的**意义**结构（structures of *meaning*）——当中，而意义结构又包括职能角色、身份认同与归属感、共同目标以及因果观念和规范信念等［March and Olsen，1989，着重号为原文所有（original emphasis）］。

2009 年，马奇和奥尔森在回归其关键概念“合宜性逻辑”时，重申了制度作为经由示范的惯例的重要意义：

> 行动者使用的是相似性与相称性的标准，而非可能概率和价值。举止得体，也就是要按照某个集体的制度化惯例行事，这些惯例是他们关于真实准确、合情合理、道义正当和良善有益等方面所达成的彼此认同且往往不言而喻的共同理念（March and Olsen，2009：4）。

理查德·斯科特（2008）将惯例定位为制度主义“规范立柱”的支撑基础：“行为规范明确规
60 定事情应当怎样完成；它们定义合法手段，以追求重要目的。”而遵守规范的基础则在于社会责任。行动者们掌握着某种合宜性逻辑的认识，这种认识告诉他们在任一给定情况下应当遵循哪些惯例，他们正是为自己这种认识所制约的，而第三方的实施执行则是通过直接环境中其他行动者的“约束性期望”（binding expectations）而实现的。对于那些拒不采纳各种受到广泛接受的惯例的人来说，第三方的实施执行可能还包括有试图正式宣称其行为违法的尝试，不过也包括反驳意见的表态、针对违反惯例者的社交孤立，甚至还包括极端情况下的口头恫吓与暴力威胁等。

认识到非正式惯例的重要性，这在制度的“重新发现”中居于中心位置。但第三阶段制度主义的关键挑战在于，要考虑到正式规则与非正式惯例是相互依存、共同存在的。事实上，构想出一个从高度正式到高度非正式、其间有若干理论空间的渐变序列将会颇有帮助。我们
61 需要研究正式与非正式因素的具体组合方式，特定制度正是借由它们来塑造行为的，这一组合方式将如何随时间推移而变化（并在不同情况下有所变化），以及正式与非正式因素将在什么程度上相辅相成，抑或处于紧张态势。正式与非正式因素之间往往会裂开若干个分歧与间隙，这就为变化的发生创造了空间，同时这也能反映出制度演进的种种过程。**相同制度**（*the same institutions*）的传达传递与落实执行可能会在正式与非正式两种范畴之间来回转换，反映着占支配地位的政治行动者的多种战略考量。因此，随着时间的推移，制度性约束的特征也通过正式化（formalization）和非正式化（informalization）的过程发生变化，寻找这两种过程则是十分有益的。正如我们业已论证过的那样，制度的最佳理解应当是过程——能够催

生出“稳定持久、反复出现的行为模式”的约束与授权过程——而非事物（Goodin，1996）。

新兴的“女性主义制度主义”学派就异常活跃地研判正式与非正式制度性约束之间的互动（McKay and Krook，2011）。研究显示出非正式的性别化行为规范与预期是怎样塑造正式制度的，不过这也有可能通过阻挠性别平等改革或降低其影响等方式，与正式规则相矛盾，或削弱正式规则（Freidenvall and Krook，2011；Kenny and Lowndes，2011）。正式规则与非正式惯例之间的相互作用，被视为一种随时间推移而不断变化的动态过程。例如，有证据显示，以男性为主导的政治精英可通过多种方式将权力中心由正式机制转移到非正式机制，借此抵消女性在正式决策场所已趋扩大的参与渠道与影响作用（Kathlene，1995；Hawkesworth，2005）。 62

第三阶段制度主义的另一大挑战在于，惯例或非正式规则方面的观点与更为广义的行为规范、文化、信仰与价值观等概念之间频频发生的概念性差异亟须解决。向前推进的思路之一是，要牢记惯例同样具有其他制度性约束模式的核心特征——用奥斯特罗姆的话来说，它们都是对可行行为和/或可取行为所做出的行动方案，以及针对违规行为的惩处措施。惯例是一个特定的政治环境所独有的，它们被其中的行动者所识别并相互分享，并且也是可强制执行的。照此而言，它们就同行动者的个人价值观或社会中更为广义的文化或规范趋向区分开来了。不过，行动者对具体惯例的态度取向和诠释解读也会受到其他要素的影响。而且，奥斯特罗姆（2005：27）如是解释：

> 当全体参与者共享一套相同的价值观念时……那么他们发展出适用的规则与行为规范以管理多次重复出现的关系这种情况发生的概率也会大大增加……如果身处某一情况当中的参与者是出身于多种不同文化的……那么设置并维系有效规则的成本也会极大提高。

随着多层级跨国制度的发展，以及文化上差别愈发扩大、更为多元的社会群体日渐增长，确保制度性约束效力的挑战也变得渐趋严峻。在正式规则外，充分认识到非正式惯例所扮演的角色，对于解读制度动态、开发出稳健可靠的制度设计与改革方法都是至关重要的。惯例不应当与价值观或文化相混淆，但第三阶段制度主义正确的研究焦点在于，政治制度是通过何 63
种途径，更为广泛地同社会中的制度性安排及经济关系相互铰合、彼此联结的——我们将在第6章回到这一问题上来。

叙事话语：半正式且留存于口头

制度约束行为的第三种途径是通过叙事话语。尽管这是三种约束模式中最欠论述阐发的，但它其实在制度主义思想中存在已久，在理性选择［例如，赖克（Riker），1982］、历史制度主义［例如，维尔和斯考切波（Weir and Skocpol），1983］与社会学［例如，西尔费曼（Silverman），1971］三大支流中均有出现。我们在此则要展示叙事话语是如何塑造行为的，它既约束一部分行动者，也在向另一部分行动者授予权力：最具效力的政治制度正是以其深沉悠长、回响不绝的故事为特征的。政府总能制定法律，试图塑造出惯例习俗，但相当一部分的政治活动在于解释与说服等更为微妙的过程。

我们大可将一套叙事话语定义为“一组有序排列的事件、经历或行动，由一套故事情节串联起来，形成一个具有意涵的整体”（Feldman *et al.*，2004）。一套话语当中包含若干个内嵌故事，因此叙事话语是关于某个“宏大概念”的论述，而故事则是一个具体的情景化范本，它能够支持并加深我们对这一概念的理解。叙事话语承载着价值观、理念与权力：“通过讲述他们的故事，人们能从中提炼出一种对于社会和政治关系的具体认识，并将之反映出来。”（Feldman *et al.*，2004）从制度意义方面讲，我们已然看到规则是怎样经由文件与法律传达的，以及惯例是如何通过行动者加以示范的。与其相对应地，叙事话语则是通过口头语言（实际上就是通过故事的叙述）传播，或以符号或斯科特所称的“脚本”（scripts）——诸如讲话、宗旨声明、形象标识、设计或风格等——的形式发送出去。例如，试想一下各式各样的国歌是如何表达并巩固某一具体国家机关的执政传统的，又如 19 世纪的交响乐是怎样集中概括欧洲各个帝国的制度遗产的，再如艺术与建筑是怎样叙述国家社会主义的诸般预想的。不论是新入职的办公室坐班公务员要面对的水冷器“入伙”[①]，还是军旅生活中特有的各类复杂程序和仪式，制度所构成的符号性设计结构如同正式规则一样，也会展开行动，对行动者加以引导与限制。

64 叙事话语在制度性约束模式中尤为重要，因为它们并不仅仅是就我们如何（*how*）行事给出一套描述，而是会进一步解释我们为何（*why*）会如此行事。正如林根（Ringen，2005）所论述的那样，“这并不能帮助政府有能力发号施令……他们需要的是劝服以信（*persuade*）的能力……管控制约是远远不够的。在这之外，政府还需要依靠发言陈述（*speaking*）。他们需要解释说明，以‘推销’其政策，使自己受到广泛信任”。与之相似，克劳斯·奥菲（2009）也指出，多种多样的政府政策“仰赖着教化大众、提醒人们什么是‘正义正道’的各种标志性信号与道德呼吁，成功激活各类认知资源与伦理资源而实施执行”。保罗·萨巴蒂尔（Paul Sabatier，1988：152）则强调，建立起叙事话语的重要性等同于管控性的约束模式：政治体制仅仅“通过生硬粗糙的权力运使”是不能有效运作的，它们必须在定义问题、阐明政策等方面“足具说服力”。规则是依靠权宜便利的利害考量作为人们服从遵守的基础的，惯例依赖于约束性期望和社会责任感，同时，叙事话语则通过建立起某些“理所应当”的框架

① 顾名思义，水冷器是指办公区域内冷却饮水、供工作人员饮用的机器，由于工作人员可能在机器周围饮水休憩时进行非正式交流，水冷器也可引申为同事开展非正式沟通的渠道，也即中文办公环境中的“茶水间”。在此，作者是指新入职的成员在正式举办的入职典礼外，同样需要在某种非正式场合——可能是茶水间，也可能是办公场所之外的咖啡厅、酒吧或餐厅等——进行社交，以期被职场前辈们所接纳。——译者按

手段①、解释性概念分类与规范性理念，以确保自身为人所依从。

在维护制度的长期稳定性方面，叙事话语发挥着重要作用。例如，在英国，国民医疗服务体系（National Health Service，NHS）就有一套存在许久、根深蒂固的政治话语，极力颂扬这一体系的诸多优势，并最终归结形成道德压力，将试图攻讦这一“宗教”或“国宝”（注意这类象征性语言）的行为划为政治自杀。在英国的2010年大选中，所有主要政党均认识到要减弱国债“危机”的影响，就必须大力削减②公共事业支出。然而，即便是在财政灾难这样严峻恶劣的大气候下，即便这意味着将以政府其他领域财政支出削减力度更大、政治难度更高为代价，这些政党在竞选讲话中依然向选民保证国民医疗服务体系将受到保护，联合政府一经当选也依然坚持了这一政策方针。政府基于市场机制而试图推进的国民医疗服务体系改革，就这样不断撞上叙事话语布下的重重限制。

甚至理性选择学者也已承认认知架构的各种形式所发挥的作用。沃德（Ward，2002：77—78）就引用赖克（1982）的早期作品，展现出政客如何“通过在争论中插入额外的议题维度来动摇多数票局面，并通过鼓励对各个议题进行单独考虑，进而巩固多数票选情”。开展策略性行动的情景环境，是由若干特定观点“以内的思路整理组织”或“以外的思路整理组织”构建而成的。在理性选择制度主义解释说明以信仰信念形式出现的观念的理论尝试中，戈德斯坦和基欧汉（Goldstein and Keohane，1993）的著作是一项重要参考文献。在此，“原则性信念被视作某些具体决定的规范性基础与正当理由，而因果性信念则向行为主体讲述各种手段-目标关系”（Blyth，2002b：303）。保罗·皮尔逊（Paul Pierson，2004：39）强调象征性约束在建立路径依赖的理性模型时的显著意义： *65*

> 每当我们握手时，握手这一规范的力量就会得到巩固加强……同样的主张也适用于各种共识的强大威力——比如，世界如何运转，应当重视什么，某一个个体的利益可能包括什么，以及该个体的敌友可能是谁，等等。

应和着皮尔逊倡导将更多历史与社会学理论引入理性选择制度主义的呼声，马克·利希巴赫（Mark Lichbach）的研究就考察了什么因素会致使理性的行动者们参与到超过三十年的集体抗议活动中。斯科特称作文化-认知的要素被置于中心地位：“要理解美国的抗议活动，就必须既要理解抗议，又要理解美国。”（Lichbach，1998：402）而在另一个相似的交叉领域，青木昌彦（Masahiko Aoki，2001：10）将制度定义为“人们就博弈反复开展的主要途径共有共

---

① 框架手段（framing device）是一种叙事技法，其原意是指类似相框的取景范围，例如门框或一扇窗户等，引申到抽象的叙述技巧上，则是指引出和收束正文、解释故事缘起的部分，即前后呼应的楔子和尾声，譬如《红楼梦》以顽石入世游历开篇、僧道携玉回山作结，就可称为该书的“框架手段”。——译者按

② 此处原文直译应当是“德拉古式的削减”（draconian cuts）。德拉古（亦拼作 Dracon、Drako 或 Drakon）活跃于公元前7世纪，是古希腊雅典城邦第一位有史可查的立法者，也是第一位由雅典公民选举产生的立法者，他创制了一部完整的成文法，这部法案以残酷严苛著称，所有罪行不论轻重，一律处死。故此，后世以“德拉古式”喻指施政举措大刀阔斧、亟疾苛察。——译者按

享的各种信念所组成的一个自我维持系统”。青木倚靠斯科特（2008：51）所称的共有“构建性纲要”（constitutive schema），试图解释行动者为何在其他理论家设想只能引发竞争行为的情况下彼此合作，而且他还特别强调新兴制度安排的多样性。

在历史制度主义中，维尔与斯考切波（1983）对各国在大萧条时期彼此相异的政策回应的研究，刺激了研究工作更为广泛地探讨各种新生的政治思想如何受到一国当下制度架构的局限。新的思想除非在某种程度上与现行的规则、惯例和叙事话语相一致，否则根本就不可能受到拥护，而且即使被人提出，它们也将遭到国家机关或其他强势行动者的强烈抵制。相似的是，彼得·霍尔（1989）研究思想对政策的影响，并试图阐释凯恩斯主义与货币主义对国际政治先后施加的影响效果。彼得斯（2005：75）指出，“这些思想具有与合宜性逻辑相等同的功能……它们限定了政府可接受行动的界限［理查德·斯科特（Richard Scott，2008：
66 51）将之称为‘正统性逻辑’（logic of orthodoxy）］”。因此，与斯考切波和维尔的表述相似，新的经济思想也要同现有制度相一致，以巩固国家行动者的执政地位。但这些思想也需要是“可执行的”（actionable），能让行动者知悉新的思想在给定的制度框架内如何能够实现操作化。实际上，霍尔是在引导注意力要认识到叙事话语、规则与惯例三者之间相互联系这一特征，也要注意到制度布局中往往牵一发而动全身，很难仅仅改变其中某一个要素。

薇薇安·施密特所概念化的“话语制度主义”则将整个讨论进一步向前推进。对于施密特（2006：110）来说，思想理念实际上“是制度的重要构成部分，即便思想理念是由制度所塑造的，也是如此”。她在稍晚的作品中如是阐述：

> 政治行动者的思想理念，能用于概念化（及重新概念化）利益与价值观，也能塑造（及重塑）制度。这些思想理念可以是具体的政策构想，诸如各国对于新凯恩斯主义的不同回应……它们也可能是更为笼统的纲领性思想，比如国家从新凯恩斯主义转向新自由主义这种根本性的范式转换……但它们也可能是潜在的公共理念，可能是关于国家职能的根本性政治思想……抑或是在关键时间节点所产生的共同记忆。（Schmidt，2009：530—531）

施密特认为，思想理念是经由“协调性话语”（coordinative discourse）和“沟通性话语”（communicative discourse）实现其传播的。一方面，协调性话语牵扯到那些“处于政策构建过程核心的个人和群体，他们参与到政策和纲领性思想的创造、阐发和申辩等各个环节”。另一方面，沟通性话语则涉及——

> ——参与进大规模公众说服过程中的政治行动者们，在此过程中政治领袖、政府发言人、党内活跃分子、公关专家及其他人得以将协调性话语中发展而得的各种思想理念传达给社会大众，以期围绕这些尚在考虑中的思想开展讨论、审议斟酌、修正改进。（Schmidt，2009：532）

科林·黑伊（Colin Hay，2006a）将其“建构制度主义”描述为“一项尚在进行中的工作”。

但如施密特所说，作为解释政治行为的关键解释因素时，思想理念看起来是胜过制度的。制度从本质上就成了那些能够约束（和授权）行动者的思想理念的传播工具。规则与惯例相比叙事话语是居于次要地位的；它们是从概念构思过程中衍生出来的产物，而不是某个“受多种因素影响”的环境局势的组成部分。黑伊（2006a：59）将制度定义为“思想理念所编纂形 67
成的若干体系”。但如此一来，施密特和黑伊的思想方法还是否仍然是“制度主义”就显得颇为可疑了。在他们的理论化阐述当中，是思想理念在驱动政治生活，制度只不过是居中调和的媒介而已，这被他们视为主流思想的历史性结晶。

为了收束完成对叙事话语这一约束模式的阐述，我们还需审慎考虑社会学制度主义的理论贡献，特别是其建构主义的思想传统，其中同时包含着社会领域内规范性（基于价值）和认知性（基于知识）这两种叙述模式。迈耶和罗恩（Meyer and Rowan，1977）在其开创性的组织研究中剖析了信仰信念的“理性化”，即信仰信念转化为达成特定组织目标的各个流程的过程；扎克尔（Zucker，1977：726）展示出“社会知识一旦经过制度化，就会作为事实、作为客观实在的一部分而存在，并且能够在此基础上直接实现其传播”。迪马吉奥和鲍威尔（DiMaggio and Powell，1991b）则发现了制度性效应在组织中得以“扩散”的三种机制——强制性（coercive）、规范性（normative）与模仿性（mimetic）——这与我们的三种约束模式恰成映照。就后者而言，斯特朗和迈耶（Strang and Meyer，1993：489）就观察到，“扩散过程往往看起来更像是身份认同在其社会构建过程中的各种复杂活动，而非机械的信息传播”。

沿袭其细致入微的案例研究分析传统，社会学制度主义者也表明，着眼于叙事话语以理解制度所施加的“影响”① 具有一定的方法论优势。方框 3.3 就提供了一个来自美国商界的案例分析，其作者林德（Linde，2001：163）就注意到：

> 故事在默契达成的认识与公开表达的认识之间架起了一座桥梁，正是由于这座桥梁，隐性的社会知识能得到演示示范，进而为人所习得，而无须倡导鼓吹伦理准则、不厌其详地列明得体举止或是论证说明为何昔日的英雄模范至今仍有意义等等。之所以如此，是因为故事不仅仅是讲述往事，它们也承载着讲述者对于这些事件的道德立场：故事的主人公行事正派，抑或表现欠佳，应当受到表彰抑或指责，是否能作为听众自身行为的模范，等等。这些评价有时会在故事中明确陈述出来，但在更多情况下，只需选用某个单词或短语，就能暗示出言外之意。

遵守叙事话语这一约束模式的基础在于，那些共有共享的认知观念，经过反复排练演示，将演变出“理所应当性”（taken-for-grantedness）。要惩处那些违背共有行为逻辑或阐发观点对 68
立的叙事话语等行为，制裁措施可能包括将极端个案（例如，煽动种族仇恨）绳之以法，以

① 原文在此写作“the ‘work’ done by institutions”，应当是借用了“功”这一物理学概念。功，也称机械功，是物理学中用于表示力对位移累积的物理量，即一个物体受到一个力的作用，并在这个力的方向上产生位移，就是这个力对这个物体做了功。作者应当是利用“work”一词的多义性，喻指制度所产生的影响作用。——译者按

69 及发动道德规范性的惩处（持反对态度），但这些制裁很大程度上建立在理解缺失、讲述者和其论述的讥嘲，以及削弱违规者名誉和信誉的种种尝试之上。

方框 3.3　足以塑造行为的叙事话语制度：美国中西部保险公司的故事讲述

68 微软等大型企业试图提出简短有力、内涵丰富的宗旨口号（“几乎毫无例外，总是空洞乏味的一次次失败”），这正可与组织内部的故事讲述形成比较，后者邀请听众自行得出结论，包括何种行为是受到期许的、必需的或遭到谴责的等。林德（2001）就研究了某家她称为“中西部”（MidWest）保险公司内的这一过程。在此，故事一贯是围绕四个要点构建而成的：

- 创始人魅力超凡、为人赤诚、勤勉努力，是一名聪慧能干的业务推销员，他对保险销售行业有一番全新愿景。他的决定性理念是，应当向道德品质优良的农场主收取较低费率的汽车保险保费，因为他们较城市司机的驾驶风险更低。
- 创始人和公司的美国农村与小镇的出身，处于他们价值观与身份认同的中心位置。甚至那些终身居住于大城市的公司成员也无比热切地推广这一价值观与身份认同。
- 这家公司的发展历程堪称一场不断发展壮大的商业与伦理成功，一个明显例证就是，它还从汽车保险行业强势挺进人寿与健康保险行业。
- 公司本身就是一个大家庭，公司也是依据家庭价值观运转的。公司是由直聘项目经理、作为独立承包商的代理人组成的，当然还有公司的创始人兼所有者。

代理人们曾讲述他们早期的创业故事，讲述他们如何在中西部的行事方式当中打造出专属于自己的一整套保险业务。经理们讲述着自己职业生涯的故事，也讲述那些值得其他人学习的模范代理人的职业故事，还会讲述他们经历的历次公司重大转变的故事。而且，每个人都会讲述公司创始人的故事。这些故事共同形成了一个第一人称叙事与第三人称叙事紧密相连、环环相扣的话语体系，其中总是极力将企业家精神表述为创始人的重要美德。在不断复制并巩固这一叙事话语的过程中，代理人将自己的奋斗描述为独立经营者所开展的各项活动，他们积极肯干，能够“独立自强”地争取客户、赚取收入，而不是每月仅仅依赖一份死工资的伏案“打工人”。他们因袭着公司创始人的故事，将自己的成功归因于努力工作和一份优质的保险产品，而非承担风险或“不正当手段”。

来源：林德（Linde，2001）。

多种约束模式是如何共同起效（与否）的

按我们上述方式将规则、惯例和叙事话语区分开来，这具有相当的理论与方法论价值。理论上，我们能够更好地把握制度是如何发挥其功效的——包括它们借以塑造行动者行为的手段和它们试图令行动者遵守服从的种种途径。方法论上，我们已有一套明确策略，用以调查清楚奥斯特罗姆所说的“事情在这儿是怎么办成的”。如果我们想要研究政治制度及其影响效果，我们就应当调查规则、观察惯例、解读叙事话语。我们需要同行动者一道，建立起他们对于约束模式的认识与理解，但我们并不假定这些约束模式能得到遵守服从；事实上，我们预见到的是抵抗、干扰以及制度性替代品的出台。不过，这类对于制度的分析性解构，尽管是必要的，但也并非全部。我们还需要进行重构，思考各种约束模式如何合力产生制度的长期稳定性，思考缺口与裂隙如何造成不稳定性——以及制度变化的可能性。

如果我们回顾方框 3.3 中林德（2001）给出的中西部保险公司这一案例，我们就能看到新近加入公司的雇员可能很快就屈服于规范性期望，认为他们的收入应当与自己带来的业绩利润挂钩，而非赚取固定薪金，因此他们就会倾向于努力工作，大力宣扬公司产品的种种优长，而对不必要的风险承担视而不见。这些讲述“我们这儿就这么做事”的故事细节翔实生动、频频排练上演，将会影响到这些雇员如何看待自己在公司内的职能角色，进而塑造他们自己的行为方式。林德（2001：164）提出这些机制有可能如何同惯例和规章的塑造效果产生互动的问题，但却并未在其经验论述中给出任何回答。如果我们要回溯中西部保险公司这个案例，我们要调查那些有资历、受尊敬的员工所遵循的惯例，进而观察这些雇员在何种程度上“尊奉模仿”努力工作、自力更生等这些嵌入叙事话语中的行为指导。我们也可研究以公司政策为形式呈现的各种规章，其中正式列出各项可行举措，诸如刺激个人工作表现的激励
方案，或是处理雇员当中欺诈行为的规则条例，等等。我们的目的，是要追踪叙事话语、惯 70
例与规则之间的互动过程，这些制度结合起来一道塑造出公司的理想员工，而这一过程则会加大新雇员违背制度的难度。

不过，我们也可能发现规则、惯例与叙事话语之间并非全然匹配。一些资历较深的管理层有可能会自称深知内幕，私下向新丁大讲闲话，质疑公司创始人是否是一位努力工作的企业家，弱化他的光辉形象，比如说他不过是恰逢好运，甚至只是幸蒙祖荫而已。在他们的这些惯例下，一部分经验丰富的雇员就可能运用那些排演娴熟的例行程序，利用激励方案中的规则谋求利益，以期通过最少的努力赚取最多的额外收入，并且能在管理层毫无察觉的情况下偷懒摸鱼。

另举一例，也是前文有所涉及的，方框 3.4 聚焦于制度性约束如何合力运转，以抵御那些努力控制英国国民医疗服务体系日益增长的运营成本的政治家们。我们将在第 5 章看到的，
制度性约束的经典解释趋向于关注路径依赖，这经由概念化，用以描述行动者不愿偏离某一 71
特定政策方针的抵触情绪，因为他们计算出偏离原有方针的成本要超过相应收益。在此，我们给出一个有所相似却又更为精细的解释，来回答为什么国民医疗服务体系的预算一直持续增长，以及它为什么很可能在未来仍将继续增长。我们的阐述依托于叙事话语、惯例与规则三者之间的互动模式。在独立运转时，这三种约束模式会关闭掉其他可选的政策选项；而当三者结合起来时，它们又会使潜在的改革者几近无路可走。

方框 3.4 运转中的制度约束：政治、预算和英国国民医疗服务体系

70 作为战后英国福利国家最广受认可的成就，国民医疗服务体系一向备受公众赞誉。自1945年始，各个政党共同接受同一个理念，即国民医疗服务体系应当提供全世界最公平、最优质的医疗健康服务体系，并必须得到充分扶持。过去二十年里，已有证据引发了针对这些政策承诺可靠性与可持续性的质疑，其中特别包括英国国民医疗服务体系的各大主要医院存在忽视和虐待病人的情况，以及人口快速老龄化的情况下提供医疗服务的成本也极大溢出。有鉴于此，保守党与工党政府均已先后要求“改组”国民医疗服务体系的组织架构，但他们都未能做出任何公开承诺要减少划拨给国民医疗服务体系的公共财政支出。虽然国民医疗服务体系仍受中央政府的直接管辖，但政府无疑将会继续尝试降低医疗服务的成本支出，尤其是要通过逐步将其机构的某些部门脱离编制，移交给私营部门的各个公司。不过，在过去六十年间，以叙事话语、惯例和规则等形式加以呈现的一整套强有力的制度性约束，已扼杀了实现有效政治干预的多次机会：

叙事话语遵循着卓越表现与成本相挂钩并因此对二者始终抱有极高期望这一逻辑，将国民医疗服务体系构建为“国宝级”、“免费提供
71 服务”且“资金充足”的“最佳体制”。国民医疗服务体系作为一项独特的全国性医疗服务这一概念，催生出英国境内各个地理位置均应当受到同等质量、同等数量的诊疗服务这一强烈诉求。不论何时，一旦地方层面试图减少或“定额配给”任何一种特定服务，患者群体、媒体以及反对派政客就会高举“邮编彩票”[①]的指控，向中央政府施压，重新将诊疗服务恢复到原先的高价位。

惯例非常重要，因为尽管从政治和管理层面上讲，国民医疗服务体系的运转是自上而下的，但实际上，全科医生日常的诊断、治疗和转诊等工作则自下而上地驱动着整个体系。虽然医生们的服务也在1945年被纳入国民医疗服务体系，但全科医生们依然保留着他们的独立从业者身份，经营着自己的诊所业务。作为独立经营者，全科医生们也遵循着一套“合宜性逻辑”，即他们根据自己认为最有利于患者的方式，为其开列处方、制定疗法，因此成本与工作量的压力也就接踵而至了。

规则在国民医疗服务体系被屡次曝出丑闻的情况下备受瞩目，其目的是促进服务质量提升、消除服务滥用行为。2009年国民医疗服务体系规章颁布，且“患者权利章程”（patient charters）也已通过法律法规强制生效执行，将患者作为服务的消费者加以赋权。这些正式的书面文件详细列举了患者的各项权利，包括获取免费服务的权利、不受歧视的权利、不得因不当理由拒绝接诊的权利、可从英国国民医疗服务体系的任一供应方得到服务的权利，以及必要情况下当场得到诊断的权利等。

---

① 邮编彩票（postcode lottery）一般用于描述英国不同地理区域之间公共服务供给的不平等现象。由于邮政编码仅取决于皇家邮政、基本不受各个地方政府的管辖，因此各个机构和组织均将这一信息投入应用，以统计和分配相应的产品和服务，逐渐形成因地理位置或邮政编码而异的公共服务供给不平等问题。这一用词显然带有非常强烈的讽刺意味。——译者按

方框 3.4 显示，自国民医疗服务体系创立之初就与其相关联的叙事话语，如何催生出公众对于服务质量同高投资水平挂钩的极高期望。我们还解释了一种约束，它提出一项要求，称既然国民医疗服务体系是**全国性的**（*national*）医疗服务，那英国境内的全部地理位置就应当提供同等质量、同等数量的医疗诊治服务。当我们着眼于惯例时，显然可见医疗服务的需求是取决于全科医生（General Practitioners，GPs）的日常工作的，是他们将病人从社区送 72
交医疗服务机构的，并开具他们认为最符合患者利益的诊治方案。考虑到管理国民医疗服务体系的各项规则规矩，中央政府自身就将患者个人定位为正式的“国民医疗服务体系规章”（NHS Constitution）下服务的消费者，就获取诊疗服务这一问题明确将一系列广泛的权利写入规章当中，进而加大了个体患者的服务需求。

由此，设法尝试减少或“定额配给”任何特定服务的政治家都要面对指责他们正在攻击国民医疗服务体系、推行“邮编彩票”这类指控。全科医生的合宜性逻辑同任何地方或中央试图控制成本的尝试相抗衡，而政府自身也为个人提供了可借以索求更高质量、更多数量医疗服务的正式制度。这些彼此不同的制度性效应，并不是简单地“加厚”同一层面的约束力；相反，它们是合力将其他情况下可能适用的不同政策改革渠道给关闭起来了，这些改革包括质疑国民医疗服务体系在现有模式下的可持续性、修正调整地方服务以满足当地需求、全科医生参与进成本控制过程，以及劝说个体患者接受较为廉价的不同诊疗方案等可能情况。

因此，近来英国政府已先后数次调整重组国民医疗服务体系也就不足为奇了，这些措施被解读为试图清除某些处于组织核心位置的惯例，以及替换某些维护惯例并运用叙事话语以巩固惯例的行动者的尝试性举措。从制度视角来看，“新扫帚”无论如何都不能“一扫而净”①。如果将目光落在国民医疗服务体系从 20 世纪 40 年代以来的历史上，我们就能看到，那些先驱型的制度设计者们也不是在一张白纸上开始作画的。实际上，当时的全科医生与顾问更青睐于私营诊所，试图在项目启动前就将之否决，而制度设计者们则不得不在这一强有力的制度下开展工作。当工党的卫生大臣奈伊·比万②（Nye Bevan）承认他已在顾问的“口中塞满黄金”时，他其实是在承认自己已做出政治妥协，允许私营诊所制度在他奋力推行的平等主义新制度之外继续存在下去。对于英国 2010 年当选的联合政府而言，在他们试图向“任何自愿的服务提供者”开放医疗服务时，这些早期的叙事话语（六十年来均置于次要地位）恰好提供了一个重要资源。如此一来，在一个路径依赖的情景下仍有可能发生变化，其

① 此处原文为“a ‘new broom’ can never ‘sweep clean’”。“a new broom sweep [s] clean”，系英谚，指新到任的管理者能带来新看法、新视角，做出有益改变，故一般采取套译，译作“新官上任三把火”。出于对原文和作者的尊重，也考虑到读者的感受，此处仍采异化策略，向源语言表达方式靠拢，直译为“新扫帚一扫而净”，辅以注释说明，请读者自辨。——译者按

② 原文如此。奈伊·比万全名本应译为安奈林·贝文（Aneurin Bevan），其中，奈伊是安奈林的略称，又因同时代有欧内斯特·贝文（Ernest Bevin），他的姓氏也就约定俗成地改译为“比万”以作区分。比万于 1945—1951 年出任艾德礼政府的卫生大臣，其间主持制定《国民医疗保健法》（*National Health Service Bill*）。——译者按

形式取决于“制度创始之初就存在的叙事话语和神话”（Froese，2009：1）。

73 没有制度是“健全完整”的——制度是一项尚在进展中的事业，是人类能动性的产物，
74 是政治斗争的结果。恰如制度的稳定性源自规则、惯例与叙事话语这三者的结合，制度的变化则是在它们之间的种种缝隙中萌生的。实际上，在（某一时间、某一地点的）全部制度中，规则会遭到破坏，惯例会受到忽视，相对立的叙事话语也会夺得话语权。长期坚持或广泛传播的“违规背俗”行为可能会为重大制度变化奏响序曲（Klijn，2001），不过这些违背规则的行为也可能会被容忍，继续留存在边缘地带，或是通过规则调整，逐渐被接纳。违抗和变化这两种过程是相互联系的，但它们并不能混为一物。文献中，对规则破坏行为的理解尚浅，而我们这个囊括三种彼此有别又互联互通的制度性约束模式的理论框架恰能有所助益。

方框 3.5 就通过负责巡查伦敦治安的大都会警察厅（简称“都会警局”）中的“制度化种族主义”这一案例，给出违抗与抵制的现实例证。这个案例特别强调了都会警局自身历史的重要意义，这段历史本身就是深深嵌入整个英国漫长的种族主义史中的。在此采用的时间范围是 20 世纪 60 年代以来的五十年间，当时种族主义的规则、惯例与叙事话语在英国的公共部门与私营部门中已是猖獗横行。这一时期在都会警局中盘桓不去的种族主义制度，是与社会上的通行制度同时并行发展而成的，并对其产生巩固加强的效果。在此背景下，两个制度变化的拓展性方案就在这一时期得以实施，尝试将都会警局的种族歧视实现去制度化。第一个方案是在 20 世纪 70、80 年代施行的，都会警局最终废除了原先允许警员中存在种族歧视的正式规则和条例；与此同时，英国较为广泛的社会中，惯例与叙事话语也开始发生转变。第二个方案则在专门回应斯蒂芬·劳伦斯（Stephen Lawrence）之死①与麦克弗森报告②（the McPherson Report）的调查发现。“制度化种族主义”一词正是用于描述这类**即使**（*despite*）歧视性规则已遭废除，但非正式的惯例与叙事话语依然允许种族主义继续留存下去的情况。即便规则早已改变，但警官的行为仍然由偏向于种族歧视的“约束性期望”和“构建性纲要”（Scott，2008：51）塑造而成。种族主义再也不是法律所许可的了，但在伦理和文化上，它依旧为都会警局中某些警员群体所接受。

---

① 1993 年 4 月 22 日，斯蒂芬·劳伦斯在南伦敦地区的埃尔瑟姆（Eltham，South London）等待公交车时，因种族动机遭一伙白人青年袭击并死亡。五名袭击者被捕，但当时未被起诉。到 1997 年 7 月，内政大臣杰克·斯特劳（Jack Straw，亦译作施仲宏）宣布，由威廉·麦克弗森爵士（Sir William MacPherson）领衔，就此案展开公开调查。调查报告于 1999 年 2 月公布，长达 350 页，报告认定此案的调查过程“由于专业能力不济、制度性种族歧视及缺乏领导统筹等多方原因，已遭严重破坏”。报告一经公布，全社会一片哗然，警方遭到严厉抨击。报告所提出的 70 项建议，在公布后两年内逐渐得到落实，比如专门聘任黑人和亚裔警员、成立独立警方投诉委员会（Independent Police Complaints Commission）等。此外，报告还建议，谋杀案并不适用“双重危害规则”（double jeopardy rule）；这项规则原是出于保护公民权利的目的，禁止公民因同一罪名而受两次审理，因此遭到废止。最终，袭击劳伦斯的两名嫌疑人在 2012 年被起诉，并被判谋杀罪名成立。——译者按

② 原文如此。——译者按

方框 3.5 破坏规则：伦敦大都会警察厅中的“制度化种族主义”

73 过去几十年中，伦敦大都会警察厅内部时不时就会曝光出施诸公民和警官同事的严重种族歧视行为。审视不同制度性约束模式的互动，以及相互之间的隔阂与张力，能有助于解释为何一部分警员始终对于都会警局反种族歧视的正式制度架构轻蔑以待。

当20世纪60年代黑人开始大规模迁入英国境内时，种族主义早已在这个国家制度化了。私人房东能够在居住规约中明确要求“不得有黑人、不得有狗、不得有爱尔兰人”。地方当局自认为能够要求改革移民规章，以防止黑人入境。不过，自20世纪70年代以来，新通过的法律法规与机会平等运动推动各个公共组织，其中也包括警方，将种族歧视从其内部组织中去制度化。各项规章制度均进行了修订，比如制服着装规定就在无意中对黑人[①]（例如，锡克人[②]）形成歧视。通过开展强化训练项目、组织长期运动，进而从黑人社群中为都会警局招收工作人员，反种族主义的惯例与叙事话语也得以引入进来。

“制度化种族主义”的诊断在20世纪90年代末广为普及，当时麦克弗森勋爵审查了黑人男青年斯蒂芬·劳伦斯谋杀案的警方调查程序，并作出这一评判。都会警局内部的各个制度性约束，组合起来，原本应当使得这桩谋杀案受到与其他案件同样严肃的对待，但调查发现，另一套惯例与叙事话语——来自20世纪70年代以前的时代遗毒——却在起作用。在叙事话语的层面，负责调查的警官先入为主地假定劳伦斯这名年轻黑人男性是帮派成员，只不过是一场帮派仇杀的受害者而已。并且，草率马虎、浮皮潦草的办案作风也是此案侦办调查的特征，他们武断地判定追查杀害一名黑人帮派成员的凶手是不重要的。

麦克弗森报告推动了反种族歧视规章、惯例与叙事话语在都会警局的第二轮革新。2009年，英国平等与人权委员会主席特雷弗·菲利普斯（Trevor Phillips）宣布，都会警局这一组织不再是“制度化种族主义”的。对此，大都会黑人警员联合会从2008年起就发起了一场抵制都会警局招募黑人的活动，但2010年1月警局副局长承认一部分警局警员仍有种族歧视行为后，这场抵制活动也旋告终止。

最终，改革方略的下一步措施就聚焦于施密特（2009）所说的“协调性和沟通性话语”上。新的叙事话语强调道德伦理（都会警局有义务服务全体伦敦市民而非仅仅服务白人群体）和实务（警方执法必须同时博得黑人和白人群体的信任才能充分有效）两方面论据，就得以 75
铸造而成，并传播开来。各种相互巩固加强的惯例也得到大力推进，并逐渐深入人心，其中包括：社区治安倡议，招募更多黑人警官与文职人员，针对表现出种族歧视行为的警官实施更为严厉的纪律处分，监测依种族划分的拘捕与诉讼统计数据，大力扶持作为黑人警务人员职业协会与支持网络的大都会黑人警员联合会，等等。

---

① 原文如此。作者应当是指有色人种或少数族裔，而不是专指黑人种族。——译者按

② 锡克人是信仰锡克教的旁遮普人，主要居住于印度北方，特别是旁遮普邦，约占印度总人口的2%。锡克教形成于15世纪晚期，提倡人人平等、相互友爱，反对种姓制度等。锡克人的着装尤其独特，男子头裹长巾、蓄胡甚密、手戴钢镯，即便是加入英国军方、警方的锡克人也是裹头巾而不戴制式军帽、警帽的。——译者按

2009年英国平等与人权委员会主席裁定，都会警局不再是“制度化种族主义”的，因此我们大可断定，点滴之功日积月累，这些政策倡议至少是部分成功的。然而，这一裁定遭到大都会黑人警员联合会的强烈质疑；出于对有色人种在都会警局内职业晋升欠缺、纪律处分不均等问题的长期关注，联合会从2008年开始呼吁抵制都会警局招募黑人。而且，即便警局副局长承认警员中依然存在歧视现象，这场抵制行动也在2010年1月草草收场，这还是极大动摇了上述这类较为乐观的看法。

就制度性约束的局限而言，我们的个案实例可得出三个结论。其一，大多数致力于制度变化的尝试性举措，都是在现有的规则、惯例与叙事话语已不得人心的情况下所做出的应对措施。在都会警局的种族歧视这一案例中，这些约束是与整个英国社会的制度紧密相联的。即使在都会警局废止其歧视性规则时，不甚正式的惯例与叙事话语仍在持续塑造着相关行为。去制度化的尝试如果止步于替换一套新的正式规章条例，那么就是无法成功的。其二，改革者们并不是在“白纸”上动笔的，新的规则、惯例和叙事话语是同它们所要取代的制度共存的，它们在这一情况下得以推广开来。“旧”制度、“新”制度不得不在制度矩阵当中同栖共存，这总有可能为抵抗制度性约束的行为带来机遇。其三，安东尼·吉登斯（Anthony Giddens，1999：127）提醒我们，制度通过个体行为是能够“示以实例”的——在它们对行动者行为的影响效果之外，它们并不具有某种客观存在。虽然这可能听起来卑之无甚新意，但改革者们在制造新规则、新惯例和新话语体系的过程中，需要带领民众，并运用他们的力量以实现这一目的。实际上，新的制度安排能确保实施执行，依靠的是形式非常单薄纤弱的遵从行为。

小结

76 在本章中，我们深入思考了制度如何发挥其效用这一核心问题，提出制度通过三种不同方式对行动者加以约束：规则、惯例与叙事话语。我们论证得出，约束的主要特征以及不同约束模式相结合（或相分离）的方式，是经验问题而非本体论问题。而对不同约束模式加以区分，在分析层面和方法论上均有重要价值，这为我们研究政治制度提供了方向性指导。不过，理解不同约束模式如何相互关联，对于深刻认识制度动态来说也是至关重要的。依据多个案例研究，我们观察到，约束通过规则、惯例与叙事话语的结合怎样得到增强，也看到规则遭到破坏、支配性惯例受到抵制和权威话语遭受干扰等情况。接下来，我们将要考虑的是制度要怎样赋予权力（并施以限制），并探究制度主义中的能动性概念是什么样的。

4 权力与能动性

我们在第 1 章中提出，制度宛如“雅努斯之面”——它们能约束行动，但同时又是人类 77
能动性的产物。随着时间的推移，制度为能动性所创造，也为能动性所改造。与此同时，在对行为开列“处方规定”的过程中，制度一方面向一部分行动者及行动方针赋予权力，另一方面也在约束着另一部分行动者和行动方针。不过，虽然第三阶段制度主义认同个体与制度之间是相辅相成、互为佐使的，但能动性和权力在其中的作用却尚乏理论探讨。本章意在解释制度是如何分配权力的，以及行动者又是如何在一个制度环境下发挥能动性的。我们阐明权力怎样倾向集中于规则制定者手中，他们试图将其意志强加给“规则接受者”。不过，这种能动性也会超出创立制度的单个行为，而同样卷入制度随时间不断发展的多元过程中，包括规则在较为弱势的行动者当中的形成与破坏等等。从多元权力模型得到启发，第三阶段制度主义认为，权力是通过规制管控、惯例与故事讲述——以及这些要素的各种“巧妙”组合——加以运使的。我们因而发展出我们所独有的制度主义能动性观念，其中突出强调 5C 概念——能动性具有集体性（collective）、斗争性（combative）、渐增性（cumulative）、结合性（combinative），也是受限制的（constrained）。

行动者、制度与背景环境

在上一章，我们较为详细地考量了游戏规则如何局限行动者可选行动的总目，但我们也提到学者们认同制度既能施以限制，也能赋予权力。在这一背景下，回顾先前各章中的要点并将之串联贯通，就很有教益了。第 1 章中，我们提出政治的研究与权力的研究是紧密相联的。第 2 章中，我们认识到，制度本质上正是维系强势群体与弱势群体之间权力差异的各种机制，并因而注意到（来自三大主要学派的）制度主义者所持有的“参与性”立场。由此立 78
场观之，我们对政治制度的概念化，既关注政府能力，关注直接存在于政治领域内的政治家与公务员的行为，也同样注意“普通人”能做什么、不能做什么。第 3 章中，我们检验了三种制度性约束模式——规则、惯例与叙事话语——各自是如何制约行动者的，以及当它们相联互通时，它们的影响效果又是怎样得以放大增强的。

这一番要点重述，就将我们引向那个异常明显又无比关键的重点上，即我们对权力的概念，暗示其中需要一个行动者——不论是集体行动者还是个体行动者——采取行动对抗另一个行动者，也就是说，需要一个行动者相对于另一个行动者行使（*exercise*）权力。这样一来，我们的行动者必须拥有两种不同却又紧密相关的能力。第一，他们必须具有凭借其自身
79 开展行动的能力，而种种加诸其身的制度布局会对这种能力予以扶助或构成阻碍。第二，他们必须在某种程度上能够将自己的意志强加于所处环境与其他行动者之上。根据前者，黑伊（Hay，2002：94）简洁地将能动性定义为“行动者有意识地做出行动、并在行动当中尝试实现他或她意图的能力或实力”，这就构成一个绝佳的理论起点，它既把握到行动者行为背后的战略意图，也捕捉到战略意图未能实现的可能性。而根据后者，我们也可依循黑伊的定义，将权力定义为对背景环境的形塑改造，即“（不论是个体的还是集体的）行动者能够向决定着其他行动者可能性范畴的环境背景‘施加影响’的能力”（Hay，1997：50）。

施特雷克和西伦（Streek and Thelen，2005：13－16）将注意力投向行动者与制度均嵌
80 入在一个包含其他行动者与制度的社会性背景环境当中这一事实，他们同时强调，一项社会规则的颁行从不是尽善尽美的，“规则的理想模式”与实际执行情况之间总是存在差距。根据2011年“阿拉伯之春”（请参见方框4.1）中，规则制定者与规则接受者之间就统治制度开展的谈判，施特雷克与西伦提出制度的四大要点，我们在此对这四点试作阐述。谈判发生在剧烈纷争的背景环境下，这正显露出能动性在制度的塑造、歪曲与考验过程中的重要性，也显示出这种双向对立关系熔铸进规则本身的灵活性与模糊性。

- 首先，“一项规则的意涵从来就不是显而易见、不言而明的，它总是受制于解读，也总是需要解读”。应和着我们将“普通人”视为制度理论中的重要行动者这一主张，施特雷克与西伦表示，“要把一项普遍性规则应用到一个具体情况，这种做法本身就是一个必须加以重视的创造性行为，不仅仅要考虑到这项规则本身，也要仔细审视将这项规则应用其中的各类特殊情况”。因此，规则接受者和规则制定者，在初步的解读当中、将个案纳入规则的过程中，以及随着时间推移而不断起伏变动、用以正当化制度性约束的逻辑中，都得以授有一定程度的自由裁量权。
- 其次，在制度制定者拟定规则的过程当中，本来就不可避免地带有一定程度的歧误不清。规则接受者的种种创造性解读，则会沿着某种反馈环，开启“另一套事件组”，包括探索相矛盾的解读、观察影响效果和依据这一信息加以修订等，使之开始运转。
- 再次，规则接受者可能会抵制制度性约束，并在多种情况下，充分利用他们与制度未能贴合兼容的状况，积极地谋求修改制度。
- 最后，制度规定者与执行者本身就承认，他们“所能够预防或矫正偏离（制度性约束的）非故意或破坏性行为”的程度是有限的。

方框 4.1 埃及"阿拉伯之春"中的规则制定者与规则接受者

78 2011 年埃及革命第一个可见征兆的表现形式是一场开始于当年 1 月 25 日的民众大骚乱。这次骚乱是由一场非暴力的民众抗议活动组成的，其中包括开罗、亚历山大港、苏伊士和伊斯梅利亚等地的多起示威、游行、公民不服从行为及劳工罢工等等。社会经济地位各不相同、宗教背景多种多样的数百万抗议者强烈要求推翻总统胡斯尼·穆巴拉克的政权。突尼斯已给出模板；在当月稍早时的一场民众暴乱后，总统扎因·阿比丁·本·阿里（Zine al-Abidine Ben Ali）已出逃离境。

埃及的抗议者对本国的法律和政治制度表达出明确不满，其中包括无处不在的政治暴行、紧急状态法的使用、选举自由和言论自由的缺失，以及高失业率、粮食价格膨胀、最低工资标准过低等严峻的经济形势。抗议组织者提出的基本诉求是：结束胡斯尼·穆巴拉克的执政，解除紧急状态法；保障自由，追求正义，建立起回应民众诉求的文职政府，民众得以参与到埃及的资源管理当中；等等。

尽管这些抗议活动本质上主要是和平的，但安全部队与抗议人群之间也频频爆发暴力冲突，导致至少 846 人死亡、6 000 人受伤。然而，当政府试图实施宵禁令时，抗议者直接违抗命令，而警方并未执行宵禁令，忠于穆巴拉克的中央警卫队也逐渐为军方部队所替换，后者不甚乐意暴力攻击抗议人群。

穆巴拉克解散其政府，任命军界要人、埃
79 及情报总局前局长奥马尔·苏莱曼（Omar Suleiman）为副总统，意图平息异见。穆巴拉克要求民航部长、埃及前空军司令艾哈迈德·沙菲克（Ahmed Shafik）组建新政府。同时，穆罕默德·巴拉迪（Mohamed ElBaradei）作为反对派主要人物登场，所有主要的反对派群体均支持他出任过渡期联合政府有关事宜的谈判者。面对不断加剧的压力，穆巴拉克宣布他并不打算在 2012 年 9 月谋求连选连任。

骚乱爆发的十八天后，2011 年 2 月 11 日，副总统奥马尔·苏莱曼宣布，穆巴拉克将辞去总统职务，并将权力转交给武装部队最高委员会（Supreme Council of the Armed Forces，SCAF）。这个由实际的国家元首穆罕默德·侯赛因·坦塔维（Mohamed Hussein Tantawi）领衔的军政府于 2011 年 2 月 13 日宣布，将暂停施行宪法，议会两院解散，军方将进行为期六个月的统治，直至选举召开。包括总理艾哈迈德·沙菲克在内的原内阁成员作为临时代理政府继续留任，直至组建新政府。3 月 3 日，沙菲克辞职，翌日原计划将要举行多场重要抗议活动以迫使他下台；交通运输部前部长埃萨姆·谢拉夫（Essam Sharaf）代替他接任总理。

针对武装部队最高委员会的抗议与施压贯穿了整个 2011 年，而在当年的最后三个月，埃及人民议会选举得以举行，其中穆斯林兄弟会的自由与正义党赢得了 235 个（47%）席位，极端保守主义的萨拉菲派光明党赢得 121 个席位，温和持中的中间党赢得 10 个席位。2012 年年底，随着针对新任总统穆罕默德·穆尔西（Mohammed Morsi）修宪提议的不满情绪不断攀升，民众重新组织多个抗议活动。诺贝尔和平奖获得者穆罕默德·巴拉迪对开展对话、反对颁行新的制度性规则的诉求进行总结："废除各项宪法性公告，推迟全民公决，停止流血事件，与各个全国性力量开展直接对话。"

我们的案例研究是，在埃及的“阿拉伯之春”事件中，规则制定者通过哪些方式方法回应各种呼吁制度变化的需求。这一案例显示出，在胡斯尼·穆巴拉克（Hosni Mubarak）执政的二十年间根深蒂固、极具效力的种种制度，在民众的抗议声中，是如何迅速蜕变为重新解读和协商谈判的对象的。而且，随着“游戏规则”在接壤的阿拉伯国家（譬如突尼斯）发
81 生变化，冲上街巷、质疑中央政府合法性这种屡试不爽的老派做法也被埃及人民发掘出来了。戒严令遭到违抗，军事当局亦受抵制，结果是穆巴拉克下台，权力移交给军政府。面对领导权仍把持在同一批政治精英手中的局面，规则接受者继续不断抗议。最终，规则制定者被迫举行大选。

因此，尽管权力趋于集中在规则制定者手中，但权力的行使却往往有失于结果。贝维尔和罗兹（Bevir and Rhodes，2008：732）提出，“中央政府手中有若干个橡胶操纵杆；拉下中央政策的操纵杆，并不意味着某事必定会在基层发生”。我们对于能动性与制度的思考当中也同样内置了一个兼具时间性与建构主义的层面。施特雷克和西伦（2005：16）指出，“制度取决于规则制定者与规则接受者之间持续不断的互动过程”，在这一过程当中，规则的每一种新解读都会促进形成制度为人所“发现、发明、提议、否决或暂且接纳”的方式。因此，与制度相关的能动性，既是集体性的，也是具有促进作用的。对于施特雷克和西伦而言，制度是“由极多个行动者持续不断地创造和再创造而成的，这些行动者们各自抱有相异的利益关切、各有差别的规范承诺、彼此不同的权力与有限的认知”。

然而，施特雷克与西伦对于权力和能动性的务实思路，也同样留下了未能触及的关键理论困境。一些基本问题他们遗而不答，包括行动者们拥有的“权力”从何起源、程度几何，能动性的哪些特质既会立刻受到沉重的约束又能同时以介入性的动态方式持续地重新解读制度等等。要切入这些论辩，我们就需要退而思考政治科学中理解权力的不同理论进路有何贡献。

看待权力的不同视角怎样影响着制度主义

为了帮助我们确切阐述制度主义所独有的能动性概念化，我们必须首先理解制度主义者是如何对权力加以构想的。我们在此会说明多元主义、精英主义、马克思主义和后结构主义各自是怎样为制度主义思想作出贡献的。表 4.1 给出了一份比较性的综述。

表 4.1 权力与制度：差异分明的视角

	多元主义	精英主义	马克思主义	后结构主义
关键主题	权力是相对平等地分散在社会各个群体之间的，这是一个可取的良好事态。	权力集中于全国性的政府、大型商业公司和军界人士手中。	权力就是经济权力，以及横亘于生产资料的所有者与出卖自身劳动力的人之间的鸿沟。	权力是分散的，它是遍布在政治的时间和空间中的常量。权力具有粗野横暴的特质，难以驾驭，只能受到批评意见的攻击。

续表

	多元主义	精英主义	马克思主义	后结构主义
核心理念	群体在政治过程中居于中心位置；权力总是分散脱节的，而非集中起来的；共识，而非持续不断的冲突矛盾，才是政治的主要驱动力。	三个互不关联的层面：政治上支离破碎的“大众社会”，中间地带是彼此竞争的利益集团，顶端是上述的三大精英群体。	阶级、性别和种族等结构性约束塑造了金钱、知识和政治权力三种关键资源的获取渠道，行动者们正是使用它们以影响政治产出的。	权力和知识是相互依存、互为佐使的。政治环境是一系列相互重叠、彼此约束的话语体系所构成的复杂集合，它们并无确切的锚定点或起始点。
同制度主义三大支脉的联系	同“旧”制度主义最为相宜。聚焦正式政策，将其背景环境看作稳定且达成共识的。林德布洛姆的新多元主义在城市政体理论上与精英主义有所交叉。	历史：将国家机关视为关键行动者 社会学：特定群体主导着正式与非正式环境中的治理活动 理性选择：精英群体有意追求自身利益。	历史：由“资本主义的多样性”学派联系起来 社会学：维系资本主义的思想理念所具有的力量 理性选择：资本主义者在追求自身利益的过程中剥削他们的工人。	历史：通过“话语”制度主义（Schmidt，2006）联系起来 社会学：思想理念在政治中发挥的因果性与构成性作用，政策模板的重复利用，以及身份和“他者”的创造构建。
看待制度的视角	多元主义者看重的是很大程度上不受制度约束的能动性。制度作为我们达成共识的行事方式，因此也就只是高度可见的决策过程的一块背景幕布而已。	精英行动者们受限于规则、惯例与叙事话语等组成的若干集合体，但这些集合体也授予他们权力，令其得以相互争夺主导权。	在“资本主义的多样性”学派中，国家机关发展其独有的制度架构布局。更为传统的马克思主义者还关注制度是如何维系结构性的不平等的。	制度是思想理念的另一种形式，也可能是某种话语表述的构成要素——也就是基本的分析单位。一部分制度主义者也已采用话语这一概念，用于解释制度为何变化。
带给制度主义的附加价值	政治在于动员行动者的各个群体；这样的群体如何形成、如何攫取权力，在基层和高层都十分重要；任何忽视正式规则和舞台的制度主义思想都是极不完整的。	政治在于决策和议程设置：非正式惯例同基于正式规则的流程同样重要。权力可以是不可见的，也就是仅对议程设置者可见。精英行动者并不一定团结在某个共同目标下——他们也可能自相水火。	政治在于决策、议程设置和偏好设置。权力的行使具有显著的实质性影响，能延续弱者的劣势地位。资本主义展现出多种多样的制度架构布局及影响效果。	政治在于议程设置、偏好塑造以及观念和身份的改造重塑。对于将政客所提出的种种理念均视为“新”且进步的这样一种观点，我们应当保持警惕。要对背景环境和政治的精微细节怀有尊重。

多元主义（pluralist）思想是围绕着三大核心原则发展形成的：群体处于政治过程中的中心位置（centrality）；假定权力总是彼此分立而非高度集中的；并且相信政治过程的主要驱动力是共识，而非持续不断的冲突矛盾（Smith，2006：26）。其中，第三项原则在制度主义视角看来尤为重要。其启示在于，之所以爆发冲突，并非由于政治生活的规则（因为这些规则 84

早已被视为理所当然之事，各方均已达成一致意见），而是在于谁分到哪一块蛋糕。多元主义者假定，共识标志着各方达成统一意见；如果某些群体并未开展积极的游说或动员活动，那么“就可假定他们并不具有足够强烈的不满情绪，以保证其充分表达利益关切”（Smith，2006：26）。

批评者则指出，多元主义所宣扬的有三种根本性错误［请参见史密斯（Smith），2006；麦克阿努拉（McAnnulla①），2006；马什（Marsh），2008］，即便披着“新多元主义”外衣的一派承认在政治体系中某些特定群体长期占据主导地位，也同样犯有这些错误。其一，他们错将多元性视为多元主义：因为社会上存在多个群体，他们就假定权力的分散大体上是均衡的，并且如果政府起重要作用的话，那么政府就是中立且开放的。其二，经验主义立场则假定，如果某些群体是参与到正式政策制定过程中的，那么这些群体就对关键的政治决策拥有显著影响力。其三，关于能动性的唯意志论观点相信，联络来往和关系网天然就是开放的，并因此忽视了有碍包容性的制度障碍，譬如种族和性别歧视等。

那么多元主义的传统是怎样启发到制度主义思想的呢？它所最为相宜的，正是斯廷奇库姆（Stinchcombe，1997）和罗兹（2006）坚决捍卫的“旧”制度主义，我们在第2章中已作论述，这一思想仍然是制度主义不可或缺的核心内容。因此，多元主义与制度主义就都聚焦于政策得以制定形成的正式舞台，并均假定这一背景环境是相对稳定且可预测的。然而，随着我们迈入第二阶段和第三阶段的制度主义，多元主义与制度主义之间的关系也渐趋紧绷，张力日增。新多元主义者基本上仍大体维持其经验主义观点，而制度主义者则变得愈加以理论为导向（虽然也并不是完全演绎性的）。制度主义者已就规则、惯例与叙事话语三者发展出更为复杂的理解认识，而对于加诸群体行为及其互动结果之上的制度性约束有何微妙本质，新多元主义者们却只表现出很有限的兴趣。不过，两种思想之间仍有空间发生富有成效的协同效应。例如，我们在研究中极力展现政府的正式结构与非正式惯例是如何影响社会资本的
85 产生和动员过程的。普特南就忽视了社会资本与民主绩效之间的关系是怎样经过制度加以构建的。决定利益集团在多大程度上能对公共政策有所影响，这其中政府扮演着关键角色：利益集团是否受到邀请参与决策呢，他们参与决策时是否受到倾听，他们是否能得到情况通报以了解到自己干预措施的影响效果？研究显示，上述这些因素，以及公民社会各个主体所处的资源和监管框架，均是至关重要的（Lowndes and Wilson，2001；Lowndes and Pratchett，2008）。

我们如何实现对权力的概念化，与我们如何看待行动者的能动性是密切相关的；总体而言，多元主义者们特别重视的能动性形式是很大程度上不受制度约束的。这一乐观的视角，在“参与性”制度主义者们看来，存在多个重大问题；他们敏锐地意识到，政治的游

---

① 原文如此。此处应当是指利兹大学政治与国际研究学院教授斯图尔特·麦克阿努拉（Stuart McAnulla），请读者自辨。——译者按

戏规则经过精密安排，正是为了分配权力与利益。然而，多元主义的视角也启发了第二阶段和第三阶段的制度主义者，提醒他们要“双眼盯球”，认识到正式决策舞台的重要性（尽管正式性较弱的惯例同样具有重要意义），把握（基层与高层）利益集团在政治过程中的中心位置。

20 世纪和 21 世纪的**精英主义（elitist）**视角可上溯到赖特·米尔斯的《权力精英》① 一书。该书提出，在民族国家中权力分配存在着层层递进的阶层等级：底层包含着政治上碎片化的“大众社会”；中层由半组织化的利益集团所占据，它们彼此之间相互争夺资源；而高层则是三组行动者——国家政府的行政分支、大型商业公司和军界人士——的专属领地。由此，米尔斯自己的理论路径就与同时代多元主义、马克思主义的理论典型拉开了距离。他认为，多元主义者们仅仅看到社会中层，并误以为这就是整个国家的权力结构；而马克思主义者同样也目光褊狭，视线只聚拢在“权力精英”当中掌握着经济权力的那一部分人上。

伴随着“将国家重新带进来”的运动［例如，卡岑施坦因（Katzenstein），1978；斯考切波（Skocpol），1979；克拉斯纳（Krasner），1980；斯科洛尼克（Skowronek），1982］，精英主义思想对第二阶段、第三阶段制度主义的发展均有持续影响。在这一背景下，埃文斯（Evans，2006：47）提出，“到 20 世纪 80 年代中期，政治学当中几乎每一种重要的理论思潮都聚集起来，重新关注到国家本身，将之作为基础的分析单元”。这些学者不仅仅是制度主义者，他们也是精英主义者。西达·斯考切波（Theda Skocpol）就率先提出，国家应当被视为 86
由多个行动者与机构所组成的一个具有自主性的集体，而非被简单地理论化为政治合作或冲突所发生的舞台。与马克思主义的理论模型截然不同，她认为，组成国家机关的各个组织是独立于经济统治阶级的控制之外的，这些组织常常公然违背阶级利益以追求其自身的利益。在城市一级，城市政体理论则根植于查尔斯·林德布洛姆（Charles Lindblom）的新多元主义，尤其是他观察发现城市精英当中的商界和政界行动者需要合作以达成其各自的目标［请参见埃尔金（Elkin），1986；及斯通（Stone），1989］。莫斯伯格和斯托克（Mossberger and Stoker，2001：812）解释城市政体如何运转时就明确采用了制度主义理论路径：“政体通过分发选择性的激励要素，诸如合同和工作岗位等，解决集体行动问题，并确保执政联盟中的积极参与。合作不仅能通过正式制度加以实现，也能借由非正式的关系网来达成。”

精英主义将国家视为行动者加以关注，这对历史制度主义的发展予以启发；与此同时，

---

① 查尔斯·赖特·米尔斯（Charles Wright Mills），美国知名社会学家，哥伦比亚大学社会学系教授，他主张社会科学家不应只是漠然的观察者，而应当积极肩负社会责任。他的代表作包括《社会学的想象力》（*The Sociological Imagination*）、《权力精英》（*The Power Elite*）、《白领》（*White Collar*）等，并与汉斯·格特（Hans H. Gerth）合著《性格与社会结构》（*Character and Social Structure*）、合编《马克斯·韦伯社会学文集》（*From Max Weber：Essays in Sociology*）。

《权力精英》最早于 1956 年由牛津大学出版社出版，目前该书在我国大陆地区有三版中译本，先后是：由王崑、许荣翻译，南京大学出版社出版的 2004 年版；由尹宏毅、法磊翻译，新华出版社出版的 2017 年版；由李子雯翻译，北京时代华文书局出版的 2019 年版。——译者按

社会学制度主义者们［比如克拉伦斯·斯通（Clarence Stone)］就记录了若干个特定群体在正式和非正式场景下主导治理活动的能力，其核心前提是各个群体意图追求自身利益，这又与理性选择制度主义的准则相呼应。那么在上述三个理论支脉中，制度均是集体行动者继承权力、积蓄权力、巩固权力的工具。但精英主义并非没有其特有的理论缺陷，也不乏批评之声。其一，精英主义的权力概念是趋于静态的。通过权力精英（不论是国家层面还是城市政体层面）各个群体之间的竞争，可能会有一定的变化动力从中得以生成，但在精英主义看来，这些群体是有着明确且固定的边界的。与此相联系的是一种自上而下俯视权力行使的观念，否认这些边界之外的人拥有任何显著影响力。就能动性而言，这些身处精英阶层的行动者是经由主导性制度加以授权的，而那些处于界外社会的行动者们则完完全全永远也无缘染指权力。对于许多制度主义者来说，多元主义的过度乐观固然是处于一个极端的，但精英主义这种绝望至极的意见则是另一个极端。

在经典**马克思主义（Marxism）**中，权力是专由经济权力、生产资料的拥有者与劳动力
87 的出售者之间相对立的利益这二者来定义的。资本主义面对其诸多内在矛盾，特别是资本集中、社会力量趋于极化和政治冲突加速等，但仍未崩溃；为了解答这一问题，马克思主义者转而看向制度主义。“资本主义的多样性”学派采取空间路径，全盘考量各个民族国家发展和调适其特有制度布局的能力（Hall and Thelen，2008；Thelen，2009；Schmidt，2009)。调节学派采取历史视角，关注特定的“积累体制”（譬如福特主义）是怎样同“调节模式”相耦合的，这实际上就给出了一种“制度性解决方法”以（暂时）缓解资本主义危机的趋势（Aglietta，1979；Boyer and Saillard，2002；James，2009)。调节模式包含政治、经济和社会各领域中的一整套环环相扣的制度形式与惯例习俗，就如福特主义①期间福利国家、法团主义与大众消费的组合。斯托克和莫斯伯格（1995）尝试将这一视角应用于经验研究当中，他们观察到自 20 世纪 80 年代中期起，英国开始出现“后福特主义地方国家”（post-fordist local state)，以私有化、合作合伙与非选举性参与活动为主要的制度特征。

杰索普（Jessop，1990：267）虽然也浸淫在调节学派的思想传统中，但他却认为制度形成过程中有更强的偶然性与不确定性，主张国家有“多个边界，但并没有制度上的恒定性，也不存在既定的正式或实质的统一性”。对于黑伊来说，当制度被定义为“思想理念及其内含的各种惯例所编纂形成的若干体系”（Hay，2006a：58）时，国家也就进一步从其物质载体中解放了出来。不过，这绝不是说“万物皆可”。国家的各种制度“在策略上是有选择性的”

① 福特主义（Fordism，亦译作“福特制”）一般意涵有二：其一，是指 20 世纪初由亨利·福特（Henry Ford）首创、福特汽车公司实行的流水线作业大规模生产体系；其二，是指以流水线生产、大规模生产与大众消费为特征的现代经济和政治社会体系，是马克思主义思想家葛兰西于 1934 年提出的，到第二次世界大战后成为发达资本主义国家开展战后重建的主流模式，有力促进了战后经济的长期繁荣，到 20 世纪 70 年代其弊端渐露。因此，20 世纪 40 年代到 70 年代也被称作“福特主义时期”，也有理论家提出“后福特主义”（Post-Fordism）或“新福特主义”（Neo-Fordism)。作者在此显然是指后者，请读者自辨。——译者按

(strategically selective)，展示出“一个高低不平的运动场，其上复杂交错的等高线会偏重于特定的策略（及特定的行动者）胜过其他策略”（Hay，2006b：75)。殊途同归，马什(2002：161—171）也趋向认为，政治制度赋予资本利益方凌驾于劳动力利益方的权力这个过程具有更强的偶然性，承认存在阶级、性别与种族共同构成的三重“结构性约束”（structural constraints)。

马克思主义的学术成果深刻影响了历史制度主义的发展，特别是“资本主义的多样性”的研究；通过发掘探索那些维持资本主义存在的思想理念所具有的力量，它也为社会学制度主义持续注入新的理论活力；而且，它将国家视为维护阶级利益的工具这一根本理论关切，也同理性选择制度主义的各项前提假设产生共鸣。总体而言，马克思主义思想提醒我们，权力既能通过正式的决策过程加以运使，也能通过议程和偏好设置来予以行使；权力的行使对于客观存在有着显著影响，这些影响效果能够维持跨世代的劣势地位；资本主义伴随着多种 88
多样的制度架构，受其支持而得以稳定存在，这些制度架构是随时间和空间而变化的。

后结构主义（post-structuralism) 在表面上，与制度主义殊非同道。在它看来，权力具有无实体、分散性和渗透性的性质，并且粗鲁横暴，难以驾驭，唯有批评方可触及。权力和知识是相互依存的，它们存在于各种相互重叠、彼此制约的话语所构成的政治环境当中，这些话语也没有一个固定的锚定点或起始点。制度主义者相当晚近才论及后结构主义，这是由于后结构主义隐含着对“结构”的排斥，也是因为它对于制度改革的前景抱有听天由命的宿命论观点，这也同“参与性”思路相悖。不过，第三阶段的制度主义者正在愈发关注话语——而非“硬性”结构——是通过怎样的方式来设置偏好、塑造认知和身份的（Moon，2012)。在其“政府分析论”中，米切尔·迪安（Mitchell Dean，2010：30）就主张，行动与制定行动方案的既定方式（制度主义传统上的主要内容）是通过特有的观察和思考方式来加以巩固的。索伦森和托芬（Sørensen and Torfing，2008：40）就创造出“后结构主义制度主义”这一新词，由此促使学界注意到制度在构建某些特定的主观性时所发挥的作用，也注意到制度“通过吸纳或排除各类重大议题、某些具体形式的知识信息和特定的行动者，创造出一种有效可行的封控状态”。

一批关系松散的历史制度主义者（Schmidt，2006，2008，2010；Hay，2001，2006a，2010；Blyth，2007）已发展出多种多样的建构或话语制度主义变体，其中特别看重思想理念的作用，将之视为制度的重要组成部分。在社会学制度主义一派，巴恩斯等人（Barnes *et al.*，2007：54）在其对公众参与的制度主义分析中，就引入了来自后结构主义的重要观点，并由此揭示出新的惯例习俗并不仅仅能向公民“赋权”，同时还会将他们吸纳进“新的权力场域”当中。与此类似，约翰·克拉克（John Clarke，2005）也提出，关于公民义务与责任的新话语（或“技术”）使个人变得更加“负有责任”，进而更加“便于统治”（Clarke，2005)。“拐向”后结构主义的转型仍是一项“尚在进行中”的工作，而且始终存在着将“制度”的客观存在性迷失于语言和理念的力量这一严重风险。但后结构主义视角的价值就在于，它提醒我们，政治并不只是在于那些公开的决策过程和暗地开展的议程设置，它也是通过无处不在、持续不断的“社会”过程，更为根本性地操控着人们的偏好、认知和身份认同（Finlayson
89 and Martin，2006：159）。这就引导我们关注到那些在话语上遭受边缘化待遇、“不算自己人”的社会群体，也使制度主义者对“新造词”更具猜疑，而当这个形容词被政客们用以描述并正当化他们的最新政策倡议时尤其如此。此外，制度主义格外看重背景环境和政治的“精微之处”，后结构主义也与之暗合。

至此，我们的论述已显示出，政治学中各种理解权力的主要路径之间在理论化层面有着相当多的共通之处。多元主义就凭借城市政体理论，跨界进入精英主义的畛域；精英主义和马克思主义在“资本主义的多样性”的研究上得以连通起来；后结构主义尽管频频公开批评马克思主义理论，但也对国家的强制性权力有着共同的理论关切。每一种理论路径都在制度主义的发展历程中刻下深深的印记。如果是且仅是制度赋予占据主导地位的行动者权力以开展行动的话，那么我们就回到了马克思早期著作中关于能动性的决定论观点，或是实际上回归到社会科学的结构-功能主义思想传统中去。倘若果真如此，那么如同那些被制度所制伏的人“无从选择”一样，那些继承到权力的人也同样是无从选择的，他们只能行使这份权力，巩固这套使其阶层利益处于有利地位的制度。与这种决定论观点相反，我们认为面对制度架构加诸其身的助力或阻碍，行动者应当是拥有自主行动的能力（虽然未必总是有这样的机会）的；而且行动者也有潜力将自身的意志强加给他们所处的环境和其他行动者。

随着关于权力和能动性的观点立场在第三阶段制度主义中渐趋靠拢，我们能做出两点最为重要的观察结论。第一，在某些特定的状况下，行动者不会依照要求而行事。第二，发挥能动性的背景环境至关重要：随着环境发生变化，行动者抗拒约束、把握获取授权的机会的能力就会出现各种不同的可能情况。在各不相同的时空背景下，不同的行动者也能以不同的方式方法，采取战略性行动，并行使权力。就长期而言，结构性的不平等将会持续存在，因为享有特权的行动者们会受益于一个向着他们这一侧倾斜的“高低不平的运动场”，即便这个精英集团是构建在米尔斯的经济/政府/军界三重维度以外——（例如）父权社会、族群分裂和宗教层级等因素的作用同样值得关注。不过，从中期来看，非精英的行动者也有能力通过各种方式来塑造政治和政策的发展趋向，对于那些只能观察到规则制定的正式场域的人而言，这些方式始终是隐而不露的。

90 实际上，诸如工会和社会运动等“庶民性”制度，能够赋权给那些最为边缘化的行动者，令他们得以抵抗各种制度自上而下施行的强制措施。要理解政治制度的重要意义和动态变化，就要求我们的视线应当超越精英集团的结构和感知；我们也需要考虑到，在主导性的制度约束再度强制执行的持续威胁下，“普通人”要如何提升能力、把握机遇以改变游戏规则。精英制度的稳健性和/或脆弱性影响着这一背景条件。正如我们在第 3 章所展示的那样，不同约束模式——规则、惯例与叙事话语——之间的断线和脱节，均为规则的破坏或形成开辟了空间。

接下来，我们来看不同约束模式同权力和能动性问题之间的具体关系。

通过调控管制所施加的权力

作为一种制度性约束模式，正式规则明确地分配权力。直接具体地看，法律、规章和政策均在述明哪些行动者拥有以某种具体方式开展行动的许可、谁具有监管和惩处不遵守规则者的权威。我们从中期来看，则能观察到随着时间的推移，规则是怎样呈现出规范性维度的，这不仅能示意人们哪些行为是可能可行的，更是在表明什么样的行为是可取可赞的。规则是来告诉我们，哪些群体的行动者应当（*should*）在特定情况下拥有权力，并且就为什么他们掌权是正确且正当的这一问题，给出合理解释。从长远来看，规则的书写和再书写（及其落实执行）通过创造出并维持一个高低不平的运动场，倾向于将权力授予特定的精英群体（包括但不限于经济上占据主导地位的各个阶级），由此也就令这些精英未来更有可能行使权力。

我们在上一章中表明，个体行动者是有能力随心所欲地开展行动、追求自身利益最大化的，因此理性选择学者对于个体行动者的理论化当中就蕴含着高度的不稳定性，也因此他们积极地将制度引入其研究，以减弱这种不稳定性。对于这些学者而言，能动性和权力的存在及二者之间的分配很大程度上是理所当然的，关键性的问题在于这样的能力要怎样才能受到限制，并为了集体利益而加以引导。委托-代理模型就是尽可能以最为简约的方式来处理这些关切的，它假定存在某个强有力且居于高位的行动者，而这个行动者有能力设计出能够迫使 91
规则接受者遵从的规则。彼得斯（Peters，2005：55－56）表示，委托人在某一具体情景下行使权力的权威，往往是不容置疑的，这是因为这个行动者明确地处于组织或国家机关层级的高位（例如，国会或国务大臣）。彼得斯指出，委托-代理模型在分析美国的监管政策时是无所不在的；在英国，不论是教育、卫生还是（尚在尝试中的）银行与金融服务监管，这个模型已在支撑着制度设计与改革的过程。

不过，更为复杂的概念也已在理性选择制度主义中开发出来了。克劳奇（Crouch，2005：7）就主张，“市场这一概念的根本性理念是，没有一个行动者凭借其自身行为，就能具有足够的体量或实力来影响价格；而且个体行动者并不允许联合起来，共同开展战略性的行动”。因此，在理想的市场当中，那些已有能力突破层层障碍、进入市场的各个行动者团体，大可假定他们在权力方面基本是等量齐观的，而监管的目的就在于，要通过抑制企业联盟或垄断的形成，延续这一先天的均势局面。与此相似，梅恩茨和沙尔夫（Mayntz and Scharpf，1995）发展出一套“以行动者为中心的制度主义”（actor-centred institutionalism），其中“向那些抱有明确目标、机敏多谋的个体与集体行动者的战略性行动与互动等行为给予同等重视，也同样关注特定（却也变化不定）制度结构与制度化习俗所具有的赋能、约束、塑造等各种影响效果”（Scharpf，1997：34）。这一理论模型已在那些以“战略性行动能力强的有限几个行动者之间高度结构化、频繁再现的互动”为特征的政治场域中得到应用（Scharpf，1997：105），譬如国际关系中各国之间的折冲交涉、立法机关中彼此对立的政治党派或国际市场上的若干跨国公司等。这背后可能存在某个潜伏幕后的“委托人”，但它与各个代理人之间的关系则是更为含糊不明的，而主要研究仍是专注于各个代理人之间所展开的竞争。

埃里克·希克勒（Eric Schickler，2001）充分运用沙尔夫的行动者中心与博弈论路径，在他关于美国国会的研究中阐发出“离散式多元主义”（disjointed pluralism）的概念，他发现行动者们围绕着形形色色、多种多样的“集体利益”形成各个联盟。这一分析并不能明确识别“普通人”授予权力的过程，但它表明，国会议员远比精英理论模型所理解的更受众议院、参议院以外的行动者影响。基于这一点，这样多数表决所产生的决策就是离散的，这是
92 因为随着时间的推移，利益诉求各不相同、时常相互冲突的各个群体所发起的种种政策革新会层层沉淀，堆积在决策当中。最终产生的立法结果，就是在冲突与妥协中建立起来的，并且在某种层面，对所有政党来说，往往都是不尽满意的。希克勒关于权力和能动性的理论路径为第三阶段制度主义者们绘制出一幅蓝图，其中特别强调权力和能动性所具有的集体性（collective）、斗争性（combative）和渐增性（cumulative）特征，以及行动者偏于依托既有制度而非从零开始的倾向等。

社会学制度主义者们长期以来一直关注规则和角色职责之间的密切关系。在20世纪60年代，伯格尔与拉克曼（Berger and Luckman，1967：73）将注意力转向制度通过定期排演角色职责进而嵌入行动者身份当中的必要条件。而在第二阶段制度主义兴起之初，马奇和奥尔森（March and Olsen，1989：23）就提出，“规则定义了不同角色之间的关系，也就是一个职责的在位者应当向其他职责的在位者提供什么”。不过，内嵌于特定角色职责中的规则，也同时告诉我们这些行动者在哪些方面得以授予权力、又是在哪些方面受到限制的。由此，克拉克和纽曼（Clarke and Newman，1997）就调查了在20世纪80、90年代英国进行新自由主义改革时，诸如“专业人士与官僚”等精英行动者们的角色是如何受到管理主义叙事话语的重新编排的。正如纽曼（2005：717—718）所观察到的，权力“明显下放给‘地方的’管理者，他们掌握着高度的自主权，能够根据政府的政治目标与愿景，发展出交付政策产出的最佳途径”。“明显”这一用词就揭示出这场改革当中授权与限制二者之间的矛盾性结合。地方政府的专业人士、警察、临床医生与行政人员，由于正式规则加大了他们塑造背景环境的能力，因此成为正式规则的受益者，而与此同时，这些委任授予的权力得以存在，是伴同着一整套审核、察验并剥夺“衰败组织”权力的规则的。

十年后，利奇和朗兹（Leach and Lowndes，2007）展现出“现代化”议程的各个后续阶段是如何影响英国地方当局中政治领袖与行政长官（以及地方上的一大批利益相关者）的角色职责的。那些向行动者赋予权力的规则，就被约束行动者的法律规章所平衡抵消，不仅如

此，而且每一条新设立的规则均有可能在剥夺一批行动者权力的同时，向另一批行动者赋权。如此一来，譬如2000年《地方政府法》（Local Government Act）所包含的“行政人员”这一角色，就予地方议长以机会，让他们得以担当一个首相式的内阁领导人，甚至是作为直选产生的市长，行使总统式的权力。而当领导人自身能扮演一个更占支配地位的角色时，可以 93
想见地方议会的行政长官和选举产生的“后座”议员①的权力必定有所收缩。具备潜在赋权可能的规则，实际上是建立在既有惯例的基础上的，这就为非主流的行动者们“吸纳（甚至削弱）新的正式预期”（Leach and Lowndes，2007：23—24）留出了机会。

自20世纪70年代始，历史制度主义者就宣称，国家应当被视为由多个行动者与机构所组成的自主性集体。与马克思主义理论模型迥然不同的是，构成国家的各个组织被认为是独立于统治阶级的掌控之外的，它们时常违逆统治阶级而追求自身利益。霍尔和西伦（Hall and Thelen，2008：9）在阐发“资本主义的多样性”路径时强调，理解企业与理解国家机关是同等重要的，而在企业这部分行动者身上存在着高度的能动性，居于主流地位的制度矩阵又在它们身上布下层层叠叠、错综复杂的制约与机会之网：

> 首先，作为以企业为中心的广义理性主义路径，这一理论将政治经济学理论化为开拓创新的行动者往来其间的地带，这些行动者们受现有规则与制度的局限，各自解析其自身的利益，并依此极力扩大其利益，但同时他们也不断探寻方式方法，以期将制度转为己用。虽然一部分制度是依托于惩处措施得以运转的，但“资本主义的多样性”路径却摆脱了纯粹地将制度看作行动的限制因素这一观点，进而转向另一种观点，即将制度视作能为特定类型的行动特别是集体行动提供机会的资源［请参见霍尔（Hall），1998］。其次，资本主义的多样性这一框架强调的是，政治经济学当中充满形形色色、各式各样的制度，其中不少制度还是嵌套在其他制度当中的。一部分制度能够作为其他制度的可行替代物发挥作用，至少能实现其中一部分目标。因此，一家公司或其他类型的行动者所采取的任何策略，都有可能受到非常多制度的共同影响，而非只受某一个单一制度的调适修正。

通过惯例习俗所体现的权力

我们在第3章中看到，行为也是为非正式的惯例所塑造形成的，而这些惯例是通过演示示范而非书面规则来加以传达的。新近跻身某个特定政治场域的行动者们，通过观察他人行止、亲身演练惯例习俗、回应相关的激励机制和惩处措施等途径，学习这些制度性的惯例。 94
假使要一瞥某个特定场域，我们就不可能立即识别出非正式惯例在其中的形塑作用；这些惯例很可能会在规则正式性的遮蔽下暧昧不明。但着眼于更为长远的时间跨度，我们就能看到，

① “后座”（back bench）议员是指英国国会下院、地方议会及其他某些国家议会中那些没有担任高级政府官员或承担党内重要职责的普通议员。——译者按

某些特定群体所发展出的这些惯例是如何随着时间推移而逐渐实现正当化的，是如何凭借它们同叙事话语的联系为某些特定的行动方式提供正当化解释并得以巩固加强的，又是如何运转，进而将各种管理化为“常识”深嵌其中的。实际上，惯例可能最终会被抬升到规则的地位上来。对于那些依旧将理论的简约悭吝看得重逾他物的理性选择制度主义者而言，要将诸如无形的惯例习俗等复杂化因素排除在外仍是他们方法论的一大关切。然而，正如第 3 章所示，一段时间以来，不少理性选择制度主义者已可接受制度不仅仅是通过规则加以传达的，也可经由示范和叙述等非正式流程来实现传导。在方法论意义上，这就意味着要同时拓展空间和时间两大研究维度，以检验个体和群体随时间推移如何彼此互动。在以博弈为基础的实验中，当有必要开展合作时，就会浮现出能够激发互信互惠的惯例习俗。沃克和奥斯特罗姆（Walker and Ostrom，2007）观察到，有关社会困境博弈的文献目前“压倒性地支持这一结论，即互惠互利等社会规范在我们理解群体当中的合作行为时发挥着关键作用”。

实际上，埃莉诺·奥斯特罗姆的主要研究工作正是第三阶段制度主义在这一层面发展轨迹的一大实例。她的研究不仅［在约翰·康芒斯（John Commons）20 世纪 30 年代首倡的“制度经济学”基础上，］将非正式惯例视为“应用性规则”的要素之一，同时也考察了居于等级体系较低位置的行动者们是怎样发展出日后能够跻身规则行列的惯例的。奥斯特罗姆强调，制度并不只是明确规定哪些行为是被禁止的，也是在具体说明那些允许某些特定行动者施行的行为。她阐明了规则接受者是如何在将规则付诸实践时，能行使一定程度的自主权的，又是如何从特定行动者在特定背景下执行落实规则的角度，对惯例进行概念化的。从能动性与赋权的视角来看，规则接受者只能尽其所能地利用规则制定者向下发布的规则。

不过，我们能在稍后的研究成果中看到侧重点有所变化，转而关注地方行动者如何自下而上地开发出他们独有的“应用性规则”。这一研究导向阐发自与“公共池塘资源”相关的长
95 期工作，其中包括林地、渔场、油田、牧场、灌溉系统和知识等资源。在此，奥斯特罗姆进一步阐发她对哈丁（Hardin，1968）“公地悲剧”背后的理论假设的批判，将之发展为一项内涵丰富的研究项目，这项研究论述的是本土社群中的小团体如何能够开发出惯例习俗，它们在“公地”维护方面要较地方和中央政府自外而内或自上而下所强加的制度框架更为有效。她在将“政策刻画为实验”的过程中，敲下一个显然属于多元主义风格的音符，以解释“为何一系列彼此嵌套却又相对自主的自组织资源治理体系在政策实验中能较单一的中央权威达成更佳收效”（Ostrom，2007：18）。

而从社会学视角看来，克拉克和纽曼（1997）提示我们，我们以为天然就是“专业性质”且当下已深深嵌入国家法制当中的许多活动，曾经也是不被纳入正式规定当中的，并且起源于当时还相当模糊不清的惯例习俗，由教会等独立于国家管控的组织发展而来。斯科特（Scott，2001：55）呼吁我们关注惯例向规则自下而上的过渡历程，他援引休斯（Hughes，1958）关于专业职业的论述，称“这类角色所系的权力和神秘性，很多是来自他们所得授的参与‘禁忌’事务或命定性要事的许可：开展秘密调查，或是判刑谳狱，甚至处以极刑”。

尽管不少社会学文献是在集体层面讨论能动性这一问题的，但它们对角色职责的着重点也将注意力聚焦在那些能动性与权力高度集中于个人手中的政治制度。美国总统往往被视为“世界上最具权势的人”，但我们在奥巴马总统的医保改革一例（方框 1.4）就已看到，高度的能动性是与高度的制约相随附的。在另一背景下，弗利（Foley，1999）与赫弗南（Heffernan，2003）均已表明，托尼·布莱尔（Tony Blair）在其任期内揽权收势，将英国首相这一角色“总统化”了。内阁作为共同决策的主体，地位有所下降，而布莱尔愈发依赖于他与各位国务大臣之间的一对一商讨，以及特别顾问和媒体专家等人的指导意见等等。但“沙发政府”① 大行其是，并不需要布莱尔废除内阁政府的既有规则与结构。内阁依旧举行会晤，只不过同精英主义的权力模型一样，重大决策是在集体权限之外做出的。新的非正式惯例，最初只存在于正式制度旁侧，为正式制度的阴影所笼罩，在构建行为方面逐渐变得显著起来， *96* 并在实际上“取代”（Streek and Thelen，2005）传统规则或使之失效。不过，麦克阿努拉（2006：132）向这一总统化的论点提出质疑，他认为布莱尔虽然收揽个人权力，但仍然受到正式规则的限制，他必须依赖于议会上政党的支持方能留任。罗恩斯利（Rawnsley，2010）的论述也同样显示，布莱尔的总统式惯例受到诸多制约，这些制约就来自同时发生的财政大臣戈登·布朗（正是他最终接班布莱尔，就任首相）角色职责及其惯例的演变。

理性选择制度主义者们与社会学制度主义者们均倾向于假定规则是高于惯例的。因此，在自上而下的论述中，惯例作为应用性规则，是被那些先于它们形成的规则所定义的，而在 *97* 自下而上的描述里，惯例是被“抬升”到规则的地位上，进而成为规则的。虽然这一理论倾向充分阐明了我们在第 3 章中所描画的规则与惯例（及叙事话语）之间相通互联的重要意义，但这并不能合理解释为何这种关系应当被概念化为规则居于上位的等级关系。历史制度主义则是纵长而览，着重于思想理念在塑造政策时的重要性，是从一系列思想理念长期贯彻执行的角度，对惯例进行理论化处理的，而这在概念层面至少是超越了规则的，而非屈居规则之下。因此，克劳奇和肯威（Crouch and Keune，2005）将“变化中的主导性惯例”称为用于分析各国不同版本凯恩斯主义的具体特征的理论框架。克劳奇与肯威专注于思考行动者逐步 *98* 改变惯例的各种途径，而马克·布莱思（Mark Blyth，2002a）则在考量那些主导经济政策的正式规则名誉扫地、土崩瓦解的关键时刻。在这样的紧要关头，行动者得以挣脱开正式制度的重重禁制，被各种各样的新思想赋予权力，他们能够为未来构建起一整套全新的规则。

正式规则与非正式惯例赋予权力的方式，不仅随时间的推移而发生变化，在不同的国家政治体系下、不同文化语境中也有所不同。方框 4.2 中厄瓜多尔这一案例就显示，遭受政治规则沉重禁锢的政治行动者们，表面上仍佯作服从于主导性的制度架构布局，实际上却能运

---

① “沙发政府”（sofa government）是形容政府内的非正式决策方式，即领导人往往通过听取其亲信的非正式团体和个人的意见，做出决策。这一名词源于这类意见交换过程一般发生的生活场景，即领导人与其顾问放松地在沙发上讨论潜在的政策意向。布莱尔担任英国首相期间，特别偏好这样的工作方式和政府风格，通过拉近同内阁成员的私人关系（例如，鼓励同事“叫我托尼”），既在会议记录外，能够充分讨论、畅所欲言，也可巩固自己的政治支持，等等。——译者按

用隐秘的潜规则——“幽灵联盟”（ghost coalitions）——以达成他们的政策目标。阿科斯塔（Acosta，2006：84）运用赫姆基和列维茨基（Helmke and Levitsky，2006：1）的类型学（第 3 章中有所讨论），认为从“促进改善碎片化的立法机关（薄弱的）政策制定能力”这一意义上看，规则与惯例间的关系是相辅相成、彼此补足的。惯例并不会取代既有规则，也不会引入“更多同类事物”，它们所掌控的是另一种迥然不同的制度性效力，这种效力在表层下运转，以弥补正式构造布局下发生的各种失灵状况。不过，阿科斯塔本人也认识到这种效力是“双刃剑”，它的一侧锋刃是致力于制度变革，经过专门设计要“涤荡清洗”厄瓜多尔政坛，另一侧却与之分庭抗礼、针锋相对。厄瓜多尔的历任总统标榜是他们将这个国家从金融灾难中“解救”出来的，而另一方面，大批厄瓜多尔民众反对未经公布就颁行生效的新自由主义经济政策，我们从参与性视角来看，就必须将这两方面权衡一番。统治精英们面对众难群疑的局面，运用内嵌性的惯例，暗中破坏公众加诸他们身上的种种制衡，这一案例看来正是这样一个实例。

方框 4.2 惯例的力量：厄瓜多尔的“幽灵联盟”

96 在厄瓜多尔，一系列政治制度长期组合起来，看起来有效驱散了政策根本变革的前景。自 1979 年民主转型以来，从来没有一位厄瓜多尔总统在国会中占多数席位，这是由于地区和族群上存在严重割裂，这也反映在议会中政党的数量上。此外，任期限制以及中期选举极大损害了推行长期政策的努力，立法程序中本身也设有许多否决机会。

国会之外，媒体与厄瓜多尔公众所发展出的种种叙事话语也严重限制着在任官员组建联盟、推行长期改革的能力。对于那些做出竞选承诺却出尔反尔、试图实施以市场为基础的改革的党派，选民们深感背叛，以至于“政府主义者”[1]（gobiernista）或政府支持者一词成为一句侮辱，暗示这名政客收受了政府贿赂，或“落入政府的股掌之间”了。媒体则将政治党派之间的讨价还价描画得等同于贪腐违纪行为，进而贯彻这一叙事话语的主旨。

而在 20 世纪 80、90 年代间，厄瓜多尔放宽其经济制度的限制，自由化程度超过墨西哥和委内瑞拉等具有可比性的国家，并且也避免了其他许多拉美国家在这一时期陷入的经济危机。尤其是在缺乏甚至绝无国会中正式的政党支持的情况下，前后几任总统相继通过法律，改进税收工作，限制公共开支，放开金融、贸易和银行等行业限制。

可这又怎么可能呢？答案恐怕不在个体的能动性上，而是在一系列确立已久的惯例或者非正式制度当中，它们是在前文所列的各种约束力外运转的，并使“幽灵联盟”的形成成为
可能。它们转而依赖于厄瓜多尔政治体制内 97
“庇护主义”制度的维护维持，授予总统向潜在盟友和实际的联盟合作者分发奖励的自由裁量权，譬如政府职位的任命、特许状与合同的授予核准，以及政府向正加以考虑的政客所代表的选区划拨资源，等等。

① 原文系西班牙语。——译者按

幽灵联盟的显著特征在于保密性，以及他们推动制定长期政策的能力。由于在公众和媒体认可方面存在风险，幽灵联盟所视为基础的各项协议必须始终保持机密状态，譬如他们并不提供高调的内阁职位，但仍有可能任命盟友执掌强有力的国有企业。此外，立法投票的公开记录并不在国会留存。因而民选代表就得以一边在门厅秘密投票赞成某项政策，一边又在议政厅中对这项政策大加鞭挞。

从执行落实联盟协议的角度来看，合作者们已暗中颠覆了可行的正式惩处措施的权威，以训导管教有可能叛离幽灵联盟的逃兵，并且有能力运用一整套施以严惩的威胁手段。例如，总统有权将叛徒从其早先所授的收益丰厚、权重望崇的职位上革除免职；那些增选加入联盟的新成员享有自由裁量权，能请求针对内阁成员启动弹劾程序，进而规训政府。但对于双方而言，最为重要的可行举措当属威胁对方要“公之于众”，引导媒体对联盟开展狂轰滥炸。不过，幽灵联盟远不是投机性的临时安排，反而看起来为厄瓜多尔历任政府带来了稳定性，铢积寸累，推动根本性的政策改革，使厄瓜多尔得以在外界严峻的金融震荡面前“蒙混应付”(muddle through)。

来源：阿科斯塔（Acosta，2006：69－84）。

通过故事讲述而见效的权力

我们在第 3 章中说明第三阶段制度主义是如何逐渐接受集体认识在塑造政治行为当中的重要意义的。通过梳理总结林德（Linde，2001）对于中西部保险公司各项制度鲜活生动的归纳性研究，我们阐明了一个组织的思想与信念并不仅是简单地内嵌于其场景配置，而是借由故事叙述，在各个行动者之间不断传播（方框 3.4）。这些认识被编排敷衍成一个个 *99* 故事，而这些故事又被铸入叙事话语当中，这些叙事话语“能从中提炼出一种对于社会和政治关系的具体认识，并将之反映出来”，进而得出某种规范性的结论（Feldman *et al.*，2004）。总之，不论是在中西部保险公司这样一个企业环境，还是在议会或公职机关部门这类政治舞台，叙事话语会告诉新成员他们被期许做出怎样的表现、被期待如何同他人交流互动，而这些都受到激励因素与惩处手段两方面的支持（不过这些措施既可以是正式的，也可以是非正式的）。

叙事话语是讲述者自身“宏大概念”的一种论述，它们依赖于自身对随时间变化的重申和详述，以及范围不断扩大的行动者间的传播所施加影响的效力。因此，同惯例一样，它们赋予权力的效果可能并不如理性选择制度主义所关注的“此地此时”那样显著。不过，随着第三阶段制度主义赢得一席之地，理性选择一派的学者们开始拓展其空间与时间的视界，将思想与信念的影响作用引入其分析当中。青木昌彦［Aoki，2010：71，着重号为他所置（his emphasis)］在阐发企业中的博弈论时就主张，尽管参与者所共有的种种信念在个人看来可能是限制性的，“但这些信念实际上同时也是在赋能（*enabling*）的”，因为它们能打消行动者们的疑虑，向他们确保其他参与者并非为所欲为、横行无忌的，留下其他参与者在具体情况下可能如何反应的迹象。这种非正式且无形的共有信念，能通过减小不确定性带来的失能效果，向行动者赋予权力。

同样来自理性主义视角，萨巴蒂尔（Sabatier）发展了赫克罗（Heclo，1974）的理论路径，分析政治精英在试图应对不断变化的社会经济与政治环境时在某个政策社群中的互动过程。萨巴蒂尔的研究工作在几个重要方向上，均有别于传统意义上的理性选择制度主义。其一，他的研究早于前文提及的希克勒（2001），就已关注行动者所组成的联盟，而非个体行动者，并显著扩大"局内"行动者（联盟）的数量。其二，他将研究的时间跨度延长至十年以上。其三，他运用共有信念这一概念，将之与利益相对照，作为维系行动者之间联盟关系的黏合剂。其四，他否认能动性背后的驱动力是纯粹的自私自利，并由此认为，联盟的战略意图是专注于要将共有信念背后的价值观基础转化为法度规章，而非只是简单地生产出若干个反映其群体利益的政策。其五，这一背景环境的塑造过程，既是通过
100 反复试错和反思性学习，也是通过原生力量的运使来实现的。因此，萨巴蒂尔从能动性和权力的角度出发，不仅看到共有信念体系能促进精英联盟的稳定性，也将之视作联盟战略意图的原动力。

施耐博格和劳恩斯伯里（Schneiberg and Lounsbury）作为社会学制度主义者，在其探讨社会运动和制度分析的阐述中采用了更具多元主义色彩的理论模型。他们在记述"环保活动家"如何在美国倡导回收再利用措施时，将"运动"本身升格为他们分析中的行动者，并着重强调"它们作为编纂合成的论辩主张、框架体系及理论资源实现理论化、分门归类和扩散传播的动因的作用"。他们描述环保活动家们最初如何将"回收再利用描述为重建社群、打造本地生产与消费闭环、降低社区对企业集团和资本主义商品体系依赖性的一大途径"。但这场运动陷入孤立境地，面对生产制造业与国家机关的无动于衷，它改变了原有的方式方法，同商业性的废品处理机构建立关系，将回收再利用"重新理论化"为一种能为私营部门产生利润的活动：

> 配合着反对新建焚化炉的基层倡导动员，以及同国家有关部门关于循环再生材料购买事宜的磋商，将可回收物理论化为商品的做法，转变了文化信念，扭转了生产制造业关于废品的话语体系，进而创造出回收再利用实践得以扩散传播的制度性条件。（Schneiberg and Lounsbury，2008：655）

因此在这个案例中，"普通人"显然具有高度的能动性。从"人人都是科学家"① 的视角来看

---

① "人人都是科学家"（Man as Scientist）这一命题最早由美国心理学家乔治·亚历山大·凯利（George Alexander Kelly）提出，意指每个人都在试图认识世界，在这一层面，人人都是科学家。凯利最为重大的贡献是创立了个人建构心理学理论，著有《个人建构心理学：一种人格理论》（*The Psychology of Personal Constructs*：*A Theory of Personality*）一书，并于1955年由劳特利奇（Routledge）出版发行。该书中译本题为《个人结构心理学》，由郑希付翻译，于2001年1月由浙江教育出版社出版。——译者按

［例如，班尼斯特和芙兰萨拉（Bannister and Fransella），1971①］，人们主要是由其自身的“理论化”能力所赋权的，也就是人们将关于这个世界的思想理念熔铸为故事，并在其战略意图受挫时大幅修订改写这些故事的能力。

同样从社会学视角出发，纽曼（2005）深入思考“变革型领导”（transformational leader）在英国网络治理中的作用。在此，她从话语理论借用了若干个概念，不过她的理论路径依循罗斯（Rose，1999），相较传统的福柯主义视角有所修订，以“虑及人类行动者的创造力与实验行为所包含的可能性”。她含蓄地将马克思主义和精英视角相结合，考察“公职‘领导’成为积极投身国家现代化的行为主体这一过程中所采用的各种权力技术”。概括地说，她以英国新工党政府为具体形式，主张国家试图重新激发精英行动者在公务部门中的能动性， 101
并对其进行严密督导。国家实现这一目的的方式，是劝诱他人接受一种将管理者视为领袖人物的叙事话语，认为单凭他或她的人格魅力，尤其是通过“集方正行笃、远见卓识与仪表器宇等品格于一身”，就足以变革其所处的公务部门；但与此同时，国家也采用“有损于管理型行动者评价的关键性‘成功标准’”（Newman，2005：720），对这种新萌发的热切情绪加以引导。纽曼还对理性选择中“单薄”（thin）的能动性概念［例如，邓利维（Dunleavy），1991］及其他网络研究成果［例如，罗兹（Rhodes），1997］持批判态度，她从自身研究出发得出结论，称一部分精英行动者在利用变革型领导这一叙事话语以增强自身的“管理性权力”的同时，另一部分精英却已找到更大的行动空间，他们能够“自行撰写”并推翻某些国家的战略意图，进而更为周致妥帖地迎合“普通人”的需求（Newman，2005：730）。

如前所述，自彼得·霍尔（1986，1989）关于凯恩斯主义与货币主义的早期研究以降，历史制度主义者们就已认识到思想理念的重要意义了。但此时叙事话语这一概念中，限制行动是多于赋予权力的，这是由于叙事话语会对各个可行的政策方案的实施范围加以限定。施密特（Schmidt，2009：532）依据其“话语制度主义”，给出另一套解释，其中特别优先考虑创造性的行为主体——例如，政治领袖、政府发言人、党内活跃分子、媒体公关专家等——她视这些人为“投身于舆情宣传这一大规模进程中的政治行动者”。由此，施密特较纽曼更进一步，从话语理论的各项假定中偏离开来，认为叙事话语作为制度性资源，其产生创造和战略性动员的过程中有高度的能动性存焉。施密特（2009：533）如是解释：

> 行动者能够从他们的思想理念中汲取权力，同时也将权力给予那些思想。话语性权力源于那些具备优秀思想的行动者的能力，他们能有效运用话语体系，不论他们是要打造出支持改革的话语性同盟，以反对协调性政策环境下盘根错节的利益集团，还是要在

① 此处是指唐·班尼斯特和菲伊·芙兰萨拉合著的《探究于人：个人建构心理学》（*Inquiring Man: The Psychology of Personal Constructs*）一书，该书承袭乔治·凯利的个人建构心理学思想，从一系列设计与实验案例出发，主张人是发现发明其自身世界的探索者与解读者，挑战了传统心理学中“机械的人”的概念，最早于1986年由劳特利奇出版发行。该书尚无中译本。——译者按

> 沟通性政治环境下教导与指引大众。凭借极具说服力的话语体系以传播良好的政策理念，能帮助政治行动者赢得选举，并授予政策行动者以落实执行其思想理念的权力。

我们从政治制度中辨认出叙事话语的权力时，不应当假定这其中伴随着自由裁量权适用范围或民主实践覆盖面的扩大。

103 第三阶段制度主义认识到，权力是通过调控管制、惯例习俗和故事讲述——以及三者的巧
妙结合——来加以运使的，这就为分析和挑战盘根错节、根深蒂固的制度性权力提供了关键的
智识拉动力。我们从外交政策分析上可知，“硬”实力（通过军事和经济手段，利诱威逼）为求
得效力最大化，可能会同“软”实力（通过社会、文化和意识形态手段，塑造对方的诉求偏好）
结合起来（Nye，2008）。安德鲁·海伍德（Andrew Heywood，2011：215－216）就提到，小布
104 什那套“恐怖主义战争”的方针，特别是其决定 2003 年入侵伊拉克，因为激起阿拉伯世界的反
美主义舆论，遭到严重批评，被认为是适得其反的。而奥巴马政府则将重点更多地放在利用政治层面的影响力和舆论，以及制度性的能力建设和发展规划等，以“赢得人心民望”上。但因为这样的策略实际上依然是有使用大规模军事力量的可能性加以支持的，所以就造就出“巧实力”（smart power）这一概念，用于描述软性和硬性两种机制的结合体。

因此，规则、惯例与叙事话语之间的概念性区别，对于现实中政治策略的制度基础而言，是有着实质性意义的。这不仅对于占据主导地位的全球性行动者来说意义深远，而且在那些新的政治抵抗形式上也是如此，这些抵抗行为愈加开始采取硬性权力和软性权力相结合的手段，精巧微妙且各有差异——此类实例包括故事讲述（通过使用社交媒体、音乐和文化），以及通过嵌入全新的惯例习俗来表达抗议的形态形式（你的饮食、穿着和消费等）。上述这些并非在**取代**（*replacing*）示威和罢工、武装起义或恐怖活动等传统的机制，而是在“巧”（smart）策略中更加频繁地出场亮相——不论是在相对发达的国家（动物权益、环境主义、反资本主义等），还是在世界上的其他地区（例如，“阿拉伯之春”的多起暴动等）。

什么是制度主义对能动性的概念化？

那么就理论层面而言，我们从自己关于权力和能动性的制度主义分析中学到什么了呢？第
三阶段制度主义者们坚持认为，制度与个体之间是相辅相成、互为佐使的，这也是相当正确的。
不过，这个方程式的前半部分（毫不出奇地）支配了制度主义的思考方式。要使得我们对于制
度的理解“活起来”，就要求我们清楚阐述出一个具有制度主义特征的能动性概念。要是“能动
性的制度主义概念”听起来是一个自相矛盾的术语，那是因为制度本身就是自相矛盾的。个体
并不仅仅是为制度所束缚，他们同时也对这些束缚的形成负有责任（这是第 7 章探讨制度设计
时的主要内容）。在制度形成这样的奠基性时刻外，行动者也富有创意地参与到制度的执行落实
105 过程当中。“规则接受者”并非消极的实施者，而是具有创造性的行为主体，他们对规则作出解
读、将具体情况分配到相应规则下，并且对规则作出调整，甚至是抵制规则。要想理解制度，

我们既需要理解约束与服从（第3章中已有探讨），也需要理解权力和能动性。

本章甫始，我们就提出，如果我们要对制度如何赋权寻根追底，那么我们就必须要认识到，行动者们同时具备两种互不相同却又密切相关的能力：其一是能动性，即试图实现其种种意图；其二是权力，即能影响到"决定着其他行动者可能性范畴"的环境背景（Hay，1997：50）。通过考察施特雷克和西伦关于规则、规则制定者与规则接受者的理论纲要，我们看到权力是倾向于集中在规则制定者手中的，他们试图将自己的意志自上而下地推行下去，但与此同等重要的是，这样的权力行使往往在其结果上有所缺失。此外，次要的行动者并不只是"规则接受者"，他们也是规则的矫妄者与破坏者。随着时间的变迁，这些行动者解读和修改规则、惯例与叙事话语的种种方式就成了一股强大的变革力量。在制度"为人所了解发现、创造发明、提议推荐、拒绝否定，抑或是暂且采纳"（Streek and Thelen，2005）的同时，权力和抵制行为也双双发挥着其作用。

回顾政治科学中各种居于主导地位的权力概念，我们认为，由于制度主义的各个主要流派意识到在不同的时间和空间场景下，有不同群体的行动者能开展战略行动，并以不同方式行使权力，所以它们广泛借鉴各种权力概念。我们在这一参照框架内对于规则、惯例与叙事话语的探索，有助于我们理解制度向行动者赋权的多样化过程，理解不断转变的权力格局是如何刻画出制度变化的种种轨迹的。在收束本章之际，我们乘隙就此略述具有制度主义特征的能动性5C概念（请参见表4.2所列出的关键要素）。

表4.2 制度主义对能动性的概念构想：5C

	集体性	斗争性	渐增性	结合性	受限性
关键特征	发动行动者们在同一个制度架构布局中共同发挥作用而不要各自作战的过程。	行动者抱有反对并击败其他群体、打破对方的制度防御的意图而做出的直接行动。	能动性对于制度的影响效果只能通过时间的推移而显现出来，并且这依赖于许许多多可能素不相识的行动者的合力贡献。	行动者使用手头现有的制度素材，时常利用不同类型的制度之间不甚贴合、匹配不足的情况。	并不存在纯粹的自由意志或绝对权力。行动者总是在某种程度上受限于其所处的制度环境。
实际示例	工人合作社的形成过程（Ostrom，2007）。	政治党派的行为（Schickler，2001）。	劳动监管的种种影响（Thelen，2004）。	加利福尼亚州高新科技经济的出现（Crouch，2005）。	医疗保障体系的发展沿革（Pierson，2004）。
同其他4C特征的联系	行动者们的联盟关系往往是处于斗争性目的而结成的（例如，为了抵制或推动制度变化）。	政治斗争并不是某一起单一的事件；它是经久持续的，也是磨失损耗的，这依赖于许多不同的行动者所施加的累积效应。	累积效应同集体行动有所重叠，但又有所不同，因为事实上，累积效应所产生的结果往往是非预期、非故意的。	行动者只能利用有限的制度素材开展工作。行动者受限于其用于拼接组合的素材的范畴。	行动者尤其受限于联盟关系，他们必须像尊重自己群体的制度那样，同等地尊重联盟中其他群体的制度。

续表

	集体性	斗争性	渐增性	结合性	受限性
例外情况与发挥调节作用的背景环境	一部分行动者尝试运使总统式的权力，而另一部分行动者则作为个体的“网络联结者”（reticulists），跨越制度间的边界开展工作。	合作关系和伙伴关系在某些状况下能够给出一个可选项（例如联合政府）。	能动性可能在危机时期起重要作用，强有力的行动者们可能有机会造成“直接且即刻”的影响效果。	行动者可能依赖于不断巩固某个单一的现有制度（例如，英美两国的刑罚政策，及“监狱有效”论）。	约束的程度在不同背景下有所不同：在威权体制中，精英行动者的能动性可能更强（请参见方框4.2）。

第三阶段制度主义者们倾向于以集体性（*collective*）而非个人性角度对能动性进行理论化。理性选择制度主义者们是最为看重作为个体的行动者的，受包括萨巴蒂尔、希克勒、奥斯特罗姆和皮尔逊等在内的学者影响，开始逐渐接受中期和长期视角，将政治视作行动者们为采取集体行动而发起动员、维持联盟的活动。社会学制度主义者们则观察到，时移世易，大规模的行动者群体将他们的诸多活动嵌入职业角色、政治角色和公共角色等构成其集体权
108 力基础的角色职责当中。当首相或总统等具体角色将高度的能动性与权力授予个体行动者时，制度主义者就能表现出行动者塑造背景环境的能力程度是如何受维系支持性联盟的需求、其他个体和集体行动者与之相对立的能动性所限制的。这样一来，理性选择和社会学两派学者就同那些始终偏向在更广空间范畴、更长时间跨度下看待能动性和权力的历史制度主义者们合流起来了。

如果说能动性的集体性层面是在强调行动者为行使权力而开展合作的需要，那么我们就必须观察到，这类联盟关系的缔结往往是带有斗争性（*combative*）意图的。我们对于背景环境塑造的理解，需要囊括有一组行动者塑造另一组行动者行为的直接尝试（Hay，2002：186）。由此，构成新公共管理基石的委托-代理模型就假定，来自中央的持续行动能够改变各个大规模公民群体的行为。从多元主义视角来看，社会学制度主义者们考虑的是社会运动所具备的自下而上的能动性，为了挑战中央所追求的政策而形成。历史制度主义者，及那些具备更长时间跨度的理性选择视角的学者们，借鉴社会运动学派，认为在政治当中，“首轮角逐落败的输家们”并没有消失，实际上是在“来回逡巡”，以期伺机报复。

第三阶段制度主义者受保罗·皮尔逊（2004）影响，是在更长时间跨度下，将政治看作如同电影而非快照的事物。因此，制度主义者的能动性与权力概念中，在集体性和斗争性外，还包含着渐增性（*cumulative*）因素。形形色色、各种各样的行动者们所具备的能动性的影响和他们权力的行使，随着时间的推移而累积渐增，产生出任何参与其中的行动者均不能预见的种种效果。由此，可能相互对立的行动者们所造就的那些预期效果与非预期效果，交互影响，它们既在巩固马克思主义学者记录的各种结构性不平等，又（依照带有多元主义和精英主义色彩的制度主义者所观察到的情况，）给予那些掌握较少制度性权力的行动者们以各种

偏移而行、抗命违规的机会。

尽管政客与政治学家都对创“新”立“新”颇多执念，但第三阶段制度主义者们对能动性和权力的概念，却聚焦于改造重组手头现有的各种素材（March and Olsen，1989）。因此，第三阶段制度主义者感兴趣的是那些将现有制度和思想理念融汇一处以结成或巩固联盟并与其政敌相对抗的行动者们的各类结合性（*combinative*）活动。行动者们找寻机会， 109
将制度性要素重新组合，以求占据其战略优势（Crouch，2005），并往往会充分利用不同的制度性约束模式间互不贴合、参差相格的情况（第3章中有所描述），尤其是会利用叙事话语的倾向，以吸纳整合削弱或加强制度架构整体影响力的各个要素。在重组过程中，就譬如我们在第1章中所看到的美国医疗保障案例（方框1.2①），行动者们试图将其自身的混合型动机同其他行动者在构建联盟时透露出的那些动机校准一致。古丁（Goodin，1996：28）就提醒我们，“通常来说，并不存在单一的设计或单一的设计者”，这就是主张制度改革的研究者应当将注意力投向“设计者的多重性，留意到设计过程中他们有意而为的干预行为不可避免地具有剪接交叉的本质”。

不过，第三阶段制度主义者们继续论证称，不论制度究竟有何赋权效果，也不论在某些特定条件下（对于某些行动者来说）这些效果多么可观，能动性与权力总是受限制（*constrained*）的。由此从制度主义视角观之，纯粹的自由意志或绝对的权力都是不存在的。心怀战略意图而行使权力的行动者们，是受到许多普遍性因素的约束的，这些因素既限制他们开展行动的能力，也限制他们产生其预期影响效果的能力。在这些因素中，首承其位的正是现有制度，以及不同形式的制度性约束共同起效和各自起效的各种模式。而且，如同我们所展现的这样，行动者自身是不能单独实现其战略意图的，他们必须采取集体行动。在开展制度设计与制度变化的尝试中，他们接触到的并非“白板”一块——他们接触到的是制度世界特有的种种资源和限制。制度效用同样也会随时间推移而不断累积（创造出各种路径依赖），通过行动者及其对手所不能预见于前的种种途径，对行动者们加以限制。我们重申黑伊的观点，即权力就是对行为的塑造，并以此作结。政治行动者不仅仅谋求向自己及其盟友赋予权力；他们也争取以直接且具斗争性的方式限制他们的对手。

因此我们得出结论，正是赋予权力的同一套机制也在限制行动者，而在制度主义者看来，需要将这两种过程作为共栖共存的力量加以考量。第三阶段的制度主义仍同多元主义维系着强有力的纽带，不过，这是认识到“普通人”能经由其自有的制度动员起来，向国家机关和精英权力发起抗争，而这种多元主义的趋向正是受到这种认识的显著影响而形成的。政治制度并非国家机关或精英行动者的特权。抗议与游行运动的世界，本身就是一处富盛繁多的制度景观。社会运动、工会、社区群体乃至革命斗争，都从属于其特有的正式规则、非正式惯 110

① 原文如此，但根据文义和语境推断，应为方框1.4，请读者明辨。——译者按

例以及叙事话语。但是，精英视角也在提醒我们，强有力的行动者们将会极力限制这类制度所能蓬勃繁盛的发展空间。而且从马克思主义的立场来看，制度主义者们观察到，历史上得以授予权力的那些人倾向于继续持有这些能力，而早先已结构化的不平等也在继续设置重重限制，约束任何向等级体系的低位者赋予权力的尝试的效能。

这些纲领性的结论也就清楚阐明了制度的变化为什么是一个杂乱无序、自相抵牾甚至暗礁密布的过程。而这一议题——也是第三阶段制度主义发展过程的核心问题——正是我们现在将要转而探究的。

5 制度的变化

在本书接下来的三章中，我们将论述制度主义理论最为艰深的三大难题：制度是如何变 111
化的？制度为何如此相异？制度能否在任何有意义的层面人为地加以“设计”？

制度主义在其第二个发展阶段，由于其“优于解释稳态而不能解释变化”（Hay，2002：15）的倾向而不断遭到批判。在这一评论的背后是两组截然不同的批评意见，其中主要是论及所给出的各种解释的质量（*quality*），而非所能运用的理论的数量。第一组批评意见观察到，制度变化的解释一般是“单薄的”（thin），往往论述粗略，因此难以采信（Peters，1999：147—148；John，1998：65；Rothstein，1996：153）。第二组批评意见更为具体，认识到研究中存在着求诸外力或“外生性”力量以产生变化驱动力的趋势，而非深入勘察地方政治空间内的行动者和制度（“内生性”力量）所发挥的作用［例如，戈杰斯（Gorges），2001］。在本章中，我们关注制度主义者如何实现制度变化理论从单薄向厚重的转型，又如何实现从优先强调单一政治时空维度的概念化模型向多维度图式的转化。

本章第一节中，我们所展示的是，支持理性选择和历史制度主义的学者们在解释制度变化的早期尝试中，是如何受到制度主义经济学的理论遗产和新达尔文主义进化理论的较新成果的影响的。我们认为，这一时期所发展出的两大关键概念——路径依赖和间断平衡——逐渐开始主导第二阶段制度主义。社会学本就作为一个学科嵌入在社会进化论这一理论传统中，这就与生物学的进化论相对立；因此社会学制度主义所采取的进化论思路，强调的是更为缓慢、少量渐变的变化过程。本章正是要将解释变化驱动力的两大变量——变化的速度（从间
断式到渐变式，由快而慢）与结构和能动性之间的平衡——从不同视角加以观察，融为一整 112
个图景。这一图景也就显示出，在第三阶段制度主义当中，处于理性、历史、社会学等途径所阐述制度变化的解释之间，任何明确的理论差异是怎样在崩塌瓦解的。各个派别的制度主义者都在探索新奇的主题，开始认识到渐进的变化也能产生变革性的效果，认识到变化既能被外生性因素所激发，也能被内生性因素所催生，认识到能动性具有超越危机时期的现实意

义。本章最终以提出一个观察制度和制度变化的视角作结，我们将其命名为“政治-电影”(Politics-the Movie)，因为我们相信，这个视角能够以一种既把握政治戏剧中丰富的时间、空间特征，又熟稔制度主义所特有的能动性理论路径的方式，对制度、行动者及其所处环境发挥的作用给出一套分析。

变化：制度主义的一大困境

我们在第 2 章看到，20 世纪 80 年代制度得以“重新发现”时，“新”制度主义所面对的诸多挑战，相较于找寻制度变化的解释这样的难题，都是相当基础的。向外望睹，制度主义者当时是将反驳行为主义的个人主义、理性选择的第一代观点置于优先位置的。向内审观，制度主义者力图发展出理论，以回应那些针对“旧”制度主义、已臻完善的批评观点。他们不仅受到政治学中旧制度主义的影响，也从经济学和组织理论的远见中受益颇多。在解释制度变化的早期尝试中，支持理性选择和历史制度主义的学者们是深受制度主义经济学的理论遗产和新达尔文主义进化理论的较新成果的影响的。自 20 世纪 80 年代以来所发展出的两大关键概念——路径依赖和间断平衡——在整个第二阶段直至初入第三阶段的制度主义中，长久塑造着关于制度如何变化的学界讨论。

理性选择制度主义作为制度经济学的主要受益方，将制度视为通过控制个体选择的烈度以稳定市场的必需品。在这些第二阶段关于制度变化的早期论述中，行动者能自由地判定出
113 规则当下并没有在如愿运转，并如同彼得斯和皮埃尔（Peters and Pierre，1998：570）所解释的那样，有计划地开展“又一轮关于组织结构和规则的直接选择”。但正如我们在前文各章中看到的，自第二阶段制度主义兴起之初，一部分跨越学科边界的理性选择制度主义者们就有意将更为广阔的空间和时间范畴引入到这一极简主义的概念中来。由此，当更长的时间跨度得到应用、博弈论和委托代理关系在经验研究中一再重申时，更为复杂的变化理论也就得以浮现。威廉姆森（Williamson，1985）和诺斯（North，1990）认为经济制度在不断发展以缓解交换难题[①]（problems of exchange），而政治制度尽管顺从于种种“路径依赖”的过程，但仍逐渐被理性选择学者们视作实现有效交换的障碍（*obstacles*）。

路径依赖假定不断计算利害的行动者是存在的，但同时主张这些行动者服从于正面反馈的力量。一旦政策制定者在某一条特定路径上迈开步伐，那么继续留守这条路径的可能性就会随着时间推移而不断提高。因为就如皮尔逊（Pierson，2004：21）所言，“转向某些原先可行的选项的成本在不断提高”。正如我们在第 2 章中所见，没有理由假定当下“已锁定的”

---

① 交换难题是所有交易活动都具有的内在问题。首先，交易双方必须看到交换具有互利互惠的潜在可能，否则交换就不可能发生；其次，交易双方必须估计用于交换的货物或服务的价值，随后讨论交换当中的种种条款；最后，交易双方必须确保对方不会违背交换条款，并且在对方违约的情况下仍具有落实执行条款的手段。制度主义者一般认为制度能够在关键时刻解决交换难题。——译者按

这条路径就要优于那些早先被抛弃的路径。例如柯蒂键盘，它至今仍存在于平板电脑和智能手机上，纯粹是因为变更产业标准的成本过高罢了。

政治行动者就受制于制度巩固增强的渐增性效果，而且正如罗思坦（Rothstein，1996：152）的解释，制度变化的预期成本是复合型的，包含着学习如何在新结构中开展工作的成本、处理新的不确定性来源的成本，以及处理变化本身的成本等等。在政治领域，理性选择的论述可能将路径依赖的过程看作受到手握强权的政客或公务员个人效用（预算、威望、恩主侍从关系）的影响（Niskanen，1971；Dunleavy，1991）。而对保罗·皮尔逊等历史制度主义者而言，路径依赖则可能是由更具利他精神的行动者所推动的，他们计算得出，相较于将资源分散到制度变化上的做法，在既有国家结构和范式（不论它们有多么老旧锈蚀）中开展工作才最有利于实现公共政策目标。其他历史制度主义者较少着眼于行动者在维系路径依赖时预期发生的前瞻型（prospective）能动性，而是关注既有制度的结构性本质施加在能动性上的追溯型（retrospective）限制（Lowndes，2005：295）。他们从“更为软性”的路径依赖着手，坚信“看似简单的基本理念……即当一种制度正在形成或一项政策开始实施时所做出 *114*
的政策选择，在遥远的将来对于这项政策将会具有深远且很大程度上确切不变的影响”（Peters，2005：71）。

不出意料，路径依赖也激起那些发生在各个相对制度惰性的时期“之间”的事件的理论化进程。政治学家已将生物学中的间断平衡理论加以改造；这一理论在20世纪70年代发展形成，同当时居于主流、主张进化过程从未间断的“种系渐变论”（phyletic gradualism）分庭抗礼。同种系渐变论相反，它主张大多数有性繁殖的物种在地质年代所经历的演化变异微乎其微；进化在发生时，是某一个特定物种分裂为两个物种这样一起罕见事件，而不是某一个物种逐渐转变为另一个物种。这些罕见事件是在某种平衡状态下发生的间断，而这种平衡状态一般是由这个物种的大量有机体和持续的基因流过程所维持的（Mayr，1963）。理性选择学者首次在政治分析中运用间断平衡的原理（Krasner，1984；True，Jones and Baumgartner，1999）时，诸如杰索普（Jessop，1990）、西伦和斯坦默（Thelen and Steinmo，1992）等新马克思主义者也已在改造运用这一理论了。黑伊（Hay，2002：161）给出这一概念的鸟瞰式定义：“政治时间中，制度变化相对较小的时间段被若干个变化更为迅猛激烈的转型时刻所干扰打断的一个非连续性概念。”

尽管这一定义并未消除“正常”和“例外”时期［此处采用霍尔（Hall，1993）的术语］中发生较小变化的可能性，第二阶段的制度主义者们仍将重点放在间断上，它从不同方面被理解为“危机”（Skowronek，1982）、“关键节点”（Collier and Collier，1991）和“关键制度事件”（Baumgartner and Jones，1993）等等。理性选择学者们将间断看作战略性行为主体得以摆脱既有制度性约束桎梏、开展行动的时刻。约翰和玛格斯（John and Margetts，2003：412）解释称：“当政治体制的议程发生更替，譬如政党对政策结果施加影响……抑或某个新项目的不可分性坚决要求大规模的政策变动，例如太空探索，关键节点就随之出现。”

历史制度主义者同样接纳了间断平衡的概念，他们则倾向于关注制度发展过程中的“形成期”——新的制度得以诞生、路径依赖摆上轨道的关键节点。他们不认为变化的原动力来
115 自那些处于政治空间内的理性行动者的利害计算，恰恰相反，他们强调外部环境的变化，例如战争，或者新的政策理念崛地而起，等等。由此，变化就被理论化为“是干扰性的”，因为这是“同过往的骤然割裂，也是在踏上一条全新的政策与制度发展道路”，而这条新的路径是由各个外生性力量所生成的（Peters and Pierre，1998：578）。

不过第二阶段的制度主义也受到社会进化论（与生物进化论相对立）这一悠久学统的影响，这与孔德和斯宾塞的研究密切相关。20 世纪 80 年代，社会学制度主义者在执第二阶段制度主义之牛耳时，是绝少受路径依赖和间断平衡理论影响的。他们仍然坚持制度变化是渐变式而非间断式的，并对组织与其环境之间不断发展的关系、这一关系是被动回应性（reactive）还是主动发起性（proactive）的过程等问题（Peters，2005：118－119）尤感兴趣。在被动回应的理论化过程中，社会学制度主义者改造了斯宾塞的“适者生存”原理。在一个充满敌意、竞争激烈的世界，不能调整其制度形态以适应外部环境需求的组织类型将会逐渐消失。同样地，组织及其相关制度能够“适应良好”时，就有可能存活并得以繁荣。在主动发起的理论化中，社会学制度主义者提出，组织通过对各种制度过程做出战略性应对，试图影响塑造其所处的环境。

社会学制度主义者们虽然并未使用路径依赖的那套理论语言，但仍看到存在着要求制度复制再生的压力。例如，政策制定的“垃圾桶模型”（garbage can model）就显示出组织是倾向于将问题调整适应于他们过去已使用过的既有解决方案，而不是从第一性原理①出发分析每一种情况、量身打造出专用的解决方案。因此，行动者依据环境变化所做出的种种调整，随着时间的推移，本质上都显著地保持着一致，这是因为他们始终倾向于使用同一套模板来解决问题。迪马吉奥和鲍威尔（DiMaggio and Powell，1991b）在发展“同构性”概念时，就对斯宾塞原有的“社会适应性”或“在某一特定制度环境下某个正当合法的形态方法的习得”概念加以改编（Scott，2011：153）。他们将强制性、规范性和模仿性三种“使组织更为相似但并不一定提高其效率”（DiMaggio and Powell，1991b：64）的机制理论化。结果是，在一个组织的“群落”当中，这些组织在制度形态上的相似点会随着时间而不断巩固（第 7 章中将有进一步探讨）。

116 在第二阶段制度主义中，（社会学制度主义者之间）对社会进化论的长期坚持，同（历史制度主义中）对间断平衡不断高涨的兴趣结合起来，共同产生出一种将“外生性力量”作为

① 第一性原理（first principle），也称作第一原理，是指从最基本的物理学定律开始推算，而不外加其他假设或经验的拟合推导。在逻辑学和数学中也有类似的概念，比如公理是不能推导得出的，否则就不成其为公理，而只能是定理，等等。——译者按

制度变化的驱动力而加以凸显的观点；“外生性力量”在此既可以广义地理解为“环境”，也可以更为具体地理解为战争或意识形态转变等事件。与此同时，理性选择制度主义者坚持认为战略性行为主体具有某种作用，这就为第三阶段制度主义中各个殊途同归的理论路径提供了原材料，我们在下文中对此展开详察。

绘制第三阶段中制度变化的理论图式

第三阶段制度主义的一大标志，就是更为活跃地参与到制度变化问题的探讨当中。实际上，试图超越经典的“停止-启动”（stop-go）模型、对变化进行理论化的努力正是第三阶段的一项决定性特征。我们看到，当学者们努力解决类似的理论困境，越发频仍地相互借鉴理论工具与观点时，理性选择、历史和社会学视角之间的差别也正在逐渐模糊。它们所共有的研究方向包括：

- 外界因素和内在因素是如何相互结合以共同引发制度变化的？
- 渐进式变化能否具有变革性效果？
- 我们能在怎样的时间段内理解制度的变化？
- 思想理念与话语体系在加速变化、塑造变化的过程中发挥着怎样的作用？
- “实质性”变化是怎样同有计划的制度设计过程联系起来的？
- 集体行动者们相比于个体行动者们所发挥的作用是怎样的？
- 制度的变化是怎样得以促进的，又是怎样遭到阻挠的？
- 将制度过程从施动过程中分离出来是否合理？

为了探索这其中的某些问题，我们就以两种分析性差异序列——变化的速度（图 5.1 的横轴）与结构和能动性之间的平衡（纵轴）——将第三阶段中关于制度变化的各个理论视角绘于一 117
图之中。如此绘制理论路径图式的目的，就是将它们从“制度主义各个学派”的各种假设中分离出来。我们不再追问某一理论路径是否属于历史、社会学或理性选择阵营（抑或是新生的话语研究团体），而是关注其对于制度变化的概念在坐标轴所代表的核心变量上是如何定位的。这让我们得以更好地理解第三阶段制度主义将会对我们已识别出的研究问题作出怎样的贡献，并同时进一步远离学界目前普遍存在的宗派风气。

象限 A：结构性的渐变式变化——“巨大、缓慢而无形”

象限 A 囊括的是那些总体上强调结构大于能动性、优先看重渐变式变化胜过间断式变化的制度变化理论路径。在这个象限中，位于 A1 的斯科特（Scott，2001）和位于 A2 的皮尔逊（2004）就显示出社会学和理性选择视角（各自不谋而合地）会聚起来的趋势，这正是我们所提出的第三阶段制度主义的主要特征。

在我们所看到的第三阶段制度主义发展历程中，斯科特的理论和经验研究堪称学术工作 118

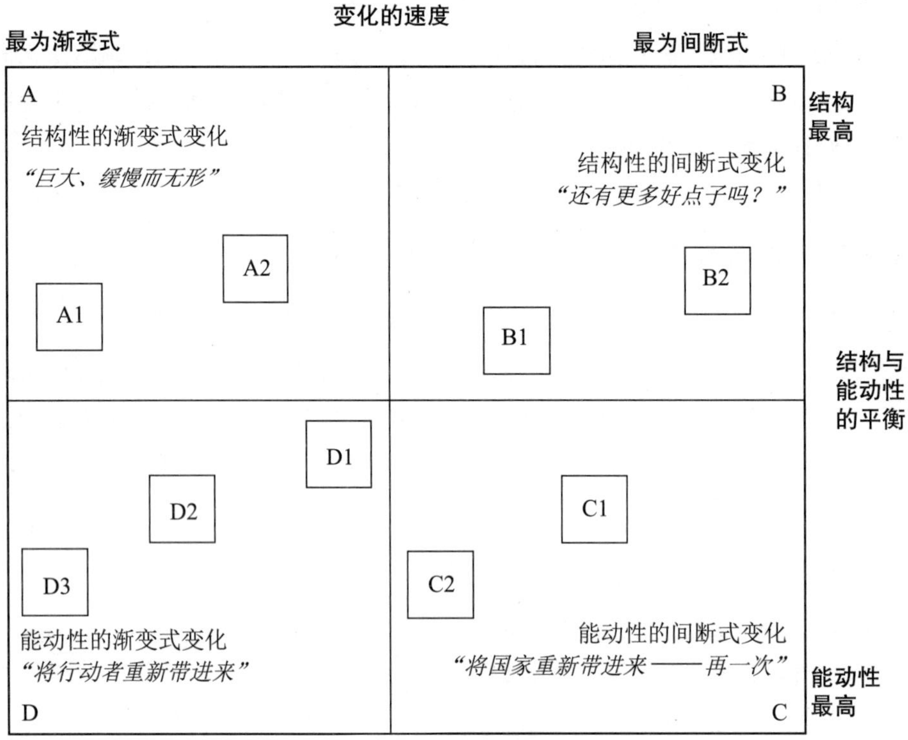

图 5.1　制度变化的理论图式

跨越边界的典型。因此，在他对于制度变化的思索中，我们发现他特别强调拓宽政治的时间和空间，以揭示制度、变化的内生性和外生性来源之间多种多样的联结类型，并展现出结构与能动性之间的辩证关系。我们将斯科特的研究放在稍高于纵轴中层的位置，是因为他的研究尽管并未忽视能动性的作用，但它（承袭社会进化论的传统）对于制度的性质及其环境中各种促进制度变化的力量，作出尤为深刻的理论化处理。

斯科特等人（Scott *et al*.，2000）在研究美国旧金山的医疗保健组织时，对五十年来改变医疗行业“制度逻辑”的应对措施展开分析。斯科特（2001）给出两种不同以往的深刻见解。其一，他指出同样的制度是由不同的行动者在不同的层级上执行落实的。斯科特的类型学包含规模有限的子系统（微观层级）、规模较大的组织（中观层级）和广泛全面的组织域（宏观层级）。行动者在不同的“纵向”层级中传达和解读制度，这一过程中逐渐形成种种不匹配、不协调的情况，变化也就在其中孕育产生了。其二，医疗保健制度同外部环境中其他领域的制度是“横向”地联系起来的。当这些外界制度变化时，各个层级间的不匹配就愈发加剧了。

斯科特所给出的很大程度上是一个结构性的解释，是将变化理论化为制度架构中的缺漏逐渐开裂扩大的过程。但他承认内生性和外生性的变化来源均是存在的，认识到制度本身是内在结构化的，也认识到行动者会抓住制度间不匹配的缺口，并加以利用。斯科特（2001：

195）将我们的关注点引向“自上而下和自下而上的过程彼此交织缠绕”的状况，以及处于层级低位的行动者的能动性具有与高位者同等重要的重要性。然而，斯科特运用吉登斯的结构化概念，特别强调能动性总是受到其与各个制度间辩证关系的约束的。

我们将斯科特的研究置于 A1，靠近横轴上渐变式的极点，是因为他所采用的五十年时间跨度，而且在其理论化中显然缺少间断或危机这类概念。斯科特的方法论路径同社会进化论中较为圆融通顺的变化理论相承相合，强调特别要跟踪随时间推移而发生的诸多变化，包括组织域中行动者的数量和类型、制度逻辑的本质，以及从内、外两方面影响该组织的各个治 119
理体系的特性，等等。他认为，通过交叉比对来自上述三个方面的数据，就能够产出足以说明制度如何在其管控（我们所说的规则）、规范（惯例）和文化认知（叙事话语）维度上发生变化的事实论据（Scott，2001：202）。

保罗·皮尔逊则是另寻他路，却与斯科特殊途同归。作为理性选择制度主义一派的诤友，皮尔逊的主要目的是要重新修订路径依赖的概念，以便将行动者追求其自身利益的社会和历史环境背景囊括其中。皮尔逊的工作（2004：103－132）在探索对有意识地“设计制度”的方案有效性加以限制的时间效应时尤为突出有力。我们将他的研究放在略高于纵轴中层的 A2，是因为它尽管对能动性予以相当的关注，但极为注重“制度产出引导并约束其后尝试制度创新的努力的各种途径”（Pierson，2004：133）。皮尔逊所述的算计利害的个体行动者们具备高度的能动性，但他们试图引发变化的尝试却会遭遇强度更高的制度韧性，还有那些认为变化将威胁自身利益的行动者们同等强度的反对。皮尔逊引述哈克（Hacker，2004：246）以总结其主张：

> 请暂且构想一个高度简化的模型，想要改变某个现有政策的政治行动者们面前呈现着各种选择。在最为严苛的计算过程中，他们必须作出决断，自己是要在这个既有的政策框架“内部开展工作”以实现其目标，还是要通过修订或消除这一框架，以在其“外部开展工作”。由此观之，两大问题当即赫然逼近眼前。其一，这些行动者在这个现有框架中实现其目标能有多么容易？其二，要将之另换为一个量其期望目标而裁制的政策，其成本会有多么高昂？如果第一个问题的答案是“非常容易”，那么即便某一个政策仅需相当低的成本就能改变，行动者也可能径直放弃挑战这个政策。如果第二个问题的答案是“成本非常高昂”，那即使某个政策框架对他们所追求的目标带有沉重偏见，他们也仍将在其中努力开展工作。

皮尔逊（2004：156）还借鉴希克勒（Schickler，2001）和西伦（Thelen，2004）的观点，认为在替换成本十分高昂时，潜在的改革者或者放弃推动变化的努力，或者另择只能解决部分问题的方案，譬如在现有政策外再加设一项新的制度（“层积”），或对现有制度加以调整，进 120
而达成内心所想的政策目标（“转化”）。我们将皮尔逊的研究置于靠近横轴上渐变式一极的位置，是因为他将制度发展刻画为“巨大、缓慢而无形”的过程（2003：177—207）。不过，我们并未将他同斯科特那样放在最左侧，因为在皮尔逊建设理论的过程中，路径依赖迈上轨道这样一个制度创制的形成期的概念仍是含而未发的。

象限 B：结构性的间断式变化——“还有更多好点子吗?”

象限 B 是那些总体上强调结构大于能动性、优先看重间断式变化超过渐变式变化的理论路径的家园。在图解中，我们将保罗·萨巴蒂尔（Paul Sabatier，2007）以联盟为基础的视角置于 B1、马克·布莱思（Mark Blyth，2002a）以思想理念为基础的思路置于 B2 并作详述。

萨巴蒂尔及其同事在一个长达二十年且仍在开展的项目上，提出倡导联盟框架理论（Advocacy Coalition Framework，ACF），用于分析政治精英在某个政策社群内应对不断变化的社会经济和政治条件而发生的互动。作为一种观察决策过程的精英主义视角，倡导联盟框架将“立法者、官员、利益集团领袖、法官、来自各级政府的研究者与智囊”（Sabatier and Weible，2007：196）等群体看作政治生活中至为重要的行动者。萨巴蒂尔采纳马奇和奥尔森（March and Olsen）“合宜性逻辑”的概念，主张维系行动者间联盟关系的黏合剂是其共有的信念而非利益关系。这样的“信念体系”不仅涉及目标，也同他们对如何最好地实现目标的理解有关。

依照凯泽和奥斯特罗姆（Kiser and Ostrom，1982）所述，行动者在构想制度变化的策略时所抱有的目标，就是要“构建行动情境——主要是通过事关参与者范围与权威的制度性规则——以产生其渴望的运营决策”（Sabatier，1988：160，note 2）。来自各个联盟、相互冲突的策略一般是由第三方的行动者或“政治掮客们”从中斡旋协调，他们的任务就是要找到公允适中的妥协方案，减少联盟间的激烈冲突。不过，一旦陷入“集体思维”和针对其他
121 联盟的猜忌情绪，“某个联盟的成员主动改变其政策的核心信念就变得极不可能”（Sabatier and Weible，2007：198）。萨巴蒂尔认为，联盟中信念体系的重大变化以及相应发生的重大政策变化，都只可能来自外生性源头。微小变化可能受“政策导向型学习行为”的影响，但重大变化都是由外界冲击而引发的，包括不断变化的社会经济条件、政体更替、其他子系统的对外输出或灾害等。

一些意见可能将萨巴蒂尔看作“踏在门槛上的”制度主义者，因为在解释制度本身对政策变化施加的核心影响到怎样的程度时，他有些束手束脚。但显而易见，他所说的行动者们是沉重地受限于他们自身的合宜性逻辑及其信仰体系（在我们的制度性约束概念中，亦称作惯例和叙事话语）相对固定不变的特质的。我们将倡导联盟框架放在 B1，处于结构-能动性轴上靠近结构一端的较高位置，是因为其着重强调稳态与约束，它同时也处在横轴上相对靠近间断式的一端，是因为它仰赖外界冲击用以解释重大变化。

位于 B2 的马克·布莱思（2002a）的工作聚焦于美国和瑞典两国经济政策“重大转型”的案例研究上。在理论路径上，布莱思运用“建构制度主义”，他表明在重大制度变化发生时，重要的是思想理念而非制度本身。与此同时，他修订了间断平衡的概念，从理性选择中

借鉴并开发概念化思路，将历次危机理论化为例外时期，其间既有制度的合法性已然消解，而行动者也不能察见他们的“真正利益”（Knight，1921）。当新的思想理念到来，一部分行动者就运用这些理念来稳定局势，诊断分析此前导致危机的种种问题，并以新的政策范式及相关制度的形式，给出解决方案。对于布莱思而言，“在围绕现有制度所展开的斗争中，思想就是武器”，而“现有制度一旦丧失合法性，新的思想就随之担当起制度的作用了”。到了“制度构建形成之后，思想理念就使制度的稳态变为可能”（Blyth，2002a：34—45）。

布莱思的研究尽管相当重视思想理念在制度稳态被中止的间断期中的因果效应，但仍被置于“速度”轴上的极右侧。在他看来，新的思想理念是猛然喷薄而出的，它们在政治战争短促且集中的迸发当中落入参战者手中，为他们所操持挥动。但黑伊（2006a：70）就表明，约束和结构-能动性平衡的问题给布莱思提出了几个难题。在一场危机中，是所有制度都会丧失合法性，还是仅那些与危机成因相关的制度才会丧失合法性呢？如果大多数制度间的联结关系就如同平衡时期一样依然完好无损，那一部分行动者是如何得以逃脱约束，并领导替代 122
性制度的建设的呢？总之，布莱思的概念化看似是在所有行动者受到限制的漫长时期和一部分行动者获授极大行动自由的短暂插曲之间纵横捭阖，但实际上未能解释这些行动者究竟是何人、他们为何如此行事。我们将布莱思的研究放在结构-能动性轴中点的稍高处，是因为在多数时期（处于平衡期）他所述的行动者们都是受到限制的。然而，我们也应当注意到，事到紧急关头，也就是处于危机期时，站在舞台中央的既不是制度也不是行动者，而是思想理念本身。这样一来，制度就只是变化所追求的目标，而不是在变化的过程中渐渐卷入进来的。

象限 C：能动性的间断式变化——“将国家重新带进来——再一次”

象限 C 包含的是那些总体上强调能动性大于结构、倾向于关注制度创制或改革的形成期而非介乎其间的制度修订期的理论路径。我们在此看到的是埃里克·希克勒关于美国国会“离散式多元主义”的经典研究（C1）和薇薇安·施密特的“话语制度主义”（C2）。

希克勒选取四个历史阶段，就国会中制度变化的不同层面展开分析：在规则、议事流程和惯例习俗上的变化，委员会体系的权责范畴和职权上的变化，以及那些成为国会领袖的成员的类型与角色职责上的变化等。他将所发现的每一起变化都视为互不相连的独立事件，但他同时也试图将之置于一个为期十年的历史阶段当中。作为理性选择制度主义者，在他关于背景环境的概念中，最为核心的就是“推动促成立法制度的设计”的“各种表达明晰又在局部有所矛盾的集体利益”（Schickler，2001：5）。希克勒同我们第 1 章中对于行动者混合型动机需求的论述相应共鸣，他认为集体利益同时在谋求：确保连选连任，维持权力基础，提高政党声望，达成以政策为基础的目标产出，并为国会赢得更高威信。

希克勒的研究发现可总结如下：

- 一般来说，多种集体利益共同塑造国会制度中的每一次重大变革。

123 ● 具有开创精神的成员通过拟定提案、向不同利益诉求所驱动的各个群体提出吁求的方式，为改革寻求支持。

● 各种相互竞争的动机所激发的创新举措不断累积，是国会的制度借以发展的惯常途径。

● 一般而言，倾向于某一类利益诉求的一系列变化一旦得到采纳，相抵触的利益诉求就会受到刺激，进而引发相矛盾的变革。

那么结果就趋向变为新的制度安排叠加在既有结构上这样一种剑拔弩张的局面。意图改革的联盟要是预见到反对变革的巨大阻力，就会选择在现有制度上另外叠加一层新的制度安排，而不会试图替换掉原有的制度。即使每一层制度安排本身是有意设计而成的产物，各个制度逾年历岁发展而来的整体结构看起来仍将是杂乱无序、毫无条理的。在现有制度上层积叠加制度，路径依赖在其中仍然非常重要，但“其对连续性的强调，低估了国会制度发生重大变化的程度和概率”（Schickler，2001：16）。希克勒（2001：17）主张，“现行的组织安排下处于劣势的成员在改革这些安排上具有很强的动机”，而且鼓励成员行动的各种利益诉求在根本上是无法通过协商调和来解决的。希克勒（2001：18）如是解释：“目标相悖、追求各异的联盟间相互博弈，由此产生的制度与其说是可靠合理的解决方案，倒不如说是鼓角争锋的战场。”

虽然希克勒充分肯定结构性的约束，将之看作路径依赖的要素之一和（达成）妥协方案的内在要求，但这一理论路径依然带有唯意志论的气息，行动者借此得以通过相对不受约束的方式来选择各种策略。因此，希克勒的研究就如同象限 D 的西伦一样，我们将它放在中间线和能动性一极正中间的位置。不过在横轴上如何安置离散式的渐变主义，就比较困难了。其中承认，来自外部环境的、多种集体利益必须回应的种种需求是长期存在、不断变化的。但与此同时，他的关注点又是主要落在以十年为一期的制度形成过程上的。因此，我们在横轴上也将他的研究放在这个象限的中间位置。

正如我们在第 4 章中所见，薇薇安·施密特（2009）是在历史制度主义逐渐为理性选择的理论所主导时，将话语制度主义作为可供替代的新理论而提出的。她的焦点在于，要通过
124 关注“话语性的政治协调、沟通和协商”（Schmidt，2009：517），解释制度变化的动态原理。她认为，国家作为行动者本身所具有的重要意义已在凯瑟琳·西伦（请参见下文的象限 D）等曾一度鼓呼“将国家重新带进来”的学者们手中丧失殆尽。在施密特看来，相比理性选择假设逐渐占据主导地位的历史制度主义，话语制度主义的路径能为国家经济体的比较研究提供更为有力的理论抓手。她着手分析“真实的政治、领袖人物与反对派的政治”（Schmidt，2009：540）在打造经济制度和政策中所发挥的作用，以替代某种将市场自由与国家调控对立起来的标准二分法。因此“资本主义的多样性之所以能存续持久，不仅是因为路径依赖的结构和市场，或是妥为监管的统筹协调逻辑，也是因为围绕着国家行为、企业与劳动力间互动

都有着各不相同的思想理念和话语”（Schmidt，2009：541）。

与马克·布莱思（前文的象限 B）的方式相似，施密特（2009：530）论证称，思想理念是行动者们用于“概念化（和重新概念化）利益关系与价值观念，以及塑造（和重新塑造）制度”的，而且它们的形态形式是五花八门的：具体的政策理念（例如新凯恩斯主义）、较具普遍性的纲领思想（例如，从新凯恩斯主义向新自由主义的思想转折）、潜在的公共哲学（例如，法国政府支持基础设施投资的方式方法）、基本的经济思想（就如布莱思前文所述的“重大转型”），或者是在关键时刻所生成的集体记忆（例如，瑞典从 20 世纪 30 年代以来存留至今的、由国家制定的各项工资谈判协议）。

不过相较于布莱思，在施密特看来，行动者对于解释制度变化则重要得多。在布莱思的论述中，思想理念看起来是先于行动者的，是作为某种外生性的独立变量而运转的。但施密特（2009：532）则是“运用在日常实践中复制那些规则——并改变它们——的行为主体的思想理念和话语，对变化的种种过程”加以解释。制度的变化就是“那些具备知觉能力的行为主体参与构想出做什么、怎么做的新思想，接着又进行讨论，一力劝说他人相信这就是必要之举、当为之事，这整个过程所带来的产物”（Schmidt，2009：533）。与此同时，思想间的交锋在不同国家，依据其现有的政治制度环境，各有不同的构造，也各有不同的结果（也可称作“资本主义的多样性”）。在施密特眼中，国家尽管是众多具备自省能力的行动者所组成的差异化集合，但它依然是最为关键的参照点。因此，我们将施密特的研究放在结构-能动性 125
轴上靠近能动性一端的 C2。而在速度方面，施密特是从一个不同于“主流”历史制度主义的角度入手论述间断式发展的，但她也认识到其中话语性过程所具有的连续性与循环迭代的特征。

象限 D：能动性的渐变式变化——“将行动者重新带进来”

象限 D 容纳的是那些总体上强调能动性大于结构、与象限 A 一样优先看重渐变式变化而非间断式变化的理论路径。在 D1，我们看到的是施耐博格和劳恩斯伯里（Schneiberg and Lounsbury，2008）关于社会运动对制度变化所施作用的研究；在 D2，我们放上自己“制度兴起”（Lowndes，2005）的研究；而在 D3，我们则考虑的是凯瑟琳·西伦关于“渐进性制度变化”各个形式的类型学研究（Mahoney and Thelen，2010；Thelen，2009；Streek and Thelen，2005）。

施耐博格和劳恩斯伯里（2008：648—649）关注的是“各个群体如何汇集起来，提出支持或反对特定惯例或行动者的主张，由此创造或抵制新的制度安排，或者变革现有的制度安排”。与象限 A 中的皮尔逊一样，施耐博格和劳恩斯伯里也将那些遭遇到令人望而生畏且具有能动性的阻力的积极行动者们纳入其理论化中。不过，他们所研究的社会运动则是有组织的集体力量，它们受价值观驱动，是要长期掘壕固守的，因此基本上不做成本-收益的计算。我们将他们的研究置于稍低于纵轴中线的位置，是因为他们在结构-能动性间平衡的理论化上，特别是由于他们所论述的行动者在试图引发制度变化的过程中具有无比毅力，是向能动性一侧稍有倾斜的。他们一方面特别强调“精心谋划的行动或策略性的行动，以及围绕着各种可选方案所做的自觉动员”，而另一方面，其所处的背景情境是，我们并不能假定社会运动具有充分的行动能力或反思能力，足以确保能动作用转化成制度的变化（Schneiberg and Lounsbury，2008：649）。

在施耐博格和劳恩斯伯里看来，“变化是从各个运动和制度过程的组合中流淌而来的”。能够实现怎样的运动，不仅仅是由主导性的政治制度所调控的，也受到此前斗争浪潮所取得的种种成就的影响，这些成就构建出政治活动所在的制度环境。争取改变旧政治的新一批社
126 会运动，就能将其上一代运动所建立起来的非传统、反对派制度作为根基。施耐博格和劳恩斯伯里（2008：652）指出，“乘着三大外来者/挑战者团体接连不断的动员和输送浪潮”——工会、农场主和妇女团体——利益集团政治已成为美国政治的一大主要特征。一整套新的制度总目也就制定出来了，其中不仅包括罢工、联合抵制和抗议活动，也包含合作社、互助组织、非政治性的俱乐部和关注单一议题的联合会等。对于力图打乱精英集团预期的新一批运动（诸如 20 世纪 80 年代的妇女和平运动、90 年代的“酷儿”政治、当下反资本主义的“占”街大潮等等）而言，这样的反对派制度也可能是约束性的。然而，这些战略的成败，则要取决于运动能否获取到资源、那些拥有明确制度性权力的人对运动是否接受以及新模式在更为广泛的制度环境中能否得到响应。

位于这一研究内核的是政治抗议与制度变化所具有的振荡节奏，这就在两大进化论视角外给出另一种选择，它同这两种视角一样也具有某种特定的变化速度。我们所要面对的并不是某个单一的族群为了应对环境性的力量而做出调整适应的过程，而是两个相互竞争的族群。政党间的斗争作为一种有别于生物过程或社会过程的政治过程，其行动和结果罕有坚定明确的，反而往往是颇具偶然性的。具体而言，如果一场社会运动在一次推动制度变化的尝试中失败了，它大可顺时养晦，伺机再做下一次尝试。此外，当制度的重大变化受某一个团体推动而发生时，那些输家就会潜伏下来，静待卷土重来的机会。因此，政党间抢占上风的斗争，具有策略性和投机性的特质，这是处于显著位置的。某一个团体的能动性作用，除各种结构性约束对其有明显影响以外，也受到另一方直接且持续的反对活动的影响。运动/制度的对立统一就意味着，我们要将这一理论路径放在结构-能动性轴上接近中点的 D1。制度变化的振荡模式（以及连续不断的动员风潮）也将这项研究置于速度轴上靠近中点的位置。

在 D2，我们则将自己关于英格兰地方政府中制度变化的研究放置上来，这项研究观察的是为什么一部分制度历经变革转型而另一部分制度却“不为所动”。据诺斯（1990）所述，制度本身就概念化为一个密集互联的“矩阵网络”不可分割的组成部分，其中“不同的规则集合以不同的速率、向不同的方向发生改变，反映着地方治理在具体历史和空间情境下的权力
127 关系和‘内嵌性’”（Lowndes，2005：292）。和上述的皮尔逊同气相连，朗兹也特别强调追

求连续性的力量和促成变化的力量在组织内的共存及互动。其中，前者源自路径依赖，但在推动变化的力量上，朗兹则倾向于能动性而非结构，她赋予其行动者相当强的结合性能力。在此，失衡的发展过程所造成的制度结构裂隙，就打开了地方管理者与政客作为“制度创新者为应对不断变化的环境、捍卫（或拓宽）其影响力而谋求修改‘游戏规则’”的“创造性空间”（Lowndes，2005：299）。她改调克劳奇和法雷尔（Crouch and Farrell，2004）的论述，指出这些开创者凭借“回忆”（remembering）、“借用”（borrowing）和“共享”（sharing）的策略，拓展其制度总目并将之重组（请参见第 7 章）。从中产生的制度的兴起过程，由于其特有的偶然性和随环境情景而变的影响效果，也就显得凌乱无章了。

在图 5.1 结构-能动性的纵轴上，我们将这项研究工作放在相当靠近中点的位置，因为行动者处在一个交错相连的制度矩阵中是受到路径依赖的局限的，更具体地说就是受到“垃圾桶模型”（Cohen，March and Olsen，1972）的约束，这限制着行动者获取制度素材的渠道而只得框定在手边已有的材料上。D2 基本上是标在横轴左侧的，因为它显然最为注重制度变化的渐变式层面：

> 探索“正常时期”的制度变化非常重要，因为这就引导着我们的注意力投向许许多多那些随着时间推移而逐渐推进路径依赖形成、造成路径依赖破裂的跬步之功上去。就概念而言，这有助于“将行动者重新带进来”。这表现出路径是如何随着时间推进，逐渐将其他小路并入其中而不断拓宽的，在此过程中，路径的整体方向和特征也不断发生着微妙的改变。（Lowndes，2005：299）

朗兹的研究尚且处在微观层面，而西伦（处于 D3）则更上一层楼，思考整个系统范围的制度变化。西伦（2009：475）作为“资本主义的多样性”论争的关键撰稿人之一，观察到政治和经济制度在直面重大的外来冲击（就德国而言，她就指出其在两次世界大战战败、遭到外国军事占领并历经数次政权更迭）时具有非比寻常的韧性。她的具体研究引导她得出一项普遍性的结论：

> 重大的中断和间隙，对彻底的制度重构来说，并不一定意味着重大的突破和开端。 128
> 但反过来说，是否所有重大变化都必须来源于一场沉重的外生性冲击，借以颠覆旧有安排并以某种方式为新的安排扫清道路，也同样是全然模糊不清的……意义深远的改变往往是逐渐发生的，通过积累多次看似细微的调整……而某种显而易见的历史性断裂却是缺位的。

理论上，针对间断平衡模型中的制度破裂和更新换代，西伦进行着持续的批判。她提出的反命题是，制度在形态和功能上发生的重大变化，是由于这些制度赖以存在的政治联盟当中有所转变。这种看似自相矛盾的“渐进性变革”现象具有四种彼此各异的形式［请参见施特雷克和西伦（Streek and Thelen），2005：31；及西伦（Thelen），2010：15—16］：

- 撤换（Displacement）——从属于主导性制度的同类制度，其显著性不断上升的过程，西伦也称这一过程为“反叛”（defection）。原先遭到打压或是长期蛰伏的制度资源可能得以重新启动，抑或是新的规则从制度环境外“入侵”或得到吸收同化。
- 层积（Layering）——在既有规则上或在既有规则的旁侧，引入新的规则。附属在现有制度上的新要素将原先的制度逐步改头换面。通过“差异化生长”的进程，“新事物的边缘逐渐侵蚀旧事物的内核”。我们就会看到“新、旧之间的折中妥协，缓慢地转变为旧事物的败局”。
- 漂流（Drift）——这是指在不断变化的外界环境面前，忽视对制度的维护维持，进而导致“制度实践在基层一线上的滑坡贻误”。也就是说，并没有推行新的规则，而是由于环境条件发生变化，既有规则的影响效果有所不同了。
- 转化（Conversion）——这是说旧有的制度受到有效的“重新定向”或“重新解读”，被附加上新的目的。这可能是源自“规则遭受下级重新解读”的“颠覆”（subversion），或是制度设计过程中有意或无意造成的“模糊性”（ambiguity）的产物。同样没有推行新的规则，而是出于种种策略性的考量，“既有规则的制定执行有所改变”。

在西伦关于制度变化的理论化论述中居于中心地位的理念，正是坚信制度“从来就不是‘简
129 简单单’就加以施用的，它们总是被那些追求各异、利益相左的行动者们不断诠释解读、执行落实、制定颁行的”（2009：490）。制度的设计及其“一线执行”间存在的诸多隔阂，在解释外生性的变化过程时是至关重要的。首先，之所以出现隔阂，是因为当其发轫，制度建设往往是一个事关政治妥协的问题。因此，设计者在试图取悦各个方面的过程中，就有意地将制度建立在模棱两可的语句措辞上，但随着时间推移，这些裂纹断线在压力作用下不断拉大。其次，制度并不是中立的。因为制度是以实际先例来展示权力的，所以它们屡屡遭受质疑异议。第一轮论争的“输家们”并没有一走了之，而且未能加入“设计联盟”中的行动者们也在想方设法地跻身其中，将那些并非自己制定的制度另做部署。最后，时移世易，空间进一步张开扩大，得以作出“那些同设计者初衷南辕北辙、大相径庭的重新解读，而那些设计者可能早已不在人世”（Thelen，2009：491—492）。

数十年来，行动者不知凡几，其中许多人甚至都未能意识到彼此的存在，他们都对制度的形成过程有所贡献，但这个过程他们无从把控，充其量是在转瞬间略有擎举而已。然而，就在这样有限的范围内，相较这一节中我们论述的其他行动者，西伦的行动者们就已是最少受到限制的了，因为这些行动者所具备的理性意图产生出某种形式的集体唯意志论，其中的集体行动者就得以不受阻碍地实施战略、利用机遇了。当施耐博格和劳恩斯伯里在强调循环迭代时，西伦则着重在聚合汇集的过程上。渐进性的制度变化源自那些为满足群体利益而开展的种种行动长久以来的累积，这些行动林林总总、错综复杂，既能推翻主导性路径，又能

复制主导性路径，并且是长期[①]（the long *duree*）存在的，而不是只出现在外生性危机爆发的某些时刻。在图 5.1 中，我们将西伦的研究置于纵轴上靠近能动性一端、横轴上靠近渐变式一端的 D3。

理解变化：制度、行动者与环境

我们的综述揭示出，在第二阶段制度主义专注于受周期性外界冲击驱动的各种“停止-启动”变化模型以外，仍有相当重要的理论活动。虽然在图 5.1 轴线所表示的序列上，各个观点立场各异，但这对我们来说有三项关键性的推论：

- 变化既能是由内生性力量推动的，也能受外生性力量激发； 130
- 渐进性变化也能产生变革性的效果；
- 制度的稳态和制度的变化都是人类能动性的产物。

对于第三阶段制度主义者而言，这些推论确保变化不再是有碍于解释制度如何塑造政治行为、构建政治产出这项主业的一个故障附件。变化和稳态必须结合起来同时加以认识，而不能彼此割裂。变化和稳态都是行动者、既有的制度性约束和环境情景的挑战三者之间持续不断的互动过程所积极建立起来的。我们想到马奇和奥尔森（1989：16）所作出的深刻论述，他们将制度描述为“在潜力未尽、尚不成熟的政治世界中，创造并维系着仿佛岛屿一样不完美且临时性的组织”。随着个体和集体的行为主体将规则、惯例与叙事话语付诸行动（*act out*），要保持稳态就必须投入努力。要维系稳态，就要求行动者在将具体情况分配到规则下并扭曲规则以适应具体情况的过程中，不断进行调整。这样的调整日积月累，变化就可能从中缓缓显现出来。抑或是具体情况变得相当新奇，以至于对现存的规则、惯例与叙事话语构成根本性挑战（也就是说，这些情况无法适应既有的制度安排），又或是行动者们有目的地行动起来，要利用制度结构中存在的间隙和矛盾，改变或抵制现有的制度性约束。将制度付诸实施的过程，可能受到规则接受者、规则制定者或规则执行者等各方面所做出的决定性行动的干扰。制度既在约束着致力于推动变化的行为主体的努力行动，同时又是这些行为主体的行动目标。而引发变化的导火索，是被认定为内部因素还是外部因素，则取决于如何理解“制度”与“环境”之间的分界线。正如我们前文中所看到的，行动者能在政治空间内（奥斯特罗姆则称之为不同的“行动舞台”之间）来回“借用”和“共享”，或是横跨政治时间来“回忆”，借此来扩大其掌握的制度总目。

我们由此认为，任何关于制度变化的可靠分析都必须检验三个要素——制度、行动者和环境——当然也包括这三者之间的互动。我们将这一理论和方法论导向称作“政治-电影”，

① 原文如此。此处应当是法语单词 durée，意即“时间（段）；期间；时期”。——译者按

因为我们相信这种导向能够以一种既捕捉到政治戏剧中丰富的时间、空间特征，且熟练掌握
131 制度主义特有的能动性理论路径的方式，对这三种要素作出分析。我们可以通过两个聚焦于奥巴马总统第一个任期的相关案例研究，探讨这样一种分析所能给出的启示。

正如我们在第1章中所见，面对共和党及国会外利益集团的强力反对，奥巴马的总统执政仍在强行通过医保改革这个方面取得了成功。我们必须承认这一变化来之不易、荏弱不牢，但我们也要记住，这一连串的立法改革措施同许多人（其中包括一部分制度主义者）的预测是相互抵牾的，他们极富说服力地论述称，美国依赖于私营部门的医疗服务供应所塑造的制度，因此奥巴马的这类国家干预措施根本就是不予考虑的，而且即便稍加考虑，这种干预也只能是背道而驰，将福利政策拉到反方向上去［例如，哈克（Hacker），2004］。因此，这个案例就为我们给出了某种洞悉行动者在怎样的环境下得以对抗根深蒂固的路径依赖的深刻见解，但也提醒我们，这种行为的个人成本和政治成本有可能非常高，而这一轮竞争中的失败者则会蛰伏起来，伺机上演一出政策逆转的戏码。最关键的是，我们展示出奥巴马在这一特定时期所能实现的政绩，是如何受到那些他能支配调遣的制度布局的推动，又是如何受到这些制度布局的限制的，而处在更为广泛的政治环境中的制度和行动者们又对他加以怎样的正面和负面影响，等等。

制度变化的第二个实例是，美国右翼凭借着全面严厉批判美国政坛并且成功将共和党拉回低税率、低开支定位（请参见方框5.1）上的茶党展露峥嵘，从而重塑其制度布局。在此，我们的“政治-电影”路径就向我们展示，茶党叙事话语的支配效力并不在于其“新”，而在于它足以唤醒自美国独立战争以来就深嵌人心的价值观与民间记忆——实际上就是在呼吁“老一派的美德”——的强大感染力。我们在描绘2008年以来茶党对美国政治的种种影响时，也以真实且不乏戏剧性的风格，阐述这个派系的干预措施是如何既严重牵累着民主党推进经济政策的能力，同时又损害共和党的信誉、削弱其找到一位可在2012年大选中堪与奥巴马匹敌的杰出候选人的能力。这是因为，茶党虽然当时尚未强大到足以强迫“大老党”① 接受他们心仪人选的地步，但已具备足够实力，能够确保纽特·金里奇（Newt Gingrich）等偏向社会自由主义的候选人在初选早期就早早止步。而且，最终赢得提
132 名的候选人米特·罗姆尼（Mitt Romney）也不得不屡屡发声指责奥巴马是在挑动一场穷富相争的经济内战，借此向茶党“求爱”，茶党将总统描述为“居心险恶之人”的叙事话语也由此得到巩固。

---

① 大老党是共和党的传统昵称。据共和党全国委员会称，这个昵称起源于19世纪70年代，当时人们将赢得南北战争的共和党称为“英勇老党”（Gallant Old Party），后逐渐演变为“大老党”（Grand Old Party）并广为流传。今天，共和党全国委员会的官方网站也是以这个昵称命名的。——译者按

方框 5.1 能动性与制度变化：奥巴马和茶党

132 在 2008 年 11 月的美国大选中，由巴拉克·奥巴马领衔的民主党在国会两院选举中均大胜其共和党对手。民主党从其对手那里夺走了 6 个参议院席位，在这个员额为 100 名议员的议院中进一步扩大其多数优势，并且在众议院中也奋勇直前，轻易超过 218 个席位，占据多数优势。政治分析将这场大胜归功于民主党在竞选活动中开支远超对手的能力，为刺激潜在选票而发动的大规模选民登记运动，奥巴马作为反布什候选人的个人感召力，还有他能在白人与黑人及原先支持共和党的拉美裔和犹太裔选民当中寻求支持的能力。

然而，奥巴马总统任期的头两年最显著的印记却是一连串政府官员的辞职、萧条疲弱的经济以及美国选民当中总统支持率的锐减。尽管在国会两院都占据多数席位，但行政当局却发现其政策方案都非常难以颁行，但在 2010 年初，奥巴马终于顶住共和党的沉重阻力，推行通过了他的医保改革。私营医保企业将美国社会中数以千计的较贫困成员排除在医保（请参见第 1 章方框 1.2①）外，他基于这类规则和惯例有违公义的理由，将国家干预正当化，并要合法化地将税款用于卫生医疗方面的开支。

在 2008 年大败亏输后，共和党屡屡尝试重整阵势，这些努力就受到了一个名为茶党的新兴派系的助力，但也同时遭到了他们的妨碍。茶党这个名字令人回想起早期美国殖民地居民将已征收茶税的英国茶叶倾倒于波士顿港口的抗争行为，这个派系也是在 2008 年经济垮台后，应民粹主义对于政府资助扶持即将破产的银行、保险公司和汽车公司的愤恨情绪迅速高涨的大势而成立的。他们在早期殖民地居民“无代表、不纳税”的口号下发起竞选，将奥巴马的医保改革描述为国家对普通美国人生活的一次入侵，指责民主党的执政当局挥霍无度、普通民众经受经济困难之际竟还额外浪费 133
税金，就此来为共和党出力。但茶党也大声疾呼，对国会全体成员和参议院表示“强烈愤慨”，早在中期选举的预备阶段就直接反对一部分共和党的候选人，而且他们极度保守的观点也令一些选民避之唯恐不及，在这个层面，茶党又对共和党构成了阻碍。

在 2010 年中期选举时，共和党重新赢得了众议院的多数优势，从民主党手中夺回超过 50 个席位。不过，民主党尽管在参议院中丢掉了 6 个席位，其中还有几个是输给了茶党所支持的候选人，但仍以微弱优势保持着对参议院的掌控。民主党的失利被归因于居家不出、并未投票的选民，他们对美国的经济和就业形势深感失望，也是由于茶党能够发动“愤怒不已”的选民来反对“奥巴马的大政府”。

奥巴马后半段总统任期的特点是经济政策的各个关键领域陷入僵局。共和党已承诺要缩减大政府、保障税收减免以改善民生，并在此层面“受困于”茶党的叙事话语，故而民主党当局或以威胁恐吓、或以利益相诱，都未能使共和党集团有所动摇。2011 年末，美国的信用级别史上首次遭到降级；一个民主党/共和党共同组建的“超级委员会”也未能找到解决办法来削减高达 150 亿美元的政府债务，就以双方互相指责对方背信弃义而草草收场了。双方谈判的症结之一，就在于共和党试图推翻奥巴马

---

① 原文如此，但根据文义和语境推断，应为方框 1.4，请读者明辨。——译者按

医保改革。虽然在选民看来，奥巴马和民主党人在这一时期比较虚弱，但共和党由于收编茶党，其信誉和效能也受到了影响。大老党内部社会自由主义与社会保守主义两派连番恶战，导致双方最为属意的总统候选人早在初选阶段就惨遭淘汰。在党内许多人视为数十年来最惨烈粗暴的竞选过后，共和党最终提名信仰摩门教的商人米特・罗姆尼在 2012 年大选中与奥巴马竞争。罗姆尼批评奥巴马计划对超级富豪加税的方案，指责这是一场企图挑动穷人同他们更为成功的同胞们厮斗的经济战争，以此来向茶党示好。

制度与制度变化

在我们看来，制度本身应当放在任何关于制度动态的解释的中心位置，这道理是不言自
133 明的，而且实际上我们前文各节中评述到的大多数理论架构也的确如此。例如，象限 A 中的斯科特（2001）就关注制度逻辑的变化，皮尔逊（2004）则指出制度变化只能从制度稳态的角度加以理解。象限 C 中，希克勒（2001）注重规则、惯例和职责角色等制度所发生的变化。象限 D 中，西伦（2009）强调制度的解读、执行和颁布落实过程中不断变化的动态特质。然而，初试啼声的话语或建构制度主义是否接受我们的主张，则不甚了了。对施密特
134 （2009）、黑伊（2006a）和布莱思（2002a）来说，随着制度降级变为背景环境，焦点实际上在于观念性的变化。在人们眼中，思想观念处在制度之外，且优先于制度，还是推动变化发生的关键驱动力。尽管有“话语制度主义”这样一个联语，但是制度不仅不能对思想观念的接纳或随后的行为塑造产生任何约束性效果，而且它们看起来仍像是些空空如也的容器，思想观念大可随意地倾倒而入。

我们就制度性约束所提出的三个方面的概念化（第 3 章）——通过规则、惯例与叙事话语加以运转——不仅为理解制度本身的性质提供了有益的理论纲要，同时也给出了我们用以解释制度它们如何变化的“政治-电影”方法。就本质而言，制度就是规则、惯例和叙事话语的布局结构，这三者以多种多样的方式相互关联、彼此衔接。这三种不同的约束模式也可相互结合起来，产生历时持久的制度稳定性；但间隙和矛盾也可能有所扩大，进而产生不稳定性——以及发生变化的可能情况。规则、惯例与叙事话语可能会相互加强、彼此巩固［相对稳定的制度所具备的“多元决定性”（over determination）］，或是相互磨损、彼此削弱。如果我们对英国的银行业危机加以考量（请参见方框 1.1[①]），客户仍然遵守（管理其银行账户、贷款和储蓄计划的）金融机构的正式规则，但过去曾加强（与银行体系可靠性和可信度相关的）制度性约束的叙事话语，如今已遭到削弱，以至于它们不再能加强这些规则的效力，而开始为替代性惯例（购买黄金或资产、或独立进入股票市场）的衍生演化创造空间。当某一制度布局结构中不同要素之间的“匹配度”有所下降，创造性空间就（向更好或更坏的要素）

① 原文如此，但根据文义和语境推断，应为方框 1.3，请读者明辨。——译者按

敞开了。实际上，推进变化的策略可能就是专注于此——如何逐步损害现有的叙事话语，或如何将新的惯例打造成引领改变正式规则的示范模板。政治领域之外的制度布局同样也行动起来，塑造着政治行动者的行为，这一事实令情况更趋复杂——例如，尽管正式规则已将性别歧视定为非法，但性别分工仍在影响着男性和女性的角色分工。

而在我们的案例研究中，制度性约束与赋权的不同形式，共同构成塑造着情节不断展开的政治戏剧的强大力量。与奥巴马对立的各个反对派，则利用起美国的国家机关与公民个体间关系在数百年间如何发展演变的制度化表述，这些关系是在具体实践与惯例习俗中生发出来的，这示范出各个公共和私营机构是如何对待公民个体、又是应当如何对待公民个体的。 135
至于规则方面，其核心争论在于，国家机关为其公民制定法律的界限应当在哪里，这些规则应当是怎样的，以及为了执行这些规则而使用国家资金是否正当，等等。

奥巴马在推动其医保法案立法的过程中，唤起美国政府平等对待全体公民的历史责任和当代职责，这样一来，这项规范性制度、私营医保公司的惯例、允许这些公司将穷人排除在外的规则三者之间就产生了张力。但与此同时，他论证称国家有责任加以干预，而且有一种远为有力的制度格局深深扎根在本国自身的起源之中，并揭示他的主张和这种制度格局有着千丝万缕的联系。与诸位美国国父密切相关的种种叙事话语、惯例与规则，簇集起来正是为了保护公民免受国家干预的，它们在美国政体的相关思维观念中极为牢固地相互联结着，远胜于奥巴马自相冲突的概念架构。

因此，2008 年后茶党带上舞台的种种思想理念，绝非“新事”，也并非与现有制度全无干系。事实上，这些理念完完全全就是制度化的，美国人也敏锐意识到这些理念深嵌在他们的宪法及其对无拘无束的“美国方式”的共同认知当中，而它们也正是从这一事实中取得权力的。2010 年初，奥巴马和民主党人在国会赢得医保法案的胜利时，他们的方式与美国方式之间格格不入的情况已是一望可见了，这就为他们的政敌在中期选举的预备阶段提供了一条强有力的进攻路线。

在总统任期的后半段，奥巴马和民主党逐渐受到由规则、惯例与叙事话语所构成的一套有力架构的限制，共和党人得以借此迫使总统屡屡让步。其中最值得注意的是，在众议院中共和党恢复多数席位，这就给予了共和党启动立法、尝试推翻奥巴马医保改革的机会。从惯例的角度来看，在这种情况下，合宜性逻辑不仅要求“幕后”积极尝试在国家利益上达成妥协，也要求成立一个临时性的专门机构“超级委员会”（super-committee）以巩固这些努力。然而，双方都与其叙事话语的立场牢牢绑定，以至于共和党内茶党一派所倡导的争议性路线就此居于上风，结果导致经济政策方面的僵局相持不下。

行动者与制度变化

制度虽然对行动者施以强大影响，且在任何理论建构中都居于核心位置，但它们也仍是 136
依靠着行动者来维护它们、捍卫它们、修订它们并复兴它们的（Streek，2001：31）。我们已反复提到，制度是在个体的行动当中显露出来的，进而塑造出相对稳定的行为模式。只有在行动者将制度制定颁行、再由“第三方”执行落实时，制度才是有效的。“制度主义的能动性概念”可能听来像是一个矛盾修辞，但它正处在第三阶段制度主义的研究课题核心，对于理解变化（及抵抗变化）有着非同一般的重要意义。对制度主义者来说，仅仅单纯地“把能动性放入锅中并搅拌”是徒劳无益的。宣称能动性必须和制度一同纳入考虑，这只不过是将社会科学的主要争议范畴又重新描述一番而已。我们的“政治-电影”视角也就必须包含一种独特的能动性视角。为此，我们在第 4 章中就发展出 5C 概念——能动性具有集体性、斗争性、渐增性、结合性，并在根本上是受到限制的。我们在此就要再对 5C 稍作展开，并论述行动者与制度在制度变化方面存在的矛盾。

就图 5.1 而言，在我们所论及的全体第三阶段理论家眼中，能动性是具有集体性和斗争性的。有一股明确的潮流是，将建立同盟关系看作行动者尝试推动制度变化的一项先决条件。各个反对派政党为占据优势地位而随之展开的斗争，其振荡节奏在施耐博格和希克勒的作品中表现得最为清晰生动，也在西伦、皮尔逊和斯科特等人的著作中各有不同程度的呈现。斗争一说所指的是，受到游戏规则约束但仍力图有策略地利用规则以保护（或拓展）其影响力的主要人物，与其他战略性行动者相对立的状况。特别是在象限 D，在制度变化的动因中还存在一个强有力的情感层面；斗争往往是爆发在那些自认为是“第一轮比拼的输家”的人与那些赢得优势地位的人之间的。在这样的背景情境下，双方都受到自己开展行动时所处的制度环境的约束，同时也受限于那些为上一轮制度变化影响常感到愤愤不平的对手的直接行动。不过，并非所有的能动性都是集体性的。某些个体行动者跨过政治空间的边界来产生影响，并由此在局内人、局外人身份间来回转换，朗兹、希克勒和布莱思就各自为这样的个体行动者们觅得理论空间。但这样的个体行动者本质上就是发起者和“网络联结者”（reticulists），他们极力将行动者聚拢起来，为制度的变化发动突袭行动。

137 我们在第 3 章所解释的，渐增性的能动作用这一概念同集体性的能动作用是有所不同的，差别就在于，前者并不意味着，推进制度变化过程的各方行动者必然有意识地尝试开展合作。象限 C 中，希克勒就令我们关注到这样一个事实，目前在政治集会中显而易见的制度性布局架构，是许许多多立法者杂乱无序、随机拼凑的共同创造，他们彼此相隔，不但党派各异，而且时间各有先后。象限 D 中，西伦（2009：477）还更为形象地解释说，“为同一组目标而创制且依托于同一组行动者的制度，有可能是由另一个完全不同的联盟来继续推进的”。这些行动者可能互不相识，彼此毫无联络；而且即便他们曾有过合作，也可能并非出自他们的本意。

图 5.1 中标出的研究，为洞察制度变化中的结合性能动作用提供了若干种不同的观点。如上所述，西伦就认为，结合性的能动作用就可能包括强行掌控反对派的制度，将之化为己用，但她也论述称，结合就包含着蓄意在设计和颁行时将制度建立在模棱两可的语句措辞上、借此在联盟关系中掩盖潜在矛盾的做法［也请参见马奥尼和西伦（Mahoney and Thelen），

2010]。也在象限 D 的施耐博格就认为，制度变化牵扯到行动者将新的要素同当下流行的模式、神话或关切重新加以结合的过程。而在象限 C 的希克勒看来，“共同承运人”[①]（common carriers）的创造过程就是各个联盟围绕若干个相互竞争的利益关切而聚集起来的过程。朗兹则提醒我们，结合性能动作用的过程可能涉及来自毗连“行动领域”（action arenas）的行动者，进而质疑我们能否轻而易举地就称具体的行动者是处在某个特定政治空间之内或之外［也请参见克劳奇（Crouch），2005：24］。

不出意外，置于象限 A 的研究则具体考虑能动性在实现制度变化时受到约束的观点。就例如皮尔逊（2004），在其理论中，制度过程具有相当的重要性，这可能就令我们好奇究竟如何能实现明显可见的制度变化。不过，图 5.1 中的整体趋向是要通过对推动变化的高度能动性进行理论化处理，使其能同时满足相互对立的制度“黏性”和高度能动性两方面表述，在结构和能动性二者之间达到平衡。实际上，从参与性视角出发，要保持这样一种平衡并不是一个理论问题。一方面，能动性高于结构的平衡状态，能向较弱势的行动者展露出更多机会，令他们得以塑造背景情境以便追求其战略意图。而另一方面，这种趋势一旦过度，那么我们 138
就会陷入过分乐观的多元主义假设中去，认为受结构性不平等对待的受害者要将自己的意志强加给所处环境而惨遭失败，实属自作自受。第三阶段制度主义的诀窍在于，在同一个分析空间内，将“那些抱有明确目标、机敏多谋的个体与集体行动者的战略性行动与互动”同“特定（却也变化不定）的制度结构与制度化习俗所具有的赋能、约束、塑造等各种影响效果”合为一体（Scharpf，1997）。能动性一方面受到制度的约束，但另一方面也是制度的构成部分。我们需要理解能动性对制度这种“既在其中、又相对立”的关系。当约束与创造性之间的平衡倒向后者时，制度就会发生变化。

我们在自己的案例研究中就能将 5C 概念善加利用。茶党的登场就是一个集体行动如何牵涉联盟建立的极好例证。在这个案例中，一个以男性为主、年近 50 岁及以上的白人团体，有能力在美国全国开展社交、组织活动，进而吸引具有其他人口统计特征、同样感到自己权利遭“大政府”和“无代表而纳税”褫夺的公民。他们的能动性具有强烈的斗争性，因为他们不断传播反精英和反国家的思想言论，认为两党都贪腐不堪且是“体制的一分子”。他们的悲愤懑怨都集中在奥巴马身上，并由于医保改革等政策，贬抑他是“社会主义者”，但他们偏爱的优先选项则是把**所有**（*all*）国会成员都“轰出去”，再代之以“普普通通的美国人”。

我们已经看到，他们的结合性能动作用是特别制度化的，他们能将深嵌在美国宪法与美

① 共同承运人是指为任何人或公司运输货物或人员并对运输过程中产生的任何损失负责的人或公司。共同承运人根据监管部门的许可或授权，向社会公众提供服务。监管部门可独立制定、解释并实施其规定，并依法享有最终决定权。需要注意的是，共同承运人这个概念只存在于普通法系国家，而在大陆法系国家，则称为公共承运人（public carrier）。作者在此是借共同承运人集结旅客、收拢货物的特征，喻指各种利益关切聚合起来、形成新的制度要素的过程。——译者按

国生活日常实践的正式准则和共有叙事话语当中的制度拉出水面（“回忆”）。在这一情形下，假托“茶党”这个旧称是尤其能唤起情绪的，他们也就能将这些制度遗产同财政责任的需要、有限政府和自由市场等当代的规范性解释结合起来。同其他人一样，皮尔逊与西伦就指出，能动性的渐增性要产出成果往往需要一定时间，但我们已能瞥见能动性所揭露出来的某些偶然性效果。具体来说，茶党对共和党、民主党展开的种种攻讦，可能会令共和党失去众议院
139 的多数席位，并丧失重新赢回参议院的机会，就产生出一个非预期的渐增性效果，等于茶党与民主党共同发力，阻止共和党东山再起。

最后，茶党活跃分子的能动性在奥巴马任期的前半段显然缺乏制约，这就给我们以探察这类活动如何得到赋权的洞见。茶党最初的胜利，看起来正是建立在其得以将运动至少暂时置于正常的政治时间、空间以外的能力上的。在时间层面，我们业已看到，茶党所重新启动的制度架构，就是要表达出各种“永恒”的真理，从而被视为不言自明乃至无可置疑。在政治空间上，茶党通过攻击两大政党，将自身放在国会这个正式舞台之外，进而得以指责民主党和共和党是贪腐逐利的一丘之貉。茶党自身依托于“有关事物应当是（*should be*）怎样的”这类高度规范性的论述，形成了一个反差强烈的对照，这就致使受众断定这是完全建立在价值观上的政治活动。

不过，自中期选举以来，茶党开始接受它不可能永远在政治主流之外展开活动，它需要共和党及其制度架构这个更大的载体，继而推行其更为保守的政策。因此，2012 年总统大选的茶党候选人就是在共和党的大旗下推出的，不过由于其观点极端，他们的候选人在初选早期就遭到共和党主流选民的淘汰。但与此同时，茶党的叙事话语也已强大到足够将金里奇这类社会自由主义参选人封杀出局的地步了，并且能迫使最终赢得提名的罗姆尼不得不向他们的规范性立场做出重大妥协。

环境与制度变化

回到图 5.1 上来，图中右侧（象限 B、C）的理论路径最为倚重路径依赖和间断平衡这两个发展成熟的概念。布莱思就给出一个主要靠外界形成的思想观念推动变化的联盟模型。与此相似，萨巴蒂尔论证称，对于联盟间的种种明争暗斗而言，只有外部冲击能够改变核心信念。因此，这些理论建构就凭借其各不相同的方式，以进化过程的暗喻作为基础，认为快速
140 且剧烈的转型时刻是制度变化的专有特征。在图 5.1 的左侧，皮尔逊则并未沿袭新达尔文主义，而是遵循斯宾塞的思想，对变化作出概念化处理，认为它依赖于行动者在复杂密集的制度构造中将裂缝缓慢的显现过程化为己用的能力。显然施耐博格与希克勒的作品中另有一条路径，它也很大程度存在于西伦和斯科特的研究中。在此，重点已不在制度和行动者如何回应他们周围发生的变化了，而是更多地关注不同群体的行动者之间争权夺利的斗争是如何引发制度过程和效果中的预期变化和非预期变化的。

当然，要建构出更为复杂的进化模型，同时囊括渐进式变化、快速变化，以及制度和行

动者等“族群”内部竞争冲突所创造的变化等等，这也是完全可能的。但这种可能性就使我们不由得产生怀疑：既然进化论本身是为了解释数十万年来有机体的诞生，那么进化这个暗喻又能否启迪对政治的理解而发挥作用呢？这当然不是说制度周围环境所发生的一切并不重要，也不是要否认的确有某些变化是缓慢发生的，慢得甚至几乎无从感知，而某些变化剧烈迅疾，很有破坏性。更确切地说，这是建议各个理论主张能借鉴我们关于制度变化最新研究成果的评述，在斟酌之际能更加审慎。

在我们看来，与其为制度变化发明出全新的或更为复杂的暗喻，倒不如从建构主义视角出发，这可能更有效益。正如我们按照黑伊（Hay，2002）的论述所定义的，建构主义把政治看作一种唯人类所有的活动。这种理论路径就将制度和行动者放在制度稳态与变化的中心位置，并将快速、缓慢和基于冲突所产生的动态变化解释为行动者与制度之间不同张力关系的产物。从这一视角出发，我们如何才能更好地概念化“环境”，令它不再是一个覆盖直接政治空间之外任何事物的混成式口袋术语呢？

从制度主义视角来看，环境最好是被概念化为一个密集繁复的制度矩阵，其中包含着其他群体的行动者所塑造而成的、又转而塑造行动者行为的其他种种制度。这样一来，我们如果想要找到“环境”的缓慢转变中某些特定变化的源头，那就需要跟踪这些变化，上溯到与处于变化中心的制度彼此联结的那些制度和行动者上去。类似地，我们如果想要证明某个“外部”危机或冲击是引发变化的肇因，那就需要展示出这样一次干扰是如何由相互联结的行动者和制度构建出来的、又是如何传递到我们所讨论的制度和行动者身上的。如此一来，危机就不能简单视作独立于行动者和制度之外、只发生于较短时间段内的“事件”了。更准确 141
地讲，它是行动者和制度之间经过一定历史时期发展的联结关系的产物。正如西伦（2004）所论证的一样，只是当下才在制度中有所显现的变化，都是源于数十年来充分发展成熟的种种影响效果的累积沉淀。在时间与空间两种意义上讲，一种制度与其所处环境之间的界限其实都是建构起来的。

何谓“局内”、何谓“局外”也同样大可商榷。例如，女性议员就向“工作-生活相平衡”这一根深蒂固的认知提出质疑；政府的商业承包合同频频引发争议，争论政党与其实际工作应当保持怎样的距离；还有，联邦体制一般会涉及关于其构成单元各自权责的不断磋商；等等。就像“奠基性时刻”与关键决策时间点要展开探讨一样，“事关重大”的时间线也要经受检验。环境并不会对制度“做出事情”。影响效果只能通过人类行动和互动的链条来跨越政治空间与时间，在各种制度之间实现传导。科林·克劳奇（2005：24）解释称，通过关注那些处在相重叠的制度领域中的行动者之间“结构化的关系网络”，我们就得以着手“打破那种僵化地将行动者的应对行为来源分为内生性和外生性的二分法”。这是我们将在第 6 章中探讨的问题。

当我们将这种思路应用于我们的案例研究上时，成效是显而易见的。如果我们所运用的理论架构是倚重于间断或冲击等概念的，那么茶党在 1998 年的登场亮相就可以看作是美国政治的一个关键节点，其中一系列新的思想理念扰乱了奥巴马的执政期，并预示着即将发生重大的制度变化。从这个视角出发，这个联盟得以上位的原因就能在直接因素中找到，诸如经济增长乏力对美国中产阶层造成的影响，以及奥巴马推动医保立法的时机不甚妥当等等。这一分析的确颇为实用，但正如皮尔逊（2004）所说，它只是向我们提供快照式的简单印象，而非“政治-电影”。

如前所论，要理解任何重大的制度变化，我们就需要覆盖更广政治空间的镜头、横跨更长政治时间的视野。在长时间视野这个方面，许多加入这个联盟的行动者可能都是“新人”，是初涉政治的新手，但即使如此，同他们相联系的规则、惯例与叙事话语却源远流长，至少
142 能上溯到美国的独立战争，也能在美国南北战争后许多人担忧北方将对南方实行极权统治的恐惧中窥见其踪迹。由此，一种“原则性的反政府激进主义”（Dionne，2010）就成了20世纪众多类似政治运动背后的推动力。德拉姆（Drum，2010）甚至竟论述称：

> 不论何时，只要一名民主党人入主白宫，这就是必将发生的情况。当富兰克林·罗斯福在20世纪30年代入主白宫时，保守派的狂热就在自由联盟①中联合起来了。当约翰·肯尼迪在60年代赢得总统大选时，约翰·伯奇社②就兴旺起来了。当比尔·克林顿在90年代中止里根改革③时，电台的听众热线节目就涌发出阿肯色项目④等阴谋论。

因此，从更长时间的视野来看，茶党及其制度就能解释为美国某些长期反对中央政府的群体与那些支持“以强有力且注重道德的总统为核心的集权政府”（Morris，2010）的群体之间一直以来不断斗争的一部分。

这种理论路径就有助于解释为何愤怒情绪是茶党叙事话语的核心特征，以及为何茶党成员对奥巴马相对温和的医保改革与适度刺激经济的一揽子计划非但不感到正当合理，反而更深刻地感到剥夺感。最重要的是，它说明茶党推行着一整套深深扎根于美国政治中的制度，它们具备高度感性化和规范化的结构肌理，而且它们不会离开。而在政治空间上看，这就将我们的关注点聚焦在茶党与共和党之间彼此联结的关系，以及它们各自的制度架构如何相互拼接起来或是相互磨损等问题上。因此，自茶党崛起以来就有明确迹象表示，茶党既对其宿

---

① 美国自由联盟（American Liberty League）是1934年成立的美国政治组织，主要创办人均是反对罗斯福新政的保守派民主党人。但这个组织的活跃期相当短暂。两年后，罗斯福在1936年大选中取得压倒性胜利，自由联盟的影响力陡降，最终在1940年彻底解散。——译者按

② 约翰·伯奇社（John Birch Society）是一个美国右翼政治倡导团体，成立于1958年，以反对共产主义、倡导社会保守主义著称，近年来也开始反对全球化，并带有浓重的宗教色彩。——译者按

③ 里根改革（Reagan Revolution）是指里根总统在任期内为应对长期经济滞胀而施行的一系列改革措施，包括全面减税降税、缩减社会福利、扩大国防支出、增加政府赤字和国债等等。——译者按

④ 阿肯色项目（the Arkansas Project）是指在20世纪90年代中期《匹兹堡论坛评论》（*Pittsburgh Tribune-Review*）的所有者理查德·梅隆·斯凯夫为破坏克林顿夫妇名誉而发动调查记者与写手深入调查白水土地交易案（Whitewater land deal）的一场新闻投机活动，赏金累计超过两百万美元。1994年起，独立检察官斯塔尔开始对此案及克林顿夫妇展开调查，1999年罗伯特·雷接手调查，最终于2002年3月20日发布调查报告，称没有足够证据表明克林顿夫妇曾有可受指控的行为。——译者按

主有所助力但也多有妨碍，尤其是随着奥巴马完成其第一个总统任期、共和党艰难寻找一位能同时满足茶党和共和党制度架构的候选人时，这种关系的消极层面就变得愈发凸显了。

小结

制度既不在乎也不擅长对变化进行理论化处理，本章正是在撼动这样一种观点。同时，本章也要质疑理论抓手是否要从“制度主义各个学派”间的宗派竞争中取得。我们的分析就有力说明，各个主要学派都把握到了相近的深刻见解，也都在努力应对困扰我们许久的种种难题。 143
我们辨识出制度变化相关研究中的关键变量，具体来说就是变化的速度与结构和能动性之间的平衡关系。当前的研究早已远远超出第二阶段制度主义当时关注受周期性外界冲击驱动的“停止-启动”模型的思考范畴了。我们得出结论，内生性与外生性力量均能推动制度变化的发生，渐进性的变化也能具有变革性的效果，而且制度的稳态与制度的变化都是人类能动性的产物。

此外，要理解变化，就要求我们应当注意制度、行动者与环境之间的互动。我们以电影暗喻，力图捕捉到政治戏剧所具备的丰厚时间与空间特性，为此我们将制度置于优先位置——依照我们的暗喻，也就是“设置舞台布景”。在这之后，我们才能将行动者带上舞台，他们以各种具体方式受到其制度环境的赋权与约束。最后，我们运用摇摄技术①，在镜头的直接焦点外，横越整个制度与行动者的景观形胜，而这些制度与行动者就对行动的可能性产生了种种预期和非预期的影响，并给出整部电影的最终结局。而且，当续集紧接着推出时，“政治-电影第二部”的剧情无疑是由前传故事的制度遗产塑造而成的。

---

① 摇摄技术就是指摄像机位置不动，摄影师借助脚架或人力将镜头缓慢移动，进行摇动拍摄，从而突破镜头局限，放大视野，容纳一个较为宽广的区域。此处作者是沿袭其电影的暗喻，将其拓展研究的时间、空间广度的论述比拟为摇摄技术。——译者按

6 制度的多样性

144 为什么即便同在民主体制下，我们仍能看到如此丰富多样的政治制度呢？难道我们不能期望制度会向着符合特定目标的形态逐渐靠拢吗？实际上，第一阶段制度主义的功能主义倾向就产生过一个预期，认为相类似的制度形态能在截然不同的背景情境下盛行起来——例如，就有假设认为，新近取得独立的殖民地会复制“威斯敏斯特模式”或法国共和政治的要素。如今，这样的预期在许多致力于“良政善治”、“民主化”和“国家建设”的跨国政策方案中得以复制。第二阶段制度主义就曾受复制性理论主导：在其社会学的形态中，它们认为，制度为了回应环境中的主导性模板，其形式形态正趋于一致；由理性选择的诠释看来，趋同现象是源自各种旨在解决复杂交换难题的理性设计过程。

这个假设是说，不论通过模仿还是有意为之，随着时间的推移，制度会变得与其他制度越发相似。与此相对的是，第三阶段制度主义是以**衍生性**（*generative*）理论而非复制性（reproductive）理论为其特征的，也就是将政治制度视为随背景情境而变化、具有深刻偶然性的现象。那么也就能预见到长久存在的制度多样性了。制度主义者就会退回到一种过度强调偶然性、主张“万事皆有可能”的观点上，因此一直遭人诟病（Jordan，1990）。但在本章中，我们试图说明这样一种批评并不公允，因为第三阶段制度主义能够分辨出牵涉在这种多样性中的各种具体因素：时间、空间、能动性和权力。正如我们在上一章中所见，第三阶段的研究展现出行动者如何随着时间推移而调整规则、惯例与叙事话语，力图使变化无穷的具体情况同现有的制度框架相匹配，从而引导制度以新的途径进一步发展并相互结合。与此同时，政治制度又是嵌入在环境当中的，而环境则是由其他制度所构成的，这也是多样性的源头之一。在不同空间来回穿梭的行动者们不断借鉴和分享制度的处方规
145 定。表面上看似相同的政治制度在不同地方却采用各不相同的形态形式，这些形态形式在其他各个社会和经济领域中与制度同步演变进化，其多样性堪称惊人。考虑到任何一套规则和惯例都会以特有的方式对权力和利益加以分配，并很有可能遭到反对派行动者的质

疑，那么制度多种多样的形态其实也是政治论争的结果。第三阶段制度主义者并非只是“将行动者”重新带进来，带进来的更是真正具备人类大脑与心脏的行动者，他们绝不仅仅是在扮演预先分配的角色，更是带有批判性和策略性地与制度相交接。我们将在第 7 章中看到，关于制度设计的研究逐渐将促进制度变异（并产生模糊性）的推动力视为有助于改革方案的资源，而非阻挠改革的障碍。

本章通过一系列说明性的小品短文（vignettes），从制度主义不同学派由相似性转向多样性的研究重心入手展开评述。我们随后则会说明第三阶段制度主义的跨界学者们是如何开始关注到相似性与多样性之间的组合体，而不只是聚焦于二者之一的，以及这方面研究又是如何启发到关于稳态与变化的探讨的，等等。在思考空间与时间动态变化的过程中，我们主张有必要超越二元对立的观念，说明旧制度、新制度之间的界限和制度“内”“外”的界限都不可避免地模糊起来，而且政治行动者出于组建并维系联盟以维持或打破现状的目的，就可能有策略地将这一模糊的变化过程加以利用。

什么使制度相似？

正如我们在本书之前数章中说明的那样，新制度主义各个学派的学者将制度所塑造的常规化行为模式联系起来，对制度作出定义。实际上，这样一种定义就标志着同那些仅仅涉及正式结构或组织的旧制度主义定义决裂开来。尽管社会学和理性选择学派就相似性的驱动因素各有不同的理解阐发，但就如同相互联系的稳态概念一样，制度主义当中均有关于相似性的推论。在早先研究成果（Lowndes，1996）的基础上，我们给出一系列基于制度相似性理论架构的小品短文。辞典将小品短文定义为“没有明确边界的说明文”、“个性速写”或是“短篇描写”等。在此，这个用词可以充分体现我们的目的：每个短篇报告各自就制度生活的某个具体层面加以阐述，这并不是不可更易的决定性陈述，而且各篇小品短文之间的界限是 146
模糊交叠、难以区分的。这些插画式的简介让我们得以将文献中现有的不同视角作出比较，并识别出制度主义的内在发展方向。

神话型制度

社会学制度主义者立足于组织理论，突出强调“制度化”的过程，其中组织会将所处环境具备的“神话”或“象征性”要素整合进自身的结构、文化和产出当中（Scott，2001：181）。这些要素就形成各种用于组织动员的“模板”，而这类要素可能来自专门行业、教育与培训课程、法律与公共政策框架、公众舆论和各种盛行的意识形态等。那些理所当然的信念阐述着如何最好地开展组织工作、要迈向怎样的目标，遵从这些信念变得比支配性结构和例行成规的实际效能还要重要（DiMaggio and Powell，1991a：28；Meyer and Rowan，1977）。制度受到某种“事情就是这么办成的”的感性意识的主导，在制度生活中，“道德教条就成为了事实”（Zucker，1991：83）。组织的形态与作风就反映出制度环境的种种“神话”（例如人际关系、财务或市场营销实践等等），而非开展具体工作的需求。“制度环境”的权力就存在于其赋予合法性的能力当中，这同组织能否继续存在的愿景密切相关。组织通过调整适应文化性的期望，就更有能力招募人才、从政府获取资金支持或向银行借贷、同其他组织建立同盟关系以及向消费者推销其产品等等。“制度神话”的权力则在于，不断升高的同质化（或“同构性”——请参见第 5 章）在众多组织当中已是显而易见的了。是对结构和运行过程相似性的需求，而非提高效率的需求，在推动着组织发生变化（DiMaggio and Powell，1991b：63—66）。扎克尔（Zucker，1991：105）称之为“合法性的传染扩散”。

效率型制度

制度形态依据通用的经济学逻辑也已有解释。制度是用于解决复杂经济交换难题的“高
147 效率”框架。威廉姆森（Williamson，1985）研究“市场与层级体制”的经典作品就表明，这样一种阐述会使制度选项趋于集中在一个有限的选择范围内。威廉姆森提问，经济职能在怎样的条件下，就不会通过跨越企业边界的市场过程得到履行，而是在单个企业的边界内得到履行。他提出，结果如何并不明朗、屡屡重复且需要“交易专用的投入”（时间、金钱或精力等不能轻易转用于其他交易的投入）的交易活动，更有可能在多个企业内发生。企业的制度会允许进行交易的行为主体通过层级制的权威而不以市场交换来确保双方的联络关系。对于以有限理性（难以预测并明确说明所有可能发生的偶发情况）和机会主义（存在某一方以不诚信或欺诈行为追求自身利益的可能性）为特征的交易来说，这样的安排效率更高。既然将这类交易内化纳入思想行为当中，那就没有必要预测并权衡所有可能的偶发情况，机会主义发生的可能性也由于权威关系与（内部）交易伙伴间更为密切的关系而大为减小。同时，开放市场上的交换依然是交易活动最具效率的制度安排，因为它简单直接，具有非重复性，也不要求交易专用的投入（譬如购买标准设备的一次性交易）。至简而言，这种理论路径是将节约交易成本看作制度的主要目的和影响效果的（Williamson，1985：1）。而科斯（Coase，1937：404）更早时就说：“问题总是在于，将一起额外的交易买卖置于组织权威下是否会得到回报？”

可预测的制度

诺斯（North，1990）对制度相似性所做的分析就同时包含有“效率”与“神话”两种思路的要素。同威廉姆森一样，诺斯也运用理性选择的理论假设，将制度看作能影响个人效用最大化行为的激励性结构。然而，诺斯则是将可预测性——而不是效率——作为制度相似性的根本原因加以强调的。与我们之前所评述的组织理论家一样，诺斯将制度的稳定性归因于它们扎根于文化和传统的基础。在诺斯看来，制度之所以出现，就是要应对有限理性的问题，进而减少人类互动过程中的种种不确定性。虽然制度是交易成本的决定性因素之一，但制度的存在并不一定降低成本。与他的早期研究（North and Thomas，1973）形成对照，诺

斯极力强调，制度是为人类互动提供一种可预测、但未必有效率（*but not necessarily efficient*）的框架，由此来减少不确定性。技术层面低效率的制度之所以能长期存在，是因为它们能带来可预测性，保证互动过程和谐融洽，也是因为它们是深深扎根在文化与传统当中的。诺斯指出，最强有力的制度性约束都是非正式的（行为准则和举止规范等），它们让行动者们能以极低的成本甚至零成本表达其自身的价值观和意识形态。这些个人主观的变量已成为预期行为中的一部分了，故而并不会损害交换关系——即使它们是有违“理性”前提的。正式与非正式制度性规则的混合体，决定着行动者做出选择时所面对的“机会集”（opportunity set）。正是非正式约束所具有的韧性，产生了制度的相似性。 148

受操弄的制度

威廉姆森与诺斯都认为，经济制度不断发展健全，就是要将效率和/或可预测性最大化，进而缓解交换难题。与之相对地，政治制度则被理性选择学者们视为实现有效交换的障碍（*obstacles*）。他们遵循效用最大化的理论假设，预测出政治领域内“制度熵”① 的一般性过程。制度受到追求效用最大化的政客与官僚的操弄，随时间推移而不断退化；它们开始服务于公职人员的个人私利，任何关于公共利益的观念都已荡然无存（Dunleavy and O'Leary，1987：112—113）。关于公职人员追求利益最大化的行为，最广为人知的论断就是称，公职人员通过提高他们手中的预算，逐渐走向官僚机关扩大和“任务蠕变”②，以此来巩固他们的地位、保证他们物质上的优渥。与此同时，谋求效用的政客们试图通过许诺利益和服务改进等方式，将其选票最大化。这些操弄手段共同导致政府产品和服务的浪费与“过度供给”（Niskanen，1971，1973）。部门塑造理论（bureau-shaping theory）就为这个预算最大化的假说提供了一个替代选项，这种理论承认官僚是只为自身服务的，但又认为更高的预算也并非总能如官僚所愿，服务于他们的实际效用。恰恰相反，邓利维（Dunleavy）论证称，高级官僚对于其工作类型及其供职的组织种类都怀有强烈的偏好。制度性的操弄因而就带来了另一种迥然不同的趋同效果——将例行公事的运行职能从战略性核心工作中剥离开来，这些战略性的核心工作不甚常规也不甚显眼，受到更大的自由裁量权、更高级别的职位的支配。英国的 149
高级公务员面对那些从较大部门内分离出“执行机构”，进而摊薄他们对高额预算的管理权的

---

① 熵（entropy）是一个跨学科的概念，它最初是由德国数学物理学家、热力学第二定律的提出者鲁道夫·克劳修斯于1865年提出的。最初它在热力学中是用以描述测量一个封闭的热力系统内不可作机械功的能量的。随后它为物理学、信息论、生物学和宇宙学等学科所阐释和应用，也逐渐进入经济学、社会学等社会科学领域。如今，熵一般用于描述一个系统内的失序状态、随机性或不确定性。作者在此所说的“制度熵”，应当是指制度在失序状态中逐渐发展演变的情况。——译者按

② 任务蠕变（mission creep）是指一个项目或任务逐渐扩大以至于完全超越其最初的目标。任务的初步成功刺激当事人做出更具野心也更为冒险的尝试，以巩固或取得更大的成果，从而走上险途，这种情况甚至只有发生代价沉重的惨败后才能停止。这个术语最初是专门用于描述军事行动的；在报道联合国在索马里内战中的维和行动时，它于1993年4月15日由《华盛顿邮报》发表的社论文章创造并首次使用，稍后又于同年10月10日出现在另一大媒体《纽约时报》上，而后也逐渐用于非军事情境。——译者按

改革，不但积极配合，甚至还主动推进相关举措，因此邓利维（1991：247—248）称他的理论已具备经验上的正当化解释。

全球化的制度

受理性选择理论启发的论述认为，制度趋同来源于个体行动者从根本上相似相仿的驱动力，但另一种理论则认为制度的相似性是顺应宏观层面的结构性力量而出现的。各种关于全球化的理论表明，政策制定的职责正从国家政府转移到国际组织（譬如世界贸易组织或欧洲联盟等）身上，还指出随着其自主空间受到压缩，本国制度的相似度会有所提高。同“神话型制度”相对立，促进趋同发生的驱动因素并不是文化上的传播扩散，而是经济上的传染蔓延，发挥作用的各方力量也不是组织或某些社会环境所特有的，而是国际性的。例如，欧元区的各国就应当贯彻由欧洲中央银行等全欧洲性机构管控和监督的同类型财政与货币政策。2010 年后的欧元区危机就同希腊、西班牙和意大利等国破坏（或至少是歪曲）规则的行为有关，而进一步整合经济和政治制度正是广受支持的前进道路。“超全球主义者”（hyper-globalists）则主张，实际上决定着民族国家的形态与发展方向的是世界市场，而非任何一种国际政治制度（Ohmae，1995）。有观点认为，全球化的成功是基于民族国家采用以缩减福利开支、放松商业管制、弱化工会、开放边界及经济结构灵活为特征的一整套本国制度方案来实现的（Heywood，2011：11）。针对这种“新自由化”的反对者们承认，这样的同质化的的确确正在发生，但他们却特别指出其包含的社会与环境成本（Held and Kaya，2006）。全世界追求“良政善治”的运动尽管常有人道主义和社会民主主义的变调，但依然能加强巩固这种制度趋同的趋势，当其与经济自由化结合起来（例如世界银行为发展中国家做出的“结构性调整”方案），或遭到武力威胁（例如，遭主要大国敌视的国家中“政权更迭”的议程安排）时尤其如此。

什么令制度相异？

150 复制和趋同等解释遭到第三阶段制度主义者的大量批评。他们借鉴制度主义的不同学派，不论是全球化进程自上而下施加的压力，还是行动者自下而上的效用最大化需求，都是从制度多样性持续不断的时间跨度这一经验观察起步的。埃莉诺·奥斯特罗姆（Elinor Ostrom，2005：4—5）不仅给出政治当中的实例，也从购物、工作、运动与休闲等活动中找到例证，由此在其《制度的多样性》① 一书中就这一难题展开论述：

> 理解制度的一大难题，正与当代生活中情境形势的多样性密切相关。我们日复一日地生活，也正是在缤纷繁复的复杂情境中开展着互动……我们对于在如此多种多样的生活情境中应当做什么、不应当做什么，具有一套内在的隐性认识，但这种认识也是粗放

① 该书全名为《理解制度的多样性》(*Understanding Institutional Diversity*)，于 2005 年 8 月由普林斯顿大学出版社出版，该书尚无中译本。——译者按

> 的。我们甚至往往意识不到自己所遵循的全部规则、规范和策略。而且，社会科学也未能发展出可堪使用的理论工具，帮助我们将自己的隐性认识转译为逻辑连贯、表达清晰的复杂人类行为理论。

我们在第 1 章中就提到，面对新制度（*new institutions*）——例如，多层级、多元行动者的治理措施发展健全，或是社交媒体作为政治协商和动员的工具而出现，等等——大量涌现所带来的挑战，政治科学中的“新制度主义”必须要开发出新的理论工具。同样，随着研究兴趣不仅限于欧美或“发达国家的世界”而转向理解全球范围的政治制度，它也受到了新环境（*new environments*）的挑战。这些新的研究背景已证实是高度动态的，伴随着民主化转型还涌现出许多新奇的制度安排（例如，南非的“真相与和解”进程，或中东的伊斯兰式民主体制等等）或杂合型的发展路径（包括拉丁美洲的“粉红潮”）。而且还常有新的行动者（*new actors*）推动政治变革发生——包括社会运动、宗教领袖、博客博主甚至是名人明星等等。

下列三篇小品短文旨在反映对制度相同性的批判，但却表达出推动多样性形成的刺激因素：

内嵌性制度

针对“神话型”制度，批判意见发出质疑：如果同构性的过程如此强大，我们如何能解 151
释经验上观察到的制度形态多样性？如果环境的“模板”如此具有影响力，我们又如何解释随时间而发生的变化？虽然覆盖全社会的制度模板可能影响到个体组织的境遇，但推进趋同的压力看起来明显受到了当地条件与权力关系的调节影响。当地实践与观念所具有的具体性（“事情在这儿是怎么办成的”）可能会加强巩固大环境中循环传播的制度模板，但也可能会削弱破坏这些制度模板。

与此同时，“效率型”制度论的支持者也遭到批评，因为他们对现实的观察见解大幅简化了创造和维护各种不同制度安排时行为动机的复杂性，是罔顾历史、过于抽象的。格兰诺维特（Granovetter，1992）批评威廉姆森对市场和层级体制的特征描述，称这二者均是“内嵌”在普遍盛行的社会关系当中的。市场并非必定是千篇一律、混乱失序的；企业也并非必定就是具有严密控制、井然有序的。每种制度如何运转，是依赖于个人关系和企业内外的关系网络的。格兰诺维特（1992：72）主张，“秩序与（*and*）失序、笃诚讲信与（*and*）渎职不法，都（*both*）同这些关系的结构密切相关，甚于它们同组织形态的关联”。这种主张就在经济结构与绩效的比较研究中得以发展起来。可以显见，层级制度-市场关系的不同处理措施，在种种具体情境下各自实现制度化，并取得相当成效。例如，“效率型”企业与市场在日本和英国可能看起来各有不同，这是由于它们各自内嵌在不同的社会关系模式当中，并相应地涉及国家机关、金融体系、教育与培训、家庭生活和文化等方方面面的特殊性。

政治中也可观察到相似的进程。如前所见，资本主义在整个西方世界创造出一整套同质性的制度，这套制度对居于这些政权下的公民产生同样的影响效果，并在很大程度上是“必然发生”的（Thelen，2004：1—4），而全球化的假说正偏向于支持这样一种说法。与这种视角相反，“资本主义的多样性”的研究文献（请参见第5章）则指出，建立在新自由主义议程
152 的基础上、放任市场主导的经济体（“自由经济”的各个变种）与更偏重平等主义、更倡导雇员塑造产业的权力的经济体（“协调经济”的各个变种）之间存在根本性差异（Thelen，2009）。施密特（Schmidt，2009：527）在既已提出的自由与协调经济体上又加入第三个分类，这个她称作“受国家影响的市场经济”的分类尤可应用于法国和西班牙等国。此外，存在于新兴经济体（比如巴西、印度等国）中的多元化制度安排也进一步扩大了资本主义的多样性。

而在空间范畴的另一端，我们关于地方政府的研究也已显示出更广的制度框架中的内嵌性是如何促使独特的地方政治制度兴起的。当中央政府要求英格兰的地方当局在新的政治领导模式中三选其一（民选市长、议事会理事长或是地方内阁）时，他们的路线选择——以及解读——都深深受到当地制度环境中政治与非政治要素的影响——包括社会组织、地方经济的结构、政治竞选和政党组织的传统等等（Leach and Lowndes，2004）。约翰·斯图尔特（John Stewart，2000：43）就发表意见，解释这些制度资源如何既能在特定地区为连续性提供推动力，又能在整体上促进地方政府的多样化。自上而下与自下而上的制度影响通过多种重要途径开展互动，从而塑造出地方政治领导的制度安排。地方上的特殊性程度，是与上级政府所能容忍的自主自治与多样性程度相联系的。同时，上级管控或施加影响的作用效果，则由地方上制度性承诺的力度（随时间与空间的变化而变化）调节影响的，可见于我们对新工党的英国地方政府“现代化”方案所产生的多样化结果的研究（Lowndes and Wilson，2003）。试将卡尔·波兰尼（Karl Polanyi，1992）稍加改述，政治就是一种“作为制度而建立起来的过程（instituted process）”①，它嵌入在政治性制度与非政治性制度当中。

矛盾性制度

与神话型、效率型两篇小品短文不同，文化作为变量之一在我们“可预测”和“受操弄”的制度短文中得到凸显。诺斯与邓利维都认识到，制度形态受到文化和价值律令的关键影响，他们从而为理性行动者的论说增添了理论深度。但他们均将文化与价值观看作某种“给定的假设事实”——它们是某种性质未知的万能牌②，而我们需要将之纳入自己的理论掌握。邓利

① 作者是指波兰尼等人的“经济生活是作为制度而建立起来的过程”（the economy as instituted process）这个理论主张，出自波兰尼等人合编、1957年出版的《早期帝国的贸易与市场：历史和理论上的经济体》（*Trade and Market in the Early Empires: Economies in History and Theory*）第十三章。其中，波兰尼等人提出应当将经济行为视为人与环境互动的制度性过程。该书尚无中译本。——译者按

② 此处原文为“wild card”。本义是指在纸牌游戏中没有给定数值的手牌，即万能牌、百搭牌或变牌，这类手牌根据不同的游戏规则，可由持牌人自由决定数值，或复制其他某张牌的数值。在桌游和计算机中，它也指那些本身不具有含义、可代表任何数字或字母的“通配符”。引申到现实生活，比如并未通过常规渠道取得参赛资格的比赛选手就被称为“外卡”选手；进一步将之抽象使用，它也用以描述各种难以预测的未知因素；等等。此处作者就是在批评诺斯和邓利维对文化理念的概念化不足，就像握在对手手里、数值未知的万能牌一样。——译者按

维主张官僚通过部门塑造的过程来实现效用最大化，这可能是正确的，但他们所追求的“部 153
门形态”的本质究竟如何，则应当作为一个尚无定论、有待专门研究的问题，更好地加以考虑。这并不仅仅关乎效用最大化的战略选择，这个选择在不同时期、不同情境下均有所不同，更是在于支撑着这些战略方案的价值观念。我们应当预见到这些战略随时间与空间的变化而有所变化（就如在“内嵌型”制度中那样），同时也要看到它们将是争议焦点与竞争对象。相似的是，针对“神话型”制度等社会学概念的批评意见则指出，是各个组织内的种种斗争，决定着价值体系；主流文化模板得到接纳的过程，从来就不是一帆风顺的。任何在大型组织（例如一所大学）中工作的人都会知道，对于制度性神话和象征符号的影响力，是与控制预算和建筑物等物质要素同等重要的一种有力资源。

诺斯着重在稳定性上，这就使其理论分析中制度变化的动态变得难以把握。他认为，当制度的变化符合那些谈判实力强到足以实现调整的人的利益时，正式的制度性规则就会发生变化。但是，极其重要的非正式规则又如何变化，则仍是未知的。诺斯（1990：37）将非正式的约束同“我们的历史传承”、“以社交方式加以传播的信息”和“世代相传的文化”联系起来。不过，文化依然是一个外生性的变量，是某种“就在那里”塑造着制度生活的事物。与之相对，克莱格（Clegg，1990：7）等组织理论家则指出，行动者的各个群体为争夺文化资源而展开竞争，而且还存在若干种彼此抵牾的“理性模式”。而且，历史制度主义者通过他们长期推进的“资本主义的多样性”课题，研究在不同国家背景下、长期打造各具特征的福利国家的过程中，彼此竞争的联盟所扮演的角色。

权力是制度所固有的，它也是制度多样性的重要来源之一。不断变换的权力关系会动摇既有的制度协定，而制度协定实际上就是一种在不同的行动者群体间分割利益、将特定的价值观置于其他价值观之上的手段。而这正是马奇和奥尔森（March and Olsen，1987：17）极具启发性的洞见：看似中立的流程与安排体现着特有的价值观、利益关系与身份认同。马奥尼和西伦（Mahoney and Thelen，2010：7—8）将制度描述为“满载着权力意涵的分配工具［*distributional instruments*，着重号为原文所有（original emphasis）］”。即便是当制度相对稳定时，这种稳态也是权力不断持续对抗①的产物。这就如同一场以零比零平局作结的足球赛，
实际上确实有事发生（而非无事进行）。这一结果反映的是优、劣形势时起时落的不断变化， 154
而不是一潭死水，也不是双方僵持不动。第三阶段制度主义者们开始着手应对彼得·约翰（Peter John，1998）难题，观察制度性权力的“精微之处”。制度不仅仅是彼此之间各有差异，随着一大批规则、惯例与叙事话语（受不同利益关系推动与捍卫）在一片“咬牙切齿的

① 此处原文为“power play”，系一词多义的体育术语。它是指在冰上曲棍球比赛中，球员被罚下场造成一方人数暂时多于另一方、以多打少的局面，可引申描述一方具备压倒性权力的情况；也指在足球或橄榄球比赛中，一大批护航手保护持球的进攻手发起集中攻势，可引申描述权力激烈交锋的状况。依据上下文语境，作者在此应当是意指后者。请读者自辨。——译者按

和谐”① ［借用路易斯·阿尔都塞② （Louis Athusser）活泼诙谐的用语］中彼此共存，制度同时也在发生着内在的分化。这样一个不可避免地“自相矛盾的制度”的画面，就描绘出脱离第一阶段制度主义整合过程与功能匹配等前提假设而迈出的关键一步。

正如我们在第 2 章中看到的，许多第三阶段制度主义者采取一种“参与性”的视角，借以指出制度性抗争与改革的策略针对当下盛行的权力关系所提出的挑战。正如弱势群体遭受到现行制度架构的边缘化一样，弱势群体同样也能（在特定情形下）利用这些制度，或利用其他制度，进而“重新定义其他人在社会、政治和经济领域中可能的活动范围”（Hay，1997：50）。制度无可避免地就是“矛盾性”的——实际上，正是矛盾性才使制度得以作为政治现象长期维持下去。

模糊性制度

这篇小品短文初听像是一个矛盾修辞，但它却扼住了第三阶段理论化工作的要旨，并且正在逐渐主导制度多样性的研究议程。如我们所见，制度可通过稳定性、常规性和可预测性等特质加以理解。而当第三阶段制度主义者转而关注制度稳定性和变化两方面的源头时，模糊性［(ambiguity）Mahoney and Thelen，2010］、异质性［(heterogeneity）Schneiberg and Clemens，2006］、冗余性［(redundancy）Crouch，2005］、多中心性［(polycentricity）Ostrom，2005］与新兴性［(emergence）Lowndes，2005］等新的概念就开始发挥作用了。

新制度主义带来如此丰富的新内容，这些理论发展的源头都能追溯到马奇和奥尔森在 20 世纪 80 年代做的先驱性工作。他们的核心主张就是，制度之所以得以维持，是因为有“大多数时间内得体妥当的行为都是可以预期的这样一种信心”（March and Olsen，1989：38）。但合宜性不被看作一种给定事实，倒不如说是善于反思的行动者不断进行的诠释解读工作所产生的结果。规则既能产生出变异分化和偏离背移，也能产生出一致性与标准化。通过具体案
155 例的比较，各种情况会被分配给相应的规则，但在规则的解读与应用中总是存在着模糊的区域。这样的模糊性就同不断变化的外部环境一样，也成了制度变化的来源——新奇的案例和新奇的解读就会被编码写入“新的例规习俗”当中（March and Olsen，1989：34）。制度从不是封闭的，也不是完成完满的。

第三阶段的理论家在试图——用奥斯特罗姆的话说就是——“为制度注入生气”的过程中发现了这些卓见。随着能动性开始居于突出位置，研究就揭示出具有策略思维的行动者（或联盟）如何在解读现有制度的过程中利用冗余的制度资源或模糊性来变动规则或惯例。制度所采取的形式，关键是取决于善于反思的行动者的创意性工作。面对路径依赖、资源限制、

① 此处“咬牙切齿的和谐”（teeth-gritting harmony）一词典出《列宁和哲学及其他论说文》(*Lenin and Philosophy and Other Essays*)；该书英译本由本·布鲁斯特（Ben Brewster）翻译、每月评论出版社（Monthly Review Press）于 2001 年 11 月出版。——译者按

② 原文如此。应当是指法国哲学家路易斯·阿尔都塞（Louis Althusser），他将马克思主义同结构主义相结合，并因此在 20 世纪 60 年代声名鹊起，进入其哲学思想的活跃期。——译者按

风险防范与一般性的信任缺失，改编使用人类学家列维-斯特劳斯（Levi-Strauss）“就地取材”［（bricolage）将手头各不相干的现有材料拼接起来］的概念可能是理解制度创新的必由之路（Lanzara，1998：27）。对于相互竞争的行动者群体而言，模糊性也可以成为一种权力资源。马奥尼和西伦认为，许多制度安排都反映出那些“即使各自实质目标各异也仍能就制度手段进行协调”（Mahoney and Thelen，2010：8）的行动者之间所做出的“模棱两可的妥协”。因为这些妥协具有内在的不稳定性，加之利益关系的解读和相竞争的行动者之间力量对比的格局会随着时间的变化而变化，那么“模糊性制度”当中也就包含着发生进一步变化、进行多元化重构的机会。

制度的多样性和模糊性不仅是不可避免的，而且也为制度的设计者们提供了重要资源。设计者们不会刻意追求技术层面“高效”的制度，而是争取建立起长期的稳健性，着重培养学习和适应能力。“模糊性”制度也就由此盛行起来。埃莉诺·奥斯特罗姆（2005：283）在其研究“公共池塘资源”的作品中不仅支持效率论，还提出多中心性，其中囊括了多个不同规模且互有重叠的统治权威：

> 因为多中心的系统中存在相互重叠的单位，那么什么方式方法在某种背景设定中收效良好等信息就能够传播给其他想在其背景设定中加以尝试的人……也就能加速促进当地有关情况及特别成功的政策实验等信息的传播交换。而且如此一来，当小规模的系统失灵时，仍能转而要求较大规模的系统接手——反之亦然。

制度内嵌性、矛盾性与模糊性的本质，意味着制度即便在具体的时间与空间背景下可能存在 156
相似性，其多样性仍是可以预见的。制度复制与衍生的趋势是同时存在的。为了与视制度为动态过程而非静态形式的观点相呼应，“相似性”和“多样性”的概念不应当被理解为尘埃落定的定局，而应当被理解为不断变换的趋同与偏离模式。

时间与空间的内在动态

显然，时间与空间在塑造制度相似性和多样性的模式中十分关键，并为制度结果带来了“必要的不确定性”［（essential indeterminacy）Hay，2002：141］。可我们如何能更好地理解这两个变量呢？我们从“偶然性效应”（contingent effects）入手来阐述这一问题。基于全书所采用的理论视角，我们出于三方面考虑，决定使用这个术语。其一，“偶然性”这个形容词源于拉丁语中的“意外/偶然”（*contingens*）一词，意为“接触到一起/碰到一起”，借以描述制度的过程及影响效果相互之间不可避免地发生联结这一性质。其二，“效应”这个名词所承载的含义就是指那些带来多个后果且仍不止于此、持续运转的过程。其三，制度变化的不确定性就蕴含在“偶然性效应”一词自身当中，这个表述就是指要均衡重视制度及其核心特征，并认识到能动性在制度长期发展的过程中的重要性。正如科林·克劳奇（Colin Crouch，

2005：19）提醒我们的那样，这些效果正是由“真实的人类个体”创造产生的，又反过来对他们施以影响。

由此而前，黑伊（Hay，2002：114）就将能动性本身理论化为偶然性效应的基本来源，并同时强调，政治行动者开展活动的不同背景情境会将不确定性的要素引入政治行为当中。具体到制度的变化上来，布莱思（Blyth，2002a）就作出详细阐述，认为偶然性效应的起源就是意识形态就制度变化展开斗争时的大论辩，而行动者就在这场论辩当中或在论辩结束后立即接纳了受偶然性效应塑造的公共政策路径。这一理论路径也同普雷姆福什（Premfors，2004）关于斯堪的纳维亚诸国各自不同的民主道路所开展的偶然性效应研究有所共鸣。与之
157 相对，西伦（2004）则强调行动者陷于危机时的制度保守主义，并提出偶然性过程的概念化；她认为，行动者迭相层积起各种制度，并往往不知不觉间将它们转用到有违制度发起人意图的用途上去，在这个过程中随时间逐渐显现出来的各种影响效果就是偶然性的过程。这个理论路径很大程度上与霍克希尔德和伯奇（Hochschild and Burch，2004：34）的论调相合，他们对偶然性和能动性在美国移民政策中的影响效果展开研究，尤其是他们分析发现随着时间的推移，两个截然不同的法条竟然结合起来，合力产生大异于立法者初衷的效果：

> 美国的族裔构成在过去数十年间所发生的种种变化都具有偶然性，取决于全世界数百万人的无数个意外选择，而他们则使用了一项为其他目的而设计的法条；我们如何理解美国的种族情况并相应行事，这其中的变化可能也同样是偶然性的，取决于今后数十年中老老少少、原生与新移民的数百万美国人的无数个未知选择。偶然性也许不会一直主宰政治，但它有时会。

保罗·皮尔逊（Paul Pierson）的《时间中的政治》（2004）一书正是第三阶段制度主义的里程碑作品，其中就为探究偶然性效应指明了多个意蕴丰富的研究路线。他提出，政治行动者在他们所感知到的时间压力下，会创制出以张力、矛盾与妥协为特征的制度。他也注意到，行动者可能也意识到较长时间跨度或较广政治后果带来偶然性效应的可能性，但他们甘愿冒着“精心计算的风险”，相信这些偶然性的影响效果不会以最为严重糟糕的方式变为现实（Pierson，2000：478）。皮尔逊（2004：115）还引用加勒特·哈丁（Garret Hardin）“我们从来就无法只做一件事”的名言，借以说明政治活动的复杂性与联结性、行动者认知上的种种失灵失误以及由此而生的偶然性效果。

我们可以开始说明偶然性效应的关键特征了。首先，并不能坦然地将它们归因于“事件”、“全球化”、“运气”或“大自然的力量”，相反，从人本主义和建构主义的视角来看，不管论证起来是如何冗长曲折、拐弯抹角，都必须将它们溯源到能动性与不确定性上去，而且正是能动性这个概念中固有的选择这一要素将不确定性带到政治行为当中的。其次，虽然偶然性效应总是源于人类能动性，但能动性本身就带有行动者在控制自身行为对环境的影响效果时认知失灵与失能等特征，这是由于这些影响效果本身就是极其复杂且高度分化的。再次，

偶然性效应具有空间维度，身处直接空间外的行动者的行为，同样能通过他们这些身处外围的行动者未曾预料甚至并无察觉的种种方式，影响到这个公共政策领域内的行动者。又次，158
偶然性效应具有时间维度；某些影响效果能立即作用于行动者的行为，但另外一些影响效果可能要经过一定时间才能逐渐显现。最后，意图引发制度变化的尝试必定会激起反对改革的行动者的抗辩；继而发生的思想论战同样会产生偶然性效应，行动者用以试图结束论争的折中解决方案也会产生偶然性效应。

我们现就时间与空间上的偶然性效应作出更为详细的区分。

时间上的偶然性效应

时间性（temporality）是一个一般意义上的哲学术语，用于说明我们对于时间的感知在不同情境下是以不同方式加以建构与体察的（Wood，2001）。时间上的偶然性效应是作为非预期的影响而显现的，它们是由过去的能动性所产生的，但却作用在当前时期的单个或若干个行动者身上。利奇（Leach，1995：49—67）将地方政府审查[①]的“奇怪状况”作为英国公共政策案例加以分析。他指出，其根源就在于“某一个人的政治野心”，也就是 20 世纪 80 年代时，迈克尔·赫塞尔廷[②]（Michael Heseltine）在环境部国务大臣任上将英格兰地方政府漫长的改组工作推上轨道，将要分批审核各个特定地区的地方当局的区域边界和职能设置。时逾十年后，重组目标越发模糊，政治支持纷纷背离，各项成本与负面干扰迅速滋生（利奇认为“是很难过分强调”政府审查的负面影响的）。利奇于是解释称，时间上的偶然性效应与随后上台的几任保守党首相的失能有关，他们本身对这套制度化的政策承诺毫无热情，也无从确立任何“看似合理可信的行为依据”，但又缺乏从中抽身脱离的能力。

越过“路径依赖”的宏大阐述，我们可以从中区分出排序（行动者做出各个行为的顺序）、时机（序列中某个特定行为发生的时间点）和速度（关键行动者所建构并感知的政治时间的进展速度）三种效应。排序与时机效应来源于行动者的战略战术决策，它们既可以是预期的，也可以是非预期的。行动者为推进其战略意图，可能会试图将自己和他人的行动排定顺序，或是出于“先发制人”的目的，强行引发出时机效应。我们将搭配说明性例证，依次 159
查验每种效应。

排序效应（*Sequencing effects*）来源于依照特定顺序完成的若干个行动。例如，哈克

---

① 1992 年《地方政府法》（the Local Government Act）颁布，英格兰的地方政府委员会（the Local Government Commission）依法成立。1995 年 1 月，该委员会审查英格兰各个乡郡的地方政府架构，同年 3 月宣布将重组委员会，并对各个乡郡地区开展新一轮审查工作。2002 年，该委员会由英格兰边界委员会取代，继续推进重新划定选区等各项工作。

另，该委员会与 1871 年设立的地方政府委员会（the Local Government Board）译名接近，但并非同一个机构，前者是英格兰的地方机构，后者则是英国的国家内阁部门；此外，后者屡经改组，2021 年 9 月首相鲍里斯·约翰逊改组内阁时将之更名为城镇升级、住房和社区部（Department for Levelling Up，Housing and Communities）。请读者明辨。——译者按

② 赫塞尔廷全名为迈克尔·雷·狄布汀·赫塞尔廷（Michael Ray Dibdin Heseltine），也译作夏舜霆、夏信廷、夏思定、希素庭等。他出生于 1933 年 3 月，是英国保守党改革派的政治家、商人，1990 年取代撒切尔成为保守党领袖，但未能上台出任首相，后出任约翰·梅杰政府的副首相。——译者按

(Hacker，1998：59）研究英国、加拿大和美国的医保体系的比较发展历程，认为“如果对政府在医疗行业的主要干预措施的次序与时机不加理解，就无从解释国家卫生政策的演进过程”。他重复说明前文已作概述的观点，说明行动者在这些效果影响下具备实施战略干预的潜力，巨细无遗地回顾英国政府自 1911 年《国民保险法》（National Insurance Act）直至战后设立国民医疗服务体系所做出的种种行动。哈克论述称，正是这些行动的发生顺序带来英国全民医保体系的建立，而这样的行动顺序在美国则是缺失的，正如我们在第 5 章中对奥巴马卫生政策的讨论所说明的那样，如此一来，就将如今的制度改革派“遗弃在无可逾越的政治障碍面前，无力推动国民医保通过立法”（Hacker，1998：127—128）。而格里·斯托克（Gerry Stoker，2002）则从英国新工党的公务员体系“现代化”切入，其研究揭示出，一大批远远多出所需的改革计划（及其执行人）抱着动摇现有制度布局、为创新开辟空间的目的，靠着侥幸的运气得以破闸而出。我们大概可称之为战略性的行动“乱序”（de-sequencing）。

时机效应（*Timing effects*）来自某一单个行为或事件发生在一个事件序列中的某个特定时间点上的情况。例如，英国工党领袖约翰·史密斯①（John Smith）于 1994 年 5 月 12 日骤然去世，这件事在 1997 年大选前期准备阶段这个事件序列中，由于其发生的时机而变得尤为重要。实际上，马尔（Marr，2007：487－489）就指出，史密斯先前已有过一次严重的心脏病发作，民粹派的《太阳报》也早就“以题为‘他肥胖、他 53 岁②、他犯过心脏病③、他竟然还想接手一份压力满满的工作’这样一个准确到出奇的预言性头条新闻”欢迎他接替尼尔·基诺克④（Neil Kinnock）担任工党领袖。而且，史密斯“认为工党并不需要变革，只是需要稍加改进而已”，而这就令党内正在崛起的新工党一派颇感失望，到了“布莱尔对史密斯的领导极为绝望，甚至已在盘算着离开政坛”的地步。因此，在 1992 年基诺克落败到 1997 年下一场大选之间的事件序列当中，史密斯猝死的时机就显得意义重大。这就予以托尼·布莱尔（新任的工党领袖）和戈登·布朗（影子内阁的财政大臣）长达三年的“窗口期”，他们因而得以打造出“新工党”的叙事话语并使之深入人心，进而同他
160 们那些影响力十足的“公关专家”一道筹谋划策，率领在野长达十八年的工党一举拿下大

① 约翰·史密斯生于 1938 年，卒于 1994 年，英国工党政治家，并在 1992 年 7 月至去世时任工党领袖。他在议会中备受推重，当时普遍认为他极有可能接任首相，民意调查甚至高出保守党 23 个百分点。然而，他于 1994 年 5 月 12 日心脏病发作，送至医院后抢救无效死亡。事发突然，他前一天傍晚还在募款晚宴上致辞并说出“为我们国家效力的机会——这就是我们所要的一切”的名言。他的去世震动极大，时任首相的约翰·梅杰在下议院的一片悲声中为他致哀，工党还将其位于沃尔沃思路的总部命名为约翰·史密斯楼。——译者按

② 1992 年史密斯出任工党领袖，时年 53 岁。——译者按

③ 这是指 1988 年 10 月 9 日史密斯的第一次心脏病发作。当时他甚至一度陷入昏迷，不得不离开议会、休养长达 3 个月。愈后，史密斯面对舆论质疑，开始调整饮食、锻炼身体，体重从 98 公斤降到 81 公斤，并积极参与爬山运动。——译者按

④ 基诺克，也译作金诺克，生于 1942 年，英国工党政治家，1983 年成为工党领袖，1992 年大选时遭到《太阳报》等媒体抹黑而意外输给约翰·梅杰，并因此辞任工党领袖。——译者按

选。工党内部根本性的制度变革（例如废除“第四款”①、确立“一名党员、一张选票”②的原则等）因而成为可能，而且一旦工党上台执政，行政机关核心位置许多制度的革新重设也同样变得可能。

第二个实例则是2012年的美国总统大选。当时大多数评论员一致认为，大选日一周前抵达纽约并造成城市多处破坏的飓风（或“超级风暴”）桑迪对大选最终结果有所影响。桑迪到来时，时任总统的巴拉克·奥巴马在与其竞争者米特·罗姆尼面对面的辩论中表现糟糕，后者的选情因而占据上风。然而就在此时，纽约洪水泛滥受灾引起的全国紧急状态逼迫两位候选人不得不中断竞选活动数日。结果显然是带来了两个特有的时机效应。其一，竞选停滞期间，罗姆尼因和总统辩论而取得的民意调查“增长”渐渐消耗殆尽。其二，奥巴马却通过组织纽约的救灾工作、视察遭风暴破坏的受灾现场，在选民即将前往投票站的关头，抓住了凸显总统权威的机会。

速度效应（*Tempo effects*）则来自行动者自身对时间流动速度的建构。行动者在谋求改变政治制度的过程中，他们准备花费多长时间，愿意忍受多少次挫折？不同的行动者实际上如何理解“快”与“慢”，他们会将什么样的情况算作“进展”？在美国，自富兰克林·罗斯福政府时代开始，每届总统任期的第一个100天都具有重大的象征意义，这是因为1933年时罗斯福的新政法案在国会两院迅速通过，这为衡量后继的历任总统立下了行动标准。这个遗产所具有的制度化性质产生出一种速度效应，其中所有主要行动者（媒体、反对党、民众，还有尤其重要的总统及其政党本身）都会对政策制定开发、纳入法律法规和执行落实的速度怀有很高的期望。

与之相对地，以社群为基础的社会运动则倾向于在长时间的范围内开展活动，其间包含着时而前进、时而退后的振荡运动，还基于既往成就，在长期的“阵地战”中掀起接连不断的抗议浪潮。新的制度嵌入主流制度间的缝隙里，成为进一步变革发生的平台。公共政策可能采取类似方法，通过“试行”项目和“信标”③ 项目等试用不同行事方式且改革者得以控制反对阻力、为进一步创新奠定基础（进而充分开发战略异质性和模糊性的战略利好）的途径，拓展制度多样性的边界。 161

当然，改良主义与革命之争在众多政治论争中都处于中心位置，并且正如我们在第5章中所述，它也反映在进化论与间断平衡两种模型之间的理论差异上。行动者时而谈到要取得

---

① 第四款（Clause 4）就是工党党章的第四项条款。它是在第一次世界大战期间起草、1918年写入党章的。当时工党尚只是议会中一支较小的新生力量，因此得以明确地在第四款中表达其社会主义的思想立场，其内容如下：“要为工人捍卫其体力和脑力劳动的完整成果，确保至为公正合理的分配，唯有在生产资料、分配手段和交换工具公有制，以及各行各业建立起最大限度的大众管理体系的基础上方可实现。”——译者按

② “一名党员、一张选票”（one member，one vote）是史密斯在1993年工党大会上提出的。原先在工党领袖的选举中，工会可凭借集团投票（block vote/voting bloc）的制度，代表其全体成员投票支持其青睐的左派候选人。但“一名党员、一张选票”的新制度打破了工会的党内优势，对偏右的新工党非常有利。——译者按

③ 此处“试行”（pilot）与“信标”（beacon）两词的本意分别是“（引导舰船通过危险水域的）领航员”与“（为舰船指示方向的）灯塔”，在中文的政策语境中应当分别与“试点项目”和“示范工程”等常见概念相对应。——译者按

“重大突破”或是要觉察出关键时刻，而且虽然这些想法并非总能结出果实，但这样的目标取向却与渐进式的制度变化方案形成鲜明对照。试想公务员体制的改革，就同时不甚和谐地存在着推进激进改组措施（新的组织架构、新的宗旨使命、新的职责岗位）的动力和倚重渐进主义方案（长期改进、职业辅导与员工发展、“学习型组织”）的考虑。要思虑周备，既得“顾后”也得“瞻前”，这就是行动者时间建构的另一个层面了。凭借“回忆”的策略，将“休眠”的规则、惯例与叙事话语重新启用在新的目标上，由此就能拓展制度的总目，在其上增写新款（Lowndes，2005）。不过，在公共政策中仍存在固有的喜“新”倾向，而“制度的遗忘”就带有更为高昂的政治溢价（Benington *et al.*，2006）。而且，对政治时间的种种建构——多久、多快、多么突然——在不同群体间必然是相互冲突的，从而在有意造成的影响外，也会给他们留下偶然性效应。

对于时间上偶然性效应的理解，能让我们警惕任何将“旧”规则、“新”规则一分为二的二元化处理。“旧”制度与“新”制度往往是共存的，且时常是剑拔弩张的——例如，参见朗兹（Lowndes，1999）与纽曼（Newman，2001）对于英国撒切尔夫人和新工党数次重组公务员体制所产生的复杂结果的研究。有时，面对新的安排，旧制度就为那些从旧制度中获益或认为新规则将不利于自身利益的人提供开展抵制活动的基础。旧的规则可能会有效地“增添、吸纳或偏转新的方案”（Newman，2001：28），从而向具现化在新规则中新奇的价值或思想理念提出质疑。或者旧的规则也可能作为一种可供选择的替代性体制而并行存在。认识到旧制度、新制度的共存，这本身就带有问题。一项新的制度什么时候会变成一项旧的制度，我们又如何描述那些现行有效却又历史悠久的制度？就如同原子核的半衰期①那样，制度也永不消亡。恰恰
162 相反，制度只是按照各自不同的速率，在重要性上逐渐减少，但始终作为环境的一部分而存在着，其中仍将出现制度创新。我们需要的是一套阐述制度如何“发现、发明、提议、否决或暂且接纳”（Streeck and Thelen，2005：16），并承认存在制度“为人忘却”或“记起”等反向运动的动态论述，而不是要在“旧”与“新”当中作出任何尖锐的比照。

空间上的偶然性效应

斯科特（Scott，2001：83—89，136—149）将制度理论划分出六个不同的分析层面：世界体系、社会、组织域、组织族群、组织本身，及其子系统。我们在前文中已说明政策是如何对不同分析层面的制度施以影响、进而带来那些围绕着某一政府层级的制度变化与行动者正在其他层级造成的变化二者间断开处的偶然性效应的。在直接的政治空间以外开展活动、身居外围的次要行动者们，也能对变化是否发生、如何发生有所影响。朗兹（2005）基于英国国情所开展的制度变化研究，就是这样解释为什么英格兰地方政府的一部分制度受到改造

① 半衰期（half-life）是一个物理学概念，是指一个样本内，放射性元素的原子核有半数发生衰变所需的时间。作者借用这个概念，是在突出制度败落同样具有衰变过程的某些特性：放射性的原子核射出射线后衰变为低能量的核或者变为新核，但仍然遵守质量数守恒，并没有消失；每种放射性元素都有其特定的半衰期，时长各有不同；单个原子的衰变是自然发生的，不能预知其发生的精确时刻；衰变是物质特有的性质；等等。——译者按

而其他制度却“岿然不动”的。连续性与变化两方面的力量同时存在，因此一部分制度得以准确复制，而另一部分则受到改造、调整或废弃。

与之相似，大卫·马什（David Marsh，2010：227）批评黑伊（2006a）关于变化的“二元”论就是在理论上编造出一套站不住脚的“安定期”与“危机期”的二分法，他指出，必须对空间维度加以斟酌，否则就无法认识到制度的变化是多个过程与影响效果的复杂集合，其中一部分是在维持稳态、一部分却在动摇现状。马什认为，看似激进的政治能动性，往往要结合它与持续存在的现有制度架构的联系，才能最好地为我们所理解。他在经验层面论证称，在玛格丽特·撒切尔领导下的英国保守党政府能在20世纪80年代进行重大的政策创新，这主要是因为整个政治空间中的历届政府都系于历久弥坚的“英国政治传统及其有限民主的话语”上。看似是变化的现象，可能实际在某种程度上反而是连续性的产物。相应地，当他在考察约束与战略意图受挫时，马什提出，新工党在1997年后为了对英国的宪法性法律做出影响深广的改动而进行的种种尝试“几乎全然是去极端化的，因为这些致力于推动改革的努 *163* 力，仍是在旧范式所支撑着的制度与流程框架下发生的”（Marsh，2010：229）。马什就是要据理力争，说明围绕着稳态与变化、相似性与多元性如何共同运转要形成一种复合型的认识，并驳斥任何人为地将之剥离出各种过程与影响效果的简单化尝试。

偶然性效应来自各种制度间跨越空间——不论是在政治领域内，还是在政治与非政治领域之间——的联结关系。“旧”制度主义者或第一阶段制度主义者们深知制度并非孤立于其他制度而存在的，因此就聚焦在“关于相互联结的规则、权利和流程的错综繁复的描述性阐述”［比尔和哈德格拉夫（Bill and Hardgrave），由斯科特（2001：6）转引］上。在第二阶段制度主义中，马奇和奥尔森（1989：170）率先阐明，“政治制度形成了一个规则相互联结的复杂生态”。诺斯（1990：95）从理性选择视角出发，推证称：“简单来说，制度矩阵这样一个相互依存的网络产生出大量的递增回报。”相类似的是，奥斯特罗姆（1999：39）也注意到：“某一类规则对于诱因动力和行为的影响，并不是独立在其他规则的架构布局之外的。”在国际层面的经验与比较研究中，历史制度主义者们也已考察大批公共政策与国家法律体系建立的结构之间相互联结的关系（Weir and Skocpol，1985；Hacker，2002；Pierson and Skocpol，2002）。

这样的偶然性效应并不总是朝着制度的相似性推进的。科林·克劳奇（2005：50）在其关于制度互补性的研究中，引导我们关注“一个整体中的各个构成要素在合并成形的过程中相互弥缝补阙”的方式。“弥补”效应肯定不是（*not*）由聚集起来的类似制度（“更多的相同事物”）创造出来的，而是有赖于多元化制度的共生共存与并行演化。克劳奇还举出实例，描述英国撒切尔主义下“自由经济和强势国家”（Gamble，1988）的制度的互补性。撒切尔主义的制度必须要控制住部门强烈的监管要求，从而使市场在更为自由的条件下运转。那么我们在此就得到两种非常不同的制度互动模式，一者是要推动不受约束的行为，一者是要推动集中化的国家管控。当它们在一个特定的时间点合并在一个特定的制度布局中时，多元而又彼此联结的制度安排就能为对方弥补缺陷，并能封锁反对派行动者成功发起抵抗的机会。另 *164*

一个实例则来自蕾妮·梅恩茨①（Rene Mayntz，2004），她说明等级制与网络制等治理模式在恐怖组织中是如何共存的，但这不是“设计”得来的，而是多样性由偶然性造就的一个实例。这两种不同模式的可得性及在二者之间自如切换的能力，也就成了关乎存亡的大事。

制度集聚（Institutional clustering）可能具有独特的地域特征。“制度厚度”（Amin and Thrift，1994）这一术语就是创出用以解释经济政策在不同区域的相对成功的。有助于制度发展的政策，与相对生产成本或资源可得性是同等重要的。成功的关键在于地方上支撑企业间互信互惠关系、优先安排知识交流与创新的具体制度架构。这些制度往往历史根源深长，并能连接到家庭资源和以社区为基础的资源，比如意大利北部服装设计与生产行业的各个家族企业就共享市场营销与咨询顾问服务，或如德国南部巴登-符腾堡州各大机床制造商与本地高校研究团队之间的紧密联系②（Coulson and Ferrario，2007）。对亚洲等地新兴经济体的研究也表明，如果当下的“制度真空”能得到填补（例如支持信贷、鼓励创新和配合营销活动等），还能建立在当地传统与资源的基础上就更为理想，那么经济增长才将是可持续的（Khanna and Palepu，2010）。地方的具体制度集聚在其他政策领域也同样重要。我们在第 3 章中看到，当其他条件相近时，各个城市不同的政治参与水平就可以解释为当地社会和地方国家机关的支持性制度的集聚（方框 3.3③）。虽然这种结合在历史传统悠久、制度遗产丰厚的背景下就能有所发展，但我们也看到，当地的政策制定者也可能会支持这种结合的长期健康发展（当然也会避免破坏它们），而且其他地区的政策制定者也会谋求解决其各自的“制度真空”问题。

显然，要理解偶然性效应，就要求我们考虑政治制度与非政治制度间彼此联结的关系，观察政治规则、惯例和叙事话语如何同那些构建出更广泛的社会与经济生活的制度发生互动。例如金融制度，就与构建政府决策和行为的过程深有牵连。英国的财政政策看起来不只受到
165 所谓“市场需求”的影响，实际上更是由“市场需求”所引导的。在一个更具戏剧性的情况下，美国的投资银行高盛集团（Goldman Sachs）在 2002 年被发现曾使用货币互换④手段，帮助希腊政府掩盖其真实的赤字规模，从而绕开欧盟规则。这些货币互换将按时到期，届时高盛集团将获取厚利，而希腊政府的赤字将进一步扩大。

---

① 蕾娜特·梅恩茨（Renate Mayntz），德国社会学家，马克斯·普朗克社会学研究所创始人、名誉所长，以其深刻的组织研究广受赞誉，其理论贡献对社会学、政治学和公共管理等学科均具有深远意义。1957 年，她在柏林自由大学获授社会学博士学位。1985 年，创办马克斯·普朗克社会学研究所。1997 年退休后仍笔耕不辍，最近的作品是 2019 年出版的德语图书《社会的秩序与脆弱：蕾娜特·梅恩茨对话集》（*Ordnung und Fragilität des Sozialen：Renate Mayntz im Gespräch*）。蕾妮是蕾娜特一名的昵称或简称，请读者明辨。——译者按

② 巴登-符腾堡州的高等教育是以双元制的职业教育模式而知名的，其范例就是当地知名高校巴登-符腾堡双元制应用技术大学（Duale Hochschule Baden—Württemberg Stuttgart，也译作巴登-符腾堡合作型州立大学）。该校最为突出的特征在于凭借其合作伙伴网络（其中包括跨国公司、中小企业与社会组织，总计超 2 200 个），实现理论和职业实践在高等教育上的结合：学生在校进行理论学习，也能在合作伙伴的项目上积累实践经验。——译者按

③ 原文如此，但根据文义和语境推断，应为方框 3.2，请读者明辨。——译者按

④ 货币互换（currency swap），亦称作货币掉期，是指两笔金额、期限、利率计算方法均相同而货币币种不同的债务资金相互调换，但双方各自的债权债务关系并未改变。这种做法能避免债务的汇率风险，不论合同是采用即时利率还是远期利率，都将互换货币的汇率固定了下来。——译者按

再举一个不同类型的例子，女性主义制度主义者展示出来自家庭领域的那些关于赡养看护职责与女性家务劳动的制度化惯例和叙事话语是如何影响到政治制度的发展与解读的。方框 6.1 中的案例研究显示，这些非正式的制度就同其他关于“优秀”政治代表应具备哪些品质的惯例和叙事话语发生互动。即使正式规则避免带有任何歧视，甚至致力于推动“平等”，但这个“理想型”依旧是白种人、男性、中产阶级出身、专职从政的候选人（Lovenduski and Norris，1989）。由于正式制度（政策、法律法规、法庭裁决）往往是受这些具有严重性别偏向的非正式制度影响塑造的，所以它们这些非正式制度得以长期生效，“制造并复制出社会与政治层面更为广泛的性别期望”（Chappell，2006：226）。

方框 6.1 性别化的制度变化：苏格兰议会的候选人遴选

166 20 世纪 90 年代末，英国政治分权化的进程建立起新的议会空间，造就了新的治理结构，将新的政治行动者纳入其中，并将新的关切与议题整合到政治议程内。同时这个进程也为候选人的选拔流程带来新的机遇，给确立已久的选拔流程提供了发生变化的可能性。致力于性别平等的创新者就得以在更为宽广的改革轨道上充分表达他们的诉求，并成功将性别维度引进到苏格兰的“新政治”当中。

在 1999 年苏格兰议会第一次选举的前期准备阶段，苏格兰各个主要政党就受到女性代表权的内、外压力，苏格兰工党尤其如是。当选进入第一届苏格兰议会的女性数量空前（多达 37.2%），这很大程度上是由于苏格兰工党严格使用了定额手段来确保代表中的性别平衡。虽然苏格兰工党的女性面貌仍是苏格兰“新政治”的有力象征，但是传统的制度要素也被证实具有惊人的弹性——甚至能死灰复燃。

一个选区的案例研究发现，新的正式职位的职责说明和用人要求，虽然严格说来是有的，但实际上（即便潜在候选人与当地党员频频索要）并未分发到人。候选人的选拔标准仍然带有一连串性别化的假定设想，就比如与之相称的技能与经验的构成要素等等。女性候选人往往落选，并不是因为她们所具备的“资质”相对有所欠缺，而是由于政治职位的任职要求的规定方式值得商榷。以男性为主的政治精英们运用各种确立已久、措辞精当的优先考量因素，将之作为叙事话语，借以抵消女性在正式决策舞台上业已扩大的参与渠道与影响作用。与此同时，通过反复凸显潜在候选人“讲信义”、“人脉广”、积极投身“当地政治活动”且“认识有头有脸的人物”的重要性等方式，传统政治中的男子气概也得到充分调动。

女性候选人参与到社区活动（例如事关医疗卫生与儿童的事务）中的经验，却不如市议员或工会官员之类的任职记录够分量。女性竭力同时应付工作与照护家务，这非但不能证明她有能力灵活分配时间、贴近并体恤选民的日常生活，反而被看作累赘负担。候选人的选拔者坚称自己要找寻一位“出身本地”的候选人，但确立何为本地性则完全不是一个客观问题。相反，这依赖于种种性别化的假设来决断，这些假设决定着何为重要的当地关系，将奥斯特罗姆（1999：39）所说的“制度构造布局”中的某些层面而非其他层面加以突出——例如，它们看重的是本地商界、商会、运动俱乐部或传统的公民社团中的头面角色等。

来源：肯尼和朗兹（Kenny and Lowndes，2011）；肯尼（Kenny，2011）。

其实，我们大可以说制度并没有明显的“内”“外”之分；确切地说，这些边界是取决于（处在主导地位的行动者与反对派行动者的）战略行动及更为广泛的空间和时间偶然性效应的。这样一种见解来自新制度主义的核心成就，它割断了传统的组织观念加之于制度概念上的桎梏。如果制度只是存在于特定组织之内、之间及其周围［改述自福克斯和米勒（Fox and Miller），1995：92］的规则、惯例和叙事话语，那么要辨识它们的互动和共同演进是在政治领域内发生的，抑或是脱离政治事务而进行的，就应当易如反掌了。但实际上，其他领域发生的变化必然是制度变化的重要来源——不论是要动摇制度还是巩固制度，抑或是为制度的重新设计或调整改动提供新的模板。而且，同一批行动者会在不同的制度安排之间来回往返，他们带着自己的价值观与思想观念，还有他们在非政治领域协商达成
167 制度性约束的谈判经验。正是从这些跨制度的邂逅与碰撞中显现出制度的阻力和重新设计，其结果往往是制度的重新组合与多元化发展。政治制度没有与家中、工作场所中或社会中不断变化的性别关系隔绝开来，正如莫娜·莉娜·克鲁克和菲奥娜·麦凯（Mona Lena Krook and Fiona Mackay，2011：7）指出的：“政治制度本身正是由这些日常‘依性别行事（doing gender）’的具现化社交实践所构成的。认识到这些交互关系，反过来就能为能动性与变化开辟各种可能性。”

我们还想到尚塔尔·墨菲（Chantal Mouffe，2000：13）提出的“构成性外在”（constitutive outside）概念——外在就是为了使内在成为可能而排除出来的。方框 6.1 的案例研究表明，虽然有拓宽候选人选拔过程的种种尝试，但仍存在以性别为边界划分的构建过程，这就是通过给予某些特定的制度联结高于其他关系的特权，从而划定制度的“内”与“外”。一位女性候选人的资历遭到贬低、不受认可，这并非事出偶然；她的资历必须不受认可，由此明确怎样的资历能受到认可。科林·克劳奇（2005：160）以蛛网作比，描述制度是如何相互连接的，并说明不同连接的相对重要性是如何服从于战略行动和政治斗争的：

> 蛛网中心的丝缕密集厚实且清晰完整；随着蛛网向外延伸，蛛丝渐渐变得模糊细微，直到某个大致可界定的节点上，蛛丝完全断绝为止……在蛛网尚未明显变得稀疏之前，在蛛丝交会密集之处，我们才可谈及某种或多或少具有边界、足以区分的制度……其他制度则存在于其他交集甚密的蛛丝簇中，同我们最初关注的焦点距离各有远近……各种各样的变化能够……使蛛网中原先模糊细微的连接点变得强韧有力，也会使原先有力的连接点变得模糊。

在我们的案例研究中，候选人选拔同当地特定的政治制度和非政治制度的挂钩，以及同其他制度（女性群体、家庭和看护赡养的安排等）的脱钩，既不是客观发生的，也不是侥幸得来的，而是主导性利益关系开展战略行动的产物。随之而来的性别化结果，可用于解释制度架构借以分配权力的各种途径，但这是发生在一个动态的背景情境下的，其中战略性行动者正

力图影响不同制度性规则的表述。为了深化我们对“矛盾性制度”的理解，我们需要将制度的界限作为问题加以探讨，并且［依克劳奇（Crouch，2005：160）所言，］认识到“内部与外部、内生与外生”之间始终存在某种连续序列。有多种策略能打破那些（在政治领域内、 168
外）用以排斥边缘化行动者并剥夺其权力的制度联结关系，而我们作为参与性的学者，也可对这些策略加以凸显。考虑到我们的案例研究，政治制度在现实中永远不会实现“去性别化”（de-gendered），但通过培养新的赋权性制度联动，并开明地逐步打破根深蒂固的内/外边界，就可能会出现制度进行“再性别化”（re-gendering）的机会。

小结

我们将制度看作动态的过程而非静态的形式，并且承袭这一观点，我们在使用“相似性”和“多样性”时并不是在描述已成定局的状况，而是在指代种种不断变换的趋同与偏离模式。透过我们的“小品短文”，我们已说明第三阶段制度主义从复制性理论发展到衍生性理论的转移，其中也涉及从制度相似性到制度多样性的研究重心转变等等。这样一种转变是在不断向制度分析“注入活力”的努力下同步发生的——从而“将行动者重新带进来”到制度变化与稳定性的理论当中。强调制度重新结合与多样化发展的范围，也能突出制度性抗争与改革发生的机会。但我们也驳斥那些过于倾向能动性、多样性和背景情境并因而使制度主义脱离制度自身这个主要焦点的论调。

第三阶段的制度主义者们逐渐关注到相似性与多样性交融组成的结合体，而不再只是二者之一，这正启发了关于稳定性与变化更为广泛的讨论。至于制度本身，人们也愈发认识到政治制度是由那些往往各不相干、毫无可比性的要素所组成的架构布局，这些要素在政治领域内彼此相连，也同更广阔的经济与社会领域内的制度要素相互联结。认识到制度的边界是人为建构起来的且存在争议，就有助于我们理解制度的动态变化，并领会到其相对（*relative*）稳定性的种种情况。新制度与旧制度、新颖别致的制度与司空见惯的制度之间的差别可能会被政治行动者有意地加以混淆，以便组建并维系同盟关系，但这些差别本身往往就是冲突与重新解读的一大源头。这就将我们带到政治活动中模糊性的处境当中，也让我们了解到行动者是如何继承下来那些包含妥协与冲突的制度，又是如何在推动制度改革时继续复制这 169
些矛盾的。表面上显而易见的制度相似性（及其随时间推移而显现的连续性），实际上可能就是在掩盖各个行动者与联盟之间持续不断的矛盾冲突。妥协方案则为行动者提供了一个关注联盟活动的焦点，以及一个得以捍卫或攻击现有制度架构的平台。

随着制度主义迈入第三阶段，在思考其中对制度主义所蕴含的启示时，我们得出一项普遍性观察评述及三个具体要点。一般来说，我们认为建构更进一步的“新”制度主义思想收益甚微，除非现有理论支脉间的协同效应能得到全面开发直至尽得其妙。埃莉诺·奥斯特罗姆（2005：11）论证称，应当将目标着眼于“不断渐增累积的知识主体”，而不应建起一幢制度主义不同语言相互竞争的“巴别塔”[1]。

具体而言，我们的第一个要点就涉及制度，并且主张有必要辨识出归并到制度当中的种种矛盾张力。因此，我们接手（并建构）的并不仅仅是一个充满各种相似制度和相异制度的世界，这个世界上的制度与制度架构更是在体现各种权力关系、反映着不断进行的论辩斗争的。这一洞见超越关于制度变化与多样性的种种争论，迈入我们对于制度本身的理解的核心位置。由于我们倾向于得出一个理想化的规则概念，使其蕴含意义、解读与合法性三者的明确性，于是这样一来，把制度主义描述成与规则相关的理论，无意间就带有迷惑性了。

我们的第二个要点阐述了政治所具有的对抗性本质这一主题。我们在本章中强调，有必要将政治看作一项在连续的时间和空间范畴内发生的活动，而不是将之人为地分解开来、划归到行动者和制度及所谓的“环境”中去。形态各异的进化理论不仅帮助我们领会到，行动者和制度并不是在真空中运转的，而且还对设想“就在那里”还存在着某种更为强大且非常不同、时不时会介入政治的事物的趋向予以鼓励。通过强调制度跨越时间与空间的联结关系，我们的理论路径就提出，不论论证过程如何拐弯抹角、错杂交缠，任何既定的影响效果最终都能回溯到人类的能动性上。依照比喻修辞，我们不妨借用那句警句来理解这个主张：“你不是困在交通堵塞——你就是（*are*）交通堵塞!”

170 我们的第三个要点，本章进一步清楚阐明我们独具制度主义特征的能动性 5C 概念，以及约束和赋权间由行动者自行挑起并调整适应的种种矛盾。这样一来，那些以局外人身份出现的人就能相对迅速地摇身一变而成为局内人，并随着这种角色转变，他们也得以坐享种种特权、忍受种种制约。回到茶党干预 2010 年美国中期选举（方框 5.1）这个案例上，我们能看到来自这场社会运动的候选人如何成功赢下选举、在国会中占据席位，从那些他们号称自己唾弃鄙夷的制度上获益并成为这些制度的拥趸。相对地，得以成功推行改革的人接下来也必须设定策略，阻止反对改革的行动——从而牢牢地“黏着上”他们的新制度，使之得以约束今后的行动者。奥巴马总统就这样强行通过了他的医保法案，建立起一个防止其医保政策在众议院遭到撤销的联盟，迅速完成了从改革制度向维护制度的策略转变。不过，这样一个联盟是否有可能设计出一套稳健可靠的制度，足以到将来也不被推翻或取代呢？我们眼下就要转而思考制度设计的适用范畴及其局限性这一问题。

---

① 巴别塔（Tower of Babel）典出《圣经·旧约·创世记》，希纳尔地区（Shinar，亦译作示拿地）的人们要建造一座城和一座塔，尤其是要“塔顶通天”，进而违拗上帝的命令；上帝就“搅乱他们的语言”，创造出不同语言，令人们难以交流并最终停工。希伯来语的“巴别”（Babel）与“混乱”（balal）谐音，阿卡德文的“巴别”（Babili）则意为“神的门”，如今英语的“巴别”也用于描述多种语言搅扰的嘈杂声，三者分别与这个神话的不同侧面相合。此处作者也是借以表明反对创造出新的制度主义分支，那样非但不能促进学术进步，反而会导致相关研究各说各话、陷入停滞。——译者按

7　制度的设计

既然制度多样性和模糊性是不可规避的，而且也考虑到制度变化所固有的种种不确定性， 171
本章将追问制度是否能在任何有意义的层面设计出来。基于本书对于能动性和制度间关系的理论架构，以及我们对政治实践中制度设计的经验观察，我们的回答是一个有保留的“是”。这一分析结果也同时受到我们“参与性”视角的支撑，后者认为政治关乎价值观上的论争交锋。进行制度设计的尝试虽然极不可能达成其全部的既定目标，但在政治行动者试图将其价值观“黏着到”各个制度机制中的同时，这些尝试就已是势所必然。这类行动不仅包括那些英勇壮烈的奠基性时刻（例如，新的宪法）或是根本性的改革方案，也包括战略性行动者在一线实地开展的许许多多互不相干、细微琐碎的调整措施。如果“设计”是自行浮现而非经由计划产生的，那么我们就不应当低估意图——以及意外和演变进化——在塑造制度沿革过程中的重要性。

回顾制度主义研究各个主要支脉的相关见解，我们得以确定制度设计者们所面对的种种挑战。首先，行动者易于被改变正式规则与结构等快速见效的方案所吸引，而对改变与之相联结的惯例习俗和故事陈述则兴趣缺缺，仅仅予以口头支持而已。其次，制度设计者往往会低估围绕现有制度构造所发动起来的反对力量，也会小觑制度模式间联结关系密集性所带来的潜在抵抗力。最后，制度一旦设计出来，如果不能得到频繁活跃的长期维护，就会逐渐消亡凋散。维持维护的工作不只是要极力缩小制度架构内的各种裂隙缺口，也要缓和减弱我们在第 5 章和第 6 章所探讨的偶然性效应。所以，“设计”不只是关乎制度的创制，同时还是一项需要长期不断投入的事业，以此来执行规则、仿效惯例、排演故事。正如我们在自己“制度的就地取材”（institutional bricolage）分析中显示的那样，大量设计工作并不是“由新而始”[①]（de novo），更多的是将周遭乃至更广阔的环境中的各种制度要素策略性地进行重新组 172

---

① 原文系拉丁语。——译者按

合的这样一种活动。

本章将深入思考，一种对于制度设计所受限制的认知理解如何能转化为一整套优秀设计——或至少是尚可堪用的设计——的原则。虑及制度的内嵌性及无休无止的价值观之争等现实情况，我们提出，“可修订性”（revisability）和“稳健性”（robustness）这两重标准是最宜用于评估设计策略或预测实现相对成功的条件的。我们通过一项长期推进的案例研究，运用这两项标准，回想反思学术界与政策制定者当中对“设计”愈发高涨的兴趣，并对英格兰地方治理的改革策略加以思考。我们推断得出，在大多数情况下，制度设计者仅仅是希望将既有的制度架构逐步替换掉，而且设计者一旦就位上台，就负担不起忽视新的制度方案的代价。那么在这些条件限定下，试图推动有意识的制度变化的努力就仍是非常值得的。然而，那些谋求设计与重新设计制度的人，在着手应对面前的难题时，最好能怀抱着一种自我讽刺的反思性心态。

理解设计的适用范畴

第一阶段制度主义或“旧”制度主义假设，制度设计是一项主要由国家施行、以政府威胁制裁违规行为的合法强制力为后盾的活动，而第二阶段制度主义则通过其理性选择、历史与社会学三个变体，将这一讨论继续推进下去。我们将在下文看到，这些新的动向已为制度主义在第三阶段中更为精妙且跨越学科边界的理论阐述添砖加瓦，成为其重要的构成要件。

正是理性选择一派的学者将设计这一概念置于中心位置，这并不足怪。实际上，如果“设计”是指为达成某种特定目的且设计者长期保持兴趣并参与其中的制度架构建设，那么其中显然就同委托-代理模型多有共鸣。此处的重点就在于要创制出若干套明确且具有控制力的规则，并能监测它们的效力，必要时也能对其做出调整。与之相对，关切“变化”甚于设计的制度主义者们则继续向这个制度发展轨道的下游进发，关注制度如何应环境的压力而发展演进、如何在一场危机的余波中进行改革、如何在政治斗争的连续性中为人所重新解读等等。
173 理性选择的理论家预先构思出一种拟剧论，其中的委托人建立起代理人和制度间的关系，期望既能监测到代理人的遵从行为，也可监控到其叛离行径，并针对后者，适度地重新设计关键阶段的规则。

不过，就好比影响力广被的政治行动者能跨越边界开展工作一样，学界同样如此。在理性选择理论中，更为精密细致且更为人本主义的路径也已开辟出来（Crouch，2005；Ostrom，2005），其中制度既能赋予权力也可加以束缚，规则间相互联结的关系得到重视，委托人和代理人双方均对制度的影响作用展开设想、做出预测，互惠关系与信任同强制力一样重要。这样一来，社会学制度主义与历史制度主义的见解也就广受认可了。正如阿克塞尔罗德（Axelrod，1984：174）所说，“未来必然是投下了一个足够巨大的阴影”，这才使得制度能促成合作。或是按斯科特（Scott，2001：108）所言，“是对未来互动的预期为唤起互惠原则的规范提供了重要的刺激因素”。

埃莉诺·奥斯特罗姆（Elinor Ostrom）强调，制度不仅勾画出什么样的行为是禁止的，也说明哪些行为是许可的。在这一赋权要素外，她创造出“应用性规则”这个术语，其中蕴含着规则接受者在实践规则时能运使一定程度的能动性这样一种理念。实际上，奥斯特罗姆尤其关注当地行动者自下而上地发展出其自有的应用性规则的途径。这种理论导向是从她长期推进的“公共池塘资源”管理研究中阐发得出的，她将林地、渔场、油田、牧场及灌溉系统均纳入这类资源的范畴内。奥斯特罗姆发展出一套规模颇巨的研究方案，借此调查公共池塘的使用者群体是如何构建出多数情况下较外界或上级强加的制度框架（比如来自政府或当地的监管机构）能更为有效地维护“公地”的惯例习俗的［例如，请参见奥斯特罗姆，1999，2005，2007］。谈及设计这方面的问题，奥斯特罗姆（2007：18）总结称，“一系列彼此嵌套却又相对自主的自组织资源治理体系，在政策实验中能较单一的中央权威达成更佳收效”。

因此，制度设计就可看作一场规则接受者和规则制定者双方均能显著从中获益的正和博弈。然而，其他理性选择理论家对于制度设计及其产出正面效益的潜力并未如此乐观。希克勒（Schickler，2001）与皮尔逊（2004）更是通过理论架构起更为复杂、更具矛盾的过程，论证存在尚不明确且可能具有危害性的影响效果。希克勒（2001：5—12）的理论影响之广我 174
们在前文章节中有所提及，他认为不论在个人层面还是通过联盟关系协调，美国国会议员的利益本质上都是无可调和的。在这样一个反乌托邦的环境里，制度设计是必需的，但这样一种自相矛盾的妥协行为，总难免最终失败的命运。因此，面对那些受不同利益驱动、彼此间利害冲突重重的群体，具备开拓创业精神的成员就要通过拟定出足以吸引这些群体的提案来为改革寻求支持。这些设计者创造出“‘共同承运人’，从而在那些可能相互对立的立法者当中促成合作性的行动”。希克勒（2001：297，n.19）认为，“富于开创精神的企业家型领袖，并不是主要通过运用其人格力量来发挥影响力的”，而是要通过拟定提案，再说服他人相信自己对于议题的表达方式较他人更为准确。然而，这些努力的成果通常只是“各个成员和局外旁观者内心不满之情如江河般涌动不竭的源头”而已。

保罗·皮尔逊（Paul Pierson）借鉴社会学制度主义，并采用时间跨度更长的历史视角，采取了一种可能被称作“恢诡奇巨”的制度概念，他自己就将之描述为“巨大、缓慢而无形”。皮尔逊（2004：103—132）论证称，制度设计的预期前景极大程度上受到四种因素的限制：其一，行动者的混合型动机总是会产生出多种影响效果（这一点与希克勒相一致）。其二，设计者可能是依循合宜性逻辑而非结果性逻辑（logics of consequentiality），将合法化其行动的需求置于有效性的考虑之上。其三，政治行动是短期的，且偶然性效应是不可规避的（请参见第6章）。其四，随着外界环境的变化，较弱的制度也可能会在影响效应的塑造过程中变得更具效力，而较强的制度也可能渐渐消亡。

皮尔逊同时也在争取驳倒传统观点，后者认为如果设计在“制度选择”（institutional selection）的关头存在瑕疵，那么竞争与学习的过程就会在稍后开始发挥作用，以弥补修正这些瑕疵。皮尔逊（2004：126—129）则指出，即便行动者带有竞争性，制度也往往“在政治领域的某个特定部分占据着垄断地位”。同时，“政治的复杂性与暧昧性又给学习造成了严重的问题”。此处的学习是以不断试错的偶然性形式进行的，因此“自我纠错充其量也不过是片面的”。总而言之，皮尔逊特别强调他的本意并非要否认行动者能凭借经验寻求修正改进制度的途径，而是要说明“任何迈向‘进化功能主义’（evolved functionalism）的趋势，不论是以行动者为中心还是社会性的，我们都应当视之为极其多变的过程”。

175 这种针对学习活动的怀疑，作为增强制度设计的有效性的重要因素之一，也出现在萨巴蒂尔（Sabatier）关于倡导联盟的丰富研究中。他指出，“政策导向的学习”只能产生出次要的政策变化，因为深层次的核心信念与政策核心理念都是内嵌在规范当中，不是事实论证就能轻易动摇的。而主要的政策变化则来自外部的扰动或冲击，它们可能是社会经济转型、政权更迭、其他子系统输出的影响作用甚至是自然灾害等造成的。外部冲击更有可能导致物质资源与政治资源的重新分配，并扭转各个相互竞争的联盟间的力量格局（Sabatier and Weible，2007：199）。所以，“即使少数群体的联盟能通过扩充其资源、较其对手‘学得更快’（outlearning）来争取改善他们的相对地位，但是他们最初想要在子系统中赢取权力的期望却必须等待某个**外部事件**（*external event*）发生来显著增加他们的政治资源”［Sabatier，1988：148—149，着重号为原文所有（original emphasis)］。

在历史制度主义中，只有在第三阶段，对制度有意地加以设计这个问题才开始出现，并且仍带有几分碎片化和边缘化的特征。这种对设计的可能性漫不经心的态度，可以归结到历史制度主义广义上惯于在国家层面处理制度的粗颗粒和历史的广跨度这样一种倾向，并不擅长思考设计过程所必需的精微细节。同时，历史制度主义的一大特征就是假定政治生活的方方面面均存在着既有的制度，因此并不存在能施展设计手段的一页白纸。此外，历史制度主义对偶然性效应的关注，同样也分散了对行动者试图引导制度变化进程的努力的注意力。

但正如我们在第 5 章所见，历史制度主义仍试图将能动性带回到其对于制度变化的理解中来。马克·布莱思（Mark Blyth）将间断平衡的进化模型加以修订，从而论证称存在短时间的制度形成期，它们是经济危机所带来的，在此期间行动者会使用种种思想理念，为新的制度设计添砖加瓦。布莱思（2002a：40—41）回顾美国 20 世纪 30 年代的经济危机，提出：

> 每一种解决方案都是以一种关于“问题出在哪里”进而“必须做些什么”的特定观念看法为依据的。因此，正是仅以这些行动者用于解读其所在处境的思想理念作为参考，理解新制度的设计才得以变为可能。

176 与布莱思短暂的设计窗口期不同，薇薇安·施密特（Vivien Schmidt）所述的行动者享有高度的持续能动性，因为他们能发动思想理念以达成制度设计。对施密特（2009：533）来说，政治的实践就是“具有感知力的行动者构想出做什么、怎么做的新理念，并投入到讨论当中以劝说他人相信这的确就是需要做也应当做的事情这一整个过程的产物”。科林·黑伊（Colin Hay，2012）在就英国目前的经济危机展开分析时指向一片迄今仍未停战的“话语战场”（discursive battleground），两种话语就在其上一决雌雄。一方面是指责“工党缺陷”的话语，这种话语拥护紧缩政策，将经济危机归咎于上届政府的挥霍浪费。另一方面则是批评“托利党削减”的话语，它呼吁推行政策、扶持经济增长，将不断深化的危机归罪于意识形态所驱使的毫无必要的公共开支削减。黑伊认为这些“关于我们目前的处境和我们如何到此地步的不同认知相互对立、非此即彼”，虽然它们都是在分析之前那种增长模式的崩塌，但它们很可能会带来“迥然不同的应对措施”。与施密特相同，他也强调称，赢得全体选民对某一种故事叙述的支持，正是新一轮制度设计（而不是政策性的推诿搪塞）至关重要的前兆。

凯瑟琳·西伦（Kathleen Thelen）在第三阶段的研究则阐发了她的核心理论，也就是相对弱势的群体通过对那些原先用于压制他们的制度逐步进行长期改造，就有可能“劫持”它们，使之为己所用。这样一来，就可将行动者看作一直在努力扭曲制度，重新解读那些束缚他们的规则，使之符合自己的利益和目标（Mahoney and Thelen，2010）。西伦聚焦于制度变化，又将之同制度创制、制度建设和设计等思想熔于一炉，进而提出三大关键要点。其一，“制度设计者从未完全掌控他们的造物为人所使用的功能用途”。其二，“裂隙缺口之所以出现，是因为制度建设一般是关乎政治妥协的……制度和规则往往从一开始就是模糊暧昧的，而且几乎总是刻意为之（*by design*）的，这是主宰着制度创建过程的具体（且往往相互冲突的）利益联合体所造成的结果”。其三，制度分配权力，因此制度必然是自相冲突的：“因为这些冲突中的‘输家’并非总是会败走遁逃，未能跻身‘设计联盟’的行动者有时仍有可能会想方设法地占据并重新调配（*occupy and redeploy*）那些并非他们所创的制度”（Thelen，2009：491，着重号为原文所有）。萨巴蒂尔和施密特聚焦精英行动者生产出其偏好的制度架构并使之运转的能力，西伦则与他们相异，她的重点在于起初的设计过程所具有的易错性（fallibility）与非精英行动者结合策略 177
和机会主义、在稍晚某个时间点得以重新设计这些制度的机会窗口。

借由他们的“策略-关系路径”（strategic-relational approach），黑伊和杰索普（Hay and Jessop，1995）构建起制度设计所能凭借的机会及其所承受的诸多禁制（也请参见黑伊，2002 和杰索普，2007）。行动者“被假定为具备策略能力——有能力构想出能实现其意图的方式方法，并能修订校正这些方式方法”。而且，他们栖居在一个制度的世界当中，这个世界是带有策略选择性的；也就是说，行动者们通过谈判所达成的制度形势早已是由早先的行动者塑造而成的了，且仍将深受这些行动者的影响，也因此，这个制度世界会偏向某些特定的策略胜于其他策略。在一个反复迭代的过程中，行动者在这个既定的制度场景下构想出一种策略，随后就照此行动。然后，这种策略行动的效应就会创造出两个反馈环。一个反馈环将这次行动重新连接到最初的制度形势上，它此时已受到行动者干预措施的影响了；另一个反馈环则以策略性学习的形式重新连接到行动者身上。第二个反馈环是用以增强“对于结构及其所施加的约束/机会的感知认识，进而为下一步策略的构想成形甚至更富成效打下基础”的（Hay，2002：126—134）。

因此，初看之下，这些行动者似乎与传统理性选择模型下那些精于利害算计的行动者颇为相似。但是，这些行动者所运用又转而影响到他们自身的种种过程和影响效果，在三个重大层面构建起这一理论路径的差异性。首先，行动者的意图是经由一种多动机的视角来实现概念化的：行动者争取追求他们所感知到的各式各样的利益，这些利益是在不同的空间、时间场景下建构起来的。所以，就如我们在第 1 章所论证的，一名行动者在做出单个策略选择时，可能会从最符合他或她的利益、最符合其所在政治群体的利益及最符合其国家乃至星球的利益的流动性感知出发，建构出一系列动机与正当化理由。

其次，这一理论路径假定行动者具备一定水平的反思性能力，这超越了我们之前在第三阶段的理性选择制度主义中观察到的想象与先见等基础能力。黑伊（2002：131—132）认为，“在监测到自己行动（预期与非预期）的后果时，行动者可能会开始调整、改进和摒弃他们原
178 先选定用于实现其意图的方式，与此同时，他们也可能会调整、改进或摒弃他们原先的意图，以及这些意图原先所依据的利益观念”。实际上，在他们开始这个审查与修改的连续过程前，行动者就依据他们对制度形势的评估，预先推想出不同策略可能带来的种种后果，并基于这些推想预测，做出自己的策略选择。

最后，正是能动性所固有的易错性在这一策略方法的理性特征上投下一层深重的阴影。因此，行动者可能会“误读”（misread）制度形势，并依照他们这种不准确的环境认知来制定和推想各种策略。此外，当他们在监测并回顾自己策略施行的过程时，他们可能会对优势和劣势的成因有先入为主的认识，他们把自己手中的证据塞进这些认知当中，进而就有可能将实施策略的进展或挫折归结到错误的缘由上去。这样一来，黑伊和杰索普所运用的学习概念就全无功能主义的含义了，这是因为政策在学习过程中必然有所改进。而且，因为他们错误的学习成果不仅会反馈到他们自己身上，也会反馈到行动者们共有的制度形势不断构建形成的过程上，那么行动者的错误概念就可能会对其他群体——一般是那些较为弱势的群体——造成危害性的后果。以 20 世纪 30 年代的纳粹德国为例，反馈环就可能使政治行动者更加确信其针对犹太人、吉卜赛人和同性恋者的强烈偏见，同时也会进一步堆叠出不利于这些群体的制度形势。

在社会学制度主义中，对新的制度设计的需求和设计供给的“制度化”之间要划清界限，前者包括对于多样性的期望，而后者则倾向于相似性与趋同。正如斯科特（2001：109）的解释，在需求侧，“制度之所以得以存在，是因为参与者觉察到有一些问题需要以新的方法来应对。参与者在各种持续进行的事态中感到不适不安，于是受这种情绪驱动，他们设想出或借用新异的规则或模式”。但他们的努力是从属于种种“同构”倾向的。迪马吉奥和鲍威尔（DiMaggio and Powell，1991b）“强制同构”（coercive isomorphism）的理论化认识，就专注

于其他组织施加于这个组织上的“环境性”的压力与“文化期望”，这本身就蕴含着对于偶然性效应的被动反应，而不是前瞻性的设计进程。然而，“模仿同构”（mimetic isomorphism）则是理论化为针对环境的不确定性而发的特定应对措施，其中行动者要有意识地按照某个相似组织的形态与行事方式重新设计其组织的各种制度，这看起来能更有效地应对那种不确定性。“规范同构”（normative isomorphism）源自行动者在组织乃至更广环境中的职业化过程， 179 同时也再次暗指精英行动者至少一部分是在积极谋求重构现行的制度架构，借此遵从一系列特定的价值观及其感知到的利益。

与此相似，迈耶（Meyer，1994：42）预测到社会生活的方方面面都正在被带到“宣称具有普遍适用性的各种意识形态的规定”下。当然，这样一种立场为社会运动的学者所质疑，他们（正如我们在第 5 章中所见）采用的是一种“自下而上”的路径，其中规则接受者组成的联盟企图打破规则制定者的制度设计，代之以他们自己的政策或是将自己的政策增补进去（Schneiberg and Lounsbury，2008）。这个过程在派系间冲突的振荡节奏中最好是可以描述为“运转中的设计”（design on the run），这是因为其中显然缺乏能令行动者暂时中止并控制整个设计流程的间断空档期。同时，新异的制度设计在传统的制度景观中如同孤岛一般，并为未来的进一步改革提供了“起跳”点（例如，公务员体系中女性的政策机构，或私有市场上的合作建房计划等）。我们不应当只是因为这些产出结果看起来杂乱无章或并非全然理性就贸然假定其中不存在有意推进并正在运转的设计过程。甚至科恩、马奇和奥尔森（Cohen，March and Olsen，1972）著名的“垃圾桶模型”就主张，行动者就像服装设计师或建筑设计师会运用自己信赖的模板那样，他们也会相机而动，适时地将新问题安置到他们过去曾使用过的既有解决方案上。这可能并不是理性的设计过程，但也不是随机而为的。正如我们接下来将要看到的，第三阶段制度主义广泛借鉴理性、历史与社会学各个支脉，由此探索模糊性、妥协与多样性是如何成为制度设计的资源而非桎梏的。

就地取材的设计工作

贯穿全书，我们始终强调的是，制度对于个体而言并不是“外在”的。正是行动者自己每一天都在打造并重新打造制度。实际上，我们通过观察行动模式，只能知道制度（在塑造行为这方面）是“有效”的。第 5 章就说明政治制度是凭借个人将制度同不断变化的情形匹配起来的努力——包括长时间调整适应规则、惯例与叙事话语——而逐渐发生改变的。第 6 180 章则说明政治制度往往是作为多个互不相干的要素（及其与非政治制度的联结关系）所组成、以模糊性与妥协为特征的架构布局而发展演变的。这样的调适过程是否可算作“设计”？我们在此指出，设计的关键是要依托于多个制度开创者的创造性工作，他们在面对新挑战时要争取扩大其制度资源并将之重组起来。这样的行为可能是自私利己的，在权力格局不断变化的背景情境下尤其如此，但它们也可能会导向某些公共福祉的理念上，譬如改造各项制度的结构布局，使之满足其最初的目的，或表达出某些新的根本价值观，等等。

制度上就地取材（institutional bricolage）这个概念，我们在上一章就已有引介，它就把握到了设计要依凭小修小补或东拼西凑等手段达成的必然性：

> 制度很少是从零开始创制出来的。它们绝大多数都是现有要素或其他制度材料重新组合、重新排列所形成的产物，这些现有要素或制度材料恰好就在手边待人取用，而且即便大量损耗，它们依然能为新的目的服务。（Lanzara，1998：27）

在路径依赖，以及资源限制、风险规避与信任普遍缺乏等更为广泛的背景下，就地取材可能实际上是实现制度创新的唯一途径（Lanzara，1998：27）。在一个制度更为多元相异、更为丝缠线绕的治理环境中，就地取材可能也同样非常恰当。例如在地方治理中，制度矩阵的形态是在多个不同的制度层级（从欧盟到国家、地区、地方乃至社区一级）和不同的制度区位（政治领域、商业领域与社会领域）上所开展的行动所产生的结果。彼得·约翰（Peter John，2001：132）曾提出，不同层级的制度安排正在变得“深深嵌入彼此的事务当中，以至于在职能有所重叠的行动者之间造就出无数网络与联结关系所构成的连续统一体”。

制度上就地取材的显著意义，是与第三阶段制度主义中日渐认识到制度变化的**内生性**源头的重要性（第 5 章中有所记述）紧密相关的，这同第二阶段各个理论路径主导的外部冲击说形成鲜明对照。这也反映出第三阶段制度主义要**将行动者重新带进来**的理论决心。制度变
181 化并非发源于其自身的运动，而是要依托于人类的能动作用。我们需要把行动者将制度安排转用于新目标的各种策略理论化。制度设计不只是宏大蓝图与正式规划，甚至恰恰就不是宏大蓝图与正式规划，它要利用到“将那些尚在隐藏的、不被认可的或是令人讶异的潜在要素从可用的制度总目中发掘出来的开拓性发现”（Crouch and Farrell，2004：33）。立足于克劳奇和法雷尔的深刻见解，也基于我们早前的研究工作（Lowndes，2005），我们就能明确制度开创性借此发挥的四种策略。我们将之命名为“回忆”、“借用”、“共享”与“遗忘”。这一分类并非意在面面俱到，而是要说明存在更为宽广的策略选择区间。当然，我们也不应当不顾这些策略理论上的反响如何，就一味假定它们能自动奏效。规则、惯例和叙事话语塑造着行动者日复一日的行为，并且始终是经验研究在具体情境下的观察对象，只有这些策略在其中引发出转变，才可判定它们是有效的。

制度回忆（*Institutional remembering*）就是要将冗余的制度资源激活而用以服务新的目标。简单来说，这就意味着要恢复早已弃置的旧有工作方式，将之转用于处理当前情况下的新问题。“休眠”的制度资源“对于能深入彻查她过往技能总目的行为主体来说仍具有潜在的可得性”（Crouch and Farrell，2004：18）。将冗余的能力和职能保留下来，就可能会为应对新环境或处理不断变化的环境创造出种种机会（Crouch and Farrell，2004，23）。抛开商业性的“损益表底线”带来的压力，制度回忆可能在政府和公共部门中更具成效。讽刺的是，坚持主张推行“最优做法”并加强监管，可能反而会排挤掉那些看似“冗余、重复且闲置懈怠”

(Walsh *et al.*, 1997：24) 却具有潜在价值的制度资源。

我们在第 5 章中已看到，路径依赖的理论明确指出，其他可供替换的制度路径也是可能存在的，但由于若干个小事件不断巩固最初的选择，最终唯有一条路径建立起来。不论最初的选择是如何武断随意，收益随后就开始不断递增，将这条路径牢固地确立下来。正是在这样一种背景情境下，“制度回忆”取得了非同寻常的重要意义。探察过往的制度总目，使制度的开创者们得以回忆起那些曾经可行但已遭废弃的路径，进而深入开发这些次要路径所具备的潜在可能性。同凯瑟琳·西伦从历史视角观察所得的“制度转化”相近，新目标被加诸旧制度上，从而实现对后者有效的“重新定向”或“重新解读”。同时，随着次要的制度占据上风，原先占据主导地位的制度也就遭到“撤换”了（Mahoney and Thelen，2010：15—16）。182
方框 7.1 就给出了制度回忆在实践中发挥作用的若干实例。

方框 7.1 英格兰地方政府的“制度回忆”

市长

182 自 2000 年以来就有多次要在英格兰地方政府推行直选市长的尝试，它们都参考了维多利亚时代那些权势极盛的市长的“历史记忆”。官方的参照对象则是美国与欧洲大陆的市长，他们具有行政权力；事实上也的确有审慎的解释，说明新的市长职务“并不是”英格兰传统认知上作为“第一公民兼议事会主席这样的社会性和仪式性角色”的市长（Stewart，2003：67）。但实际上，设计者却试图复兴正在休眠、功能层面已累赘冗余的英格兰市长制度，并向其中融入新的目标。这个策略是力图要为这个新的职务增加一层威严端方的气象[①]（gravitas），这并不全然来自其作为地方政府的团队领袖这样一个角色，也很难在一个新的职位上从零开始建立起来。市长制度既带有社会地位的礼仪性装饰，同时在工党政府和现今执政的联合政府都极力试图打造的领导力层面也具有历史渊源。伯明翰市的约瑟夫·张伯伦[②]、斯特普尼市的克莱门特·艾德礼[③]、哈克尼市的赫伯特·莫里森[④]，他们无一不是魅力非凡的

① 原文系拉丁语。——译者按

② 约瑟夫·张伯伦（Joseph Chamberlain）是英国著名的企业家、社会改革家和政治家，他的政策理念——关税改革和帝国统一——都远远领先于他所处的时代而不被认可，他因此造成了英国自内战以来最严重的议会分裂。他于 1873 年当选为伯明翰市市长并在次年成为职业政治家，1906 年再度当选，他在任时推行激进的市政改革，将水和燃气供应从私营改为市政承担，清理贫民窟，将居民重新安置在市郊；尤其是自 1892 年开始，他就不断努力，最终在 1900 年促成英国第一所“红砖大学”伯明翰大学的成立，并在 1900—1914 年出任校长。此外，其子奥斯丁·张伯伦和内维尔·张伯伦也是英国著名的政治家，曾分别担任财政大臣和首相。——译者按

③ 克莱门特·艾德礼（Clement Attlee）是英国政治家、首相和工党领袖，其重大事迹包括领导战后重建、建设福利国家、准许印度独立并领导帝国向英联邦转型等等。他于 1919 年出任斯特普尼市（the Borough of Stepney）市长。——译者按

④ 赫伯特·莫里森（Herbert Morrison）是英国工党政治家，领导伦敦地方政府长达 25 年，并在战时内阁和战后内阁中担任重要角色。他于 1919 年出任哈克尼市（Hackney）市长，后亦当选为伦敦的东威尔奇、南哈克尼等区的议员。——译者按

超卓人物，能与各自的党派团体保持相对独立，不只是地方议事会的领导者，更能引领他们的社群和当地的民众。实行市长选举制的尝试实际上成效甚微，这就说明在公众兴趣缺缺或支持不足，且现行体制下利益攸关的地方政治利益团体（尤其是地方当局的党派团体）反对的情况下，回忆策略的效力是相当有限的。

教区

183 不过，在重新振兴“教区”作为新的社区改革基础时，回忆策略则更为成功。教区议事会也是一种次要的制度路线的外在表现形式：这曾经代表着一种以本地本土为主的地方治理概念，优先对待邻近关系、社群身份认同和本土差异。时移世易，这个路线逐渐从属于另一种制度路线，后者传达出一种职业化的、以服务为主的地方治理概念，优先对待规模、政党忠诚和待遇平等。“本土”路线从未消失（英格兰有多达 9 000 个教区议事会和 75 000 名选举产生的议员）；但教区议事会并不是全国通行的，其职责也不甚明确，而是完全由各地自行斟酌决定。在其下

建立基层机构一直以来都是地方政府的一个次要选项，但它们现在却正被“回忆”起来，因为地方当局要以社区为基础，通过整合一大批一线业务，着眼于整体上的“幸福安康”（而非各项业务的具体绩效指标），力图大幅缩减开支。在英国联合政府的“大社会”方针指导下，社区工作也被看作热心社会事务的公民提供了一个他们得以作为志愿者与公共服务的共同生产者参与其中的平台。伴随着处于主导位置的专业化官僚机构逐渐失去其正当性，并开始丧失其在政治家与大众当中影响行为、塑造期望的能力，这类地方主义的回忆也就开辟出了发展空间。虽然民众担忧“大社会”是否只是缩减开支的掩饰之辞，但民意调查的的确确显示，广大公民有志于更多地参与到地方上的实践活动当中。因此，这一回忆策略可以证实是较市长选举制更为成功的。

来源：朗兹（Lowndes，2005）；朗兹和斯夸尔斯（Lowndes and Squires，2012）。

制度借用（*Institutional borrowing*）涉及将制度资源从某个相邻的“行动空间”（action space）转移过来（Crouch and Farrell，2004）。最有可能运用这一策略的行动者，正是那些能在多个制度环境中开展活动的行动者们。对于“那些能同时在其不同构成部分中进行不同博弈的复合型集体行为主体”（Crouch and Farrell，2004：24）而言，借用特别切中要害。而在一个多行动者、多层级治理的环境中，又牵扯到多种规则和多方参与者，借用能为制度设计提供丰富的创意灵感，以及设计素材。试举一例，英国 1997 年大选中新当选的议会议员①不少都是在任的地方当局政务委员，所占比例高得异乎寻常。这就使得制度借用的泛化过程
183 成为可能，而且这个过程（成效各有不同）还是双向的——从地方议事会到议会（例如，修改议会辩论的时长与时间，使之更为接近常规工作时间）和从议会到地方议事会（例如，以议会的特别委员会为模型，设计地方当局新的“审查委员会”）。有趣的是，涉及此事的议员几乎全部都在短期内就放弃了自己在地方议事会的职位，也就破坏了这种制度借用今后得以

① 在当代英国政治中，议会议员一般是指下议院的成员。——译者按

实现的机会，而这种制度借用的策略在兼任多个政治职务已成定规的政治体系（譬如法国）中则是完全可行的。

制度共享（*Institutional sharing*）是指克劳奇和法雷尔（2004：34）所说的“通过结构化关系组成的网络，从其他行为主体那里将经验转移过来”。“借用”是说同一名行动者在她所处的不同领域之间往复转移经验，而“共享”则是在提供获取（在其他行动空间中开展工 184
作的）其他行动者的制度总目的途径。如果说回忆是向后方看、借用是向侧面看，那么共享就是**向外侧**（*outwards*）看以寻求扩大并重组制度资源。从概念上讲，共享尤其有趣，因为它是在质疑任何一种“严格地将行动者应对不断变化的环境而采取的举措来源划分为内生性与外生性的二分法”（Crouch and Farrell，2004：34）。我们在第 6 章就已有探讨，意图创造出制度“内”“外”之分的尝试，本质上都是政治行为，都是行动者在这些边界间往来突击，以争取新的制度资源与职务职责。公务员采取私营部门的管理技术，就是制度借用的范例，这同时也带来公/私部门间的渗透性不断增高，市场改革就为企业创造了竞标承包合同、投资公私合营伙伴关系的新机会，也为商界领袖打造出跻身上流、获取高薪职位的机遇。制度回忆、借用和共享等策略同时共存、持续推进，就产生出凯瑟琳·西伦所说的“制度层积”效果。理解制度设计的过程就好比是一名地质学家努力地分开一块变质岩内的沉降层并加以分析。

因为“有效”的制度是被嵌入非正式惯例中的，还有支持性的叙事话语构成其基础，所以要废除或撤销制度是非常困难的。去制度化是每一位改革者的噩梦。阻止人们按照他们习惯的方式行事，通常是比发动人们参与到新活动中更加困难的。甚至即使是当正式要求从成文法或规则手册中抹去时，建立已久的惯例（以及用于正当化它们的支持性叙事话语）可能仍会留存下来。在制度自身的持续留存外，认为这些最初的制度为自身利益服务的人就很有可能会捍卫这些制度。在旧有的规则与惯例不受正式承认而仍得到执行的乱象中，想要推行新的制度也同样非常艰难。那么，对于就地取材的设计者来说，还有哪些可用的选项呢？

制度遗忘（*Institutional forgetting*）就关系到撤回对现存制度的主动维护。这并不是心不在焉的疏忽，而是策略性的遗忘，或者依西伦所说，就是“蓄意忽视”。制度要保留其处在政治生活最前沿的位置，就需要有效的培养维护：信息的提供、利益的分配、惩处措施的执行、惯例的贯彻落实和支持性叙事话语的排演等等。如果这些维护工作遭到忽视，制度就会 185
渐渐萎绝枯败。当“旧、新之间的妥协”逐渐转变为“旧事物的落败”（Mahoney and Thelen，2010：15—16）时，旧的制度就会最终被排挤出去。在公共部门与私营部门的工作环境中，不少“工作时间灵活”和“有利于家庭生活”的制度安排似乎正是这样的命运。虽然它们仍在“规则手册”中，可一旦高层人士不再积极推行它们，也不再身体力行了，而致力于推行它们的人发现自己的职业发展遇到挫折，或是遭到同事们的反对时，这些制度就会被束之高阁，弃而不用。届时，这样的制度性规则可能很快就会由于接受率低或缺乏足以说服保留它们的“业务用例”而被正式废止。不过，即使这些规则暂时从规则手册中消失了，但与它们相关的惯例与叙事话语却只是隐藏起来，它们静待有行动者将自己重新拽出水面，要求进行改革。

那么，制度的就地取材与重新组合是否就穷尽了制度设计的可能性呢？我们又该如何理解那些宏大的制宪规划和制度改革倡导者的英雄壮举呢？我们知道，每一天都有新的宪法在编写起草、国际条约在筹备谋划、投票系统在设计布局、公职体系在改组重构、社会运动在重新加以监管。如果“真正”的制度设计只可能从现有规则、惯例和叙事话语的裂缝间浮现出来，那么上述所有行动是否都只是一场徒劳呢？

我们在本书前文中看到，制度主义遭到诟病，被指责只是在陈述显而易见的事——制度的变化是难以控制的——并且退回到一种“万事皆有可能”的立场上去了。但第三阶段的理论路径正是要回应这方面的批评，它们要阐明如何将制度改革所受限制的认识转译为一系列制度设计的原则。我们当下就是要转到这一议题上来。

制度设计的悖论

第三阶段制度主义必须面对一个有关制度设计的悖论。刻意地为设计而设计（design with a capital ‘D’）的制度设计就很可能会失败（也就是不能满足其所有目标）；但对政治行动者来说，刻意突出设计也的确是一个势所难免——且又完全恰当——的抱负。从研究上也从日常生活中都可明显看出，推行从根到叶的全面改革的尝试，其发起人的意图罕有能得到满足的。我们不少人很熟悉职场中的那类改组举措，充其量不过是重新摆放折叠躺椅而已，
186 抑或是发表时豪言壮语、到执行时又因资源有限或反对派的阻力而大打折扣的政策宣言。制度的变化的确是难以控制的，这是因为现有制度安排内在所固有的权力关系难以撼动，也是由于政治制度本身的内嵌性或嵌套性。新的制度很可能会遭到那些受益于现有安排或认为新规则不利于自身利益的人的抵制（或“劫持”）。它们可能会以符合当地特有制度环境的方式来进行修改调适。各个组织和各个群体具有极为巨大的容纳空间“以供增编、吸纳或偏转新的倡议”（Newman，2001：28）。“旧”制度与“新”制度往往是同时并存的，二者间常是气氛紧张的。即便是当新的正式规则已落实到位时，非正式惯例与叙事话语仍可能在以旧的方式继续影响着政治行为。

不过，尽管有这些阻碍，制度主义者还是坚持认为，力图推行改革的尝试依然是极为重要的，因为它们表达出了那些隐藏在政治制度表象下的社会价值观（并揭露出围绕这些价值观而开展的斗争）。改革的尝试为这些支撑着现行制度安排及其备选项的价值观提供了“能为人发现、阐明并详述细化”的机会（March and Olsen，1989：90）。在行动者发展出“一套何谓良善社会——他们不一定有能力实现这个愿景——及备选制度可能如何促进这样一个世界形成的认知”（March and Olsen，1989：91）的过程当中，制度改革是其中的

关键一环。

那么，在了解这些惯例的隐患和叙事话语的紧迫性的情况下，制度设计者应当如何行事？在第三阶段制度主义的一段经典陈述中，鲍勃·古丁（Bob Goodin，1996）就力陈应当将重点放在制度的再设计（*redesign*）而非设计上、放在确保制度变化的间接（*indirect*）机制而非直接机制上。“再设计”是十分重要的，因为改革者必然受制于“过往的制度遗产”。“间接”的途径也是十分重要的，因为改革者需要操控或限制那些分散的政治行动者的干预措施，而不是要争取强制推行某一套孤立存在的规则。古丁针对“有意设计者的神话”（The Myth of the Intentional Designer）作出辩驳：

> 通常来说，并不存在单一的设计或设计者。只是有许许多多进行片面设计而彼此相逾的局部化尝试，制度设计的任何理性方案都必须考虑到这个事实。因此……我们应当看齐的目标，不是要直接进行制度设计。恰恰相反，我们应当致力于设计制度设计的方案（*designing schemes for designing institutions*）——这些方案对设计者的多重性及其
> 有意介入设计过程的干预措施彼此相逾的性质均会给予应有的重视。（Goodin，1996： 187
> 28，着重号为作者所加）

第一阶段的制度主义假定，内在的一致性及其同外界环境“相适宜的优势”结合起来，就能保证得出优秀的制度设计成果；而第三阶段就跳出了这种假设。实际上，优秀的设计是靠清楚明确的价值观而非各种必需的功能、靠学习和适应能力而非环境的“适宜性”来加以保证的。因为制度不可避免地体现着价值观与权力关系，所以制度设计就无法避免地成为一个规范性的项目。制度的改革方案中所推行（和质疑）的价值观都需要明确下来。要扭转“旧”的价值，是制度变化难以实现的原因之一；与此同时，正是这个规范性的维度使得制度设计如此重要。罗思坦（Rothstein，1996：138）如是解释：“如果社会规范……随政治制度的特征变化而变化，那么在某种程度上，我们就能决定自己所生活的社会中应当盛行哪些规范了。”在制度设计中，起指导作用的价值观不仅应当清晰明确，还需要是“可为之公开辩护的”（publicly defensible）——也就是说，它需要在广大民众眼中是正当合理的（Goodin，1996：41—42）。用以指导制度设计的价值观需要被充分理解，最好能在民众当中经过一番批判讨论（Luban，1996：169）。德雷泽克（Dryzek，1996：104）论证称：“没有制度能脱离相关的支持性话语而运转。”“价值素养”（value literacy）可能是一项同“效率能力”（efficiency capacity）同等重要的制度设计属性（Stoker，2010）。

胡德（Hood，1998）反对制度设计中的“以本能反应得出唯一最佳方式”（one-best-way reflex）这种说法，也反对现代性具有单一“领先前沿”的思想。关键是要在制度设计中稳定地保持着“多样性的引擎”（variety engine），而不是要争取某一种特定模式的广泛应用，抑或所谓“最优做法”最大限度的扩散等等（Hood，1998：69）。要容忍甚至推进制度设计中的可变性，这是一种打造创新能力、在不断变化的环境中培养适应能力的方式。因此，以价

值为先导的“制度设计的方案”就能掌控并利用本地知识与多元且分散的制度开创者的创新能力，而不再是横加阻挠或径行否决。古丁（1996：42）主张：“我们应当鼓励不同地区、不同结构下的实验尝试；进而鼓励对来自其他地区的经验教训进行反思，并在适当情况下，鼓励借用经验教训的意愿。”对预期与非预期后果进行反思，能够进一步增加设计变体的丰富
188 性，并能让那些肩负着制度改革任务的人得以掌控就地取材的过程，而非弄巧成拙，在自己所施加的影响作用下踌跚踉跄。

制度当然是同稳定性有关的。制度的“要点”就在于将政治行为稳定化、常态化，以追求特定的实质目标和程序性目标。回到设计的悖论上来，也正是制度的稳定性令改革变得困难而又有吸引力。设法实现制度变化，令政治家能以新的方式表达预期、影响行为。他们能够依靠一个稳定的制度架构布局来为辩论与行动确立边界，而不需要在每一个议题上都争胜斗赢。制度规定并禁止具体的行为形式；按马奇和奥尔森的说法，它们设立起一套合宜性逻辑——什么是可接受的、什么是不可接受的，什么是可取可欲的、什么是无人问津的。

因此，制度设计的目标就在于（不论最终结果如何片面偏颇）让规则“黏着”下来。古丁（1996：40）解释称：“我们时而想要具备将自己同一套具体行动绑定起来且确保我们（或我们的继任者）能抵御任何背离这套行动的诱惑的能力。”不过，第三阶段制度主义的感知力则确保有另一种使制度黏附下来的微妙途径。古丁（1996：40）提出，政治制度需要灵活可变，但也不能“硬脆易碎”：它们应当“具有合适时发生改动变更的可能性”，但“当社会环境发生同这些制度的存在依据无关的改变时，它们又能有所抵抗，不为这些改变的猛烈震荡所扰”。政治制度要能**适应**（*adapt*）新环境，而不为新环境所**毁灭**（*destroyed*）。

我们在第 3 章中看到，制度的一大决定性特征在于它们是“三合一”的——也就是说，[不同于“二合一”（diadic）的组织和完全自行实施的习俗，]“它们是由未参与制度化互动的‘第三方’建立起来并加以实施的”（Offe，1996：203）。简单来说，制度的框架效应[1]并不是一时凑巧；它们之所以存在，是因为某些人在某处对它们所造成的影响十分在意。执行者可能很轻易就被识别出来（某个职业联合会、政府机构或当地律条等），但它也能以更不规则的利益关系的形式表现出来（譬如“学术自由”或为人厌恶的“制度化种族主义”）。但纵观种种情况，执行都是某种过程而不是某个事物，它仰仗于“解释某种制度化的现行秩序为何能保持有效并因此应当受到遵循的各种论证”（Offe，1996：204）所给予的支持。

---

① 框架效应（framing effect）是由以色列心理学家丹尼尔·卡内曼（Daniel Kahneman）和阿莫斯·特沃斯基（Amos Tversky）于 1979 年提出的，用于描述一种常见的认知偏差，即一个个体从一系列选项中做出选择时，往往更多地受到信息表达方式的影响而非信息本身。例如，在意血糖水平的消费者更有可能购买那些号称“90%非糖”的巧克力而非“含 10%糖”的巧克力。其中，“框架”（frame/framing）是指“以某种特定方式加以表达”。

卡内曼和特沃斯基还提出了前景理论（prospect theory，也译作展望理论）以深入理解框架效应。他们认为，个人面对风险所做的选择与完美理性人的模式是不相符的；其中包括确定性效应、孤立效应和反射效应等。他们（1981）还发现，相比同等收益的前景，人们更容易受亏损前景的影响。——译者按

古丁（1996：41）认为，制度设计必须“感知到动机上的复杂性”。最为有效的执行机制可能就是要培养信任并能“直接呼吁道德准则”，而不仅仅是要把自私逐利、有“叛变”倾向的行动者的行为控制起来。他指出：“通过‘为流氓无赖设计制度’，这些机械的解决方案就是在冒着把流氓无赖反而描述成更为光荣可敬的行动者的风险。”这样一种阐释将我们带回到制度设计需要有一整套明确清楚并最好是广受认同的价值观作为支撑的必要性上。制度设计的成功，既取决于规则、权利与运作流程等“硬件”，同样也依赖于有说服力的论点和令人信服的话语等“制度性软件”（Dryzek，1996：104）。 189

总之，我们大可借用克劳斯·奥菲（Claus Offe，1996：219）“制度园艺”（institutional gardening）的比喻［相对于“制度工程”（institutional engineering）］，以此来思考创造和培育制度的杂交配种是如何困难。在园艺学中，嫁接或选择性育种等技法就可确保物种的核心特征在变种身上得以保留，这些变种则能在具体的动态条件下繁茂起来。而且，环境本身也会受到人为培养，以最大化新植株生根存活并在数周后茁壮成长的可能性。园丁会运用各种有机或无机的补剂，搭建起保护性覆盖物，震慑或驱赶前来觅食的动物，并聪明小心地拔除长势疲弱的植株样本和外来的（或既有的）杂草。显然，设计出政治制度的任务也不只是纸上谈兵。设计也同样包括实验和重组（从而作出评估、进行调整）；通过讨论、劝说及物质与人力资本的投入，精细打理政治和行政土壤；并在本就纷乱拥挤、冲突四起的制度空间中，对尚不成熟的制度予以积极培育和保护等实际工作。

践行基本的设计原则

考虑到制度设计的政治核心地位（也为了保持我们的“参与性”视角），我们认为，第三阶段的制度主义者不仅应当指出制度设计的种种障碍，还要深入思考最有可能最大化设计成果且能对改革方案加以评估的设计原则。两大关键概念——稳健性和可修正性——令我们得以将本章提及的各种观点组织统合起来，同时又能表达出制度设计的核心矛盾。 190

稳健性可通过两项标准实现其操作化：

- 其一，指导制度设计的价值观的清晰性；
- 其二，“第三方实施执行”的性质与有效性。

由于“制度化”是一个持续不断的过程（制度可不是一了百当的创造物），只探讨调查原始设计方案中加以体现的价值观和执行方式是远远不够的。我们还需要看到，随着时间的推移，在什么程度上维持住了价值观的清晰性，也要看到执行策略不断推进的发展过程。“执行”在此是指，确保新的制度设计得以“黏附下来”——这些制度设计会将行动者的行为依照其理 191
想方式加以塑造，并激发出新的具体的“合宜性逻辑”。实施执行的方式可能或多或少地依赖于对行动者的直接控制，或是依赖于对他们忠诚奉献精神的培养。

可修正性也可更进一步，通过两项标准实现其操作化：

- 其一，灵活性——也就是指，制度设计中所要具备的随时间而调整适应的能力，以及把握“从实践中学习”利好的能力；
- 其二，可变性（variability）——也就是对不同地区不同设计变体的包容（甚至鼓励）程度。

192 简单地说，可修正性是要在力图确保制度安排在不同的当地环境、不断变化的情境条件下都能够有效运行，并具有创新和学习的能力。

为考虑这些设计原则在实践中可能有何遭际，我们特此给出1997—2010年间英格兰地方政府改革的案例研究（方框7.2）。德雷泽克（1996：121—122）认为，地方政府为制度创新提供了尤具趣味的研究土壤，因为它同全国性国家机关下达的限制性命令之间有一定距离，也因为它有能力产生出颇具想象力的关键制度安排。我们的案例研究显示，相比此前保守党的执政情况，1997年当选上台的新工党政府带着一套令人耳目一新的设计方法，开始着手地方政府制度的设计。工党所依循的方法，类似于第三阶段制度主义者在强调制度变化中直接干预受到的各种限制时所推重的“间接”途径。工党最初要改进公共服务和重振民主的宣言就认识到，只有当身处一线的实际“设计者”的努力得到发挥时，真正的制度变化才能发生。新工党最初是以要求制定设计原则来着手改革的，但却建立起一种同地方上负责制度变化的人达成伙伴关系的方法，通过在扩大化的政策社群中展开咨询磋商、为实施试行项目和“信标”项目提供激励措施等手段，致力于培养忠诚奉献的精神。新工党为了满足稳健性和可修正性的标准，阐明其根本性的价值观，明确各项执行机制，同时鼓励在地方尝试推行各种设计的变体。

方框7.2　新工党执政下英格兰地方政府的制度设计

190 新工党提出其地方政府改革方案，其中包含六大协商意见，覆盖社区领导、服务质量、财政问责和伦理标准等各方面议题。这一活动规模意味着改革打破了保守党执政时期零零碎碎、逐个解决的改革作风，显示出新政府全盘思考地方政府根本职能与目标的决心。新工党宣称他们将要通过重新设计政治制度，确保在地方政府及其他各个方面实现价值观的转变，他们坚称：“政策从价值观中源源流出，而价值观并不从政策中来。”（Blair，1998：3—4）

在服务改进方面，政府解释称，最优价值作为其先导性的主要政策“并不依赖于政府巨细靡遗的条文规定……因此（我们）不会试图制定出一套整齐划一的方针路线或政策产物”（DETR，1998）。不同于先前的“强制竞争性投标”（compulsory competitive tendering）体制，最优价值适用于地方当局的全部服务，准许开展更为广泛的“竞争力检验”，并在决定“价值”高低时，同时将质量与成本纳入考虑。通过逐步贯彻执行的服务考核评估方案，持续推进的服务改进就此取代了原有的指定服务竞、投标流程的具体进度表。同时，在符合四项主要原则的前提下，还鼓励地方当局开发一系列覆盖广泛的服务交付机制（包括政府内部落实、建立合作伙伴关系、签订服务承包合同等等）。地方当局都必须在特定服务的交付目的与方式上进行自我质询（*challenge*），将自身表现同类似机构进行比较（*compare*），咨询（*consult*）服务使用者及其他相关方面在改进目标上的意见，并与其他备选的服务提供方开展有效竞争（*compete*）。

虽然最初就有可修正性方面的假设，但随后却发展出高度的中央管控规定，也出现推进政策一致性的压力。“从实践中学习”的原则从未得到充分运用，因为早在试行项目能够“提供关于最优价值框架的影响效果或其组成
191 部分的实用性的全面信息”（Boyne，1999：11）的很久之前，最优价值的法案就已得到通过了。此外，依靠忠诚奉献而落实的执行策略也逐渐让位于以管控为导向的方式方法。最优价值的巡检团在 2000 年 4 月开始实施，以“考评那些考评”（Stewart，2002：4）。巡检团成立的第一年就完成约 3 000 次考评、撰写约 600 份检查报告（Audit Commission，2001）。最优价值落实在实践一线的安排也就逐渐变得统一起来。政府为其方针变更提供的根本依据则是，检查揭露出服务改进的成效不佳，而且服务使用者的满意度偏低。

在“民主振兴”方面，新工党则是从重建公众对民选地方政府的信任和信心上开始着手的。新工党鼓励通过多种多样的方式方法（譬如公民座谈会和评议会等等），同各个社群交流协商，而且还在地方选举的实施方法上精心安排多次实验尝试（例如邮寄投票和电子投票）。虽然这些新的进展在可修正性上表现良好，但新的制度设计稳健性究竟如何则不甚明朗。调查发现，不少政策倡议无非“虚应敷衍”[1]罢了，对最终的决策影响极微甚至毫无影响（Lowndes *et al.*，1998）。相反，新工党改革地方当局政治领导体制的计划，则从最初聚焦于试行项目和地方的自行选择，转移到（通过 2000 年《地方政府法》）要求所有议事会必须在不同的制度创新中三选其一——领导人/内阁、直选市长或议事会理事长——从而将其执行和监督职能分割开来。然而，由于绝大多数议事会仍是选择了改革幅度最小、实际上归入现有“游戏规则”的方案（领导人/内阁），这种试图依靠强制力使新的设计黏着下来（进而说明责任划分、明确领导职能）的努力最终只能适得其反（Leach and Lowndes，2004）。

来源：朗兹和威尔逊（Lowndes and Wilson，2003）。

在工党的第一个任期中，可修正性与稳健性标准之间的权衡关系就开始有所显现。在“最优价值”方面，为加固绩效管理机制的稳健性，可修正性逐渐遭到舍弃。最优价值是否正在带来古丁所说的那种能将公职人员“绑定”到服务改善目标上的制度安排？最优价值是否正在带来“可为之公开辩护的”、有更广泛的社群理解并珍视的制度安排？在民主振兴方面，新工党推行制度变革的价值观基础有所减弱，并且仍遭受着地方政府中那些实质上（*per se*）支持地方自主的人的质疑。政治领导的安排实现了一次正式的结构性变革，同时一大批新的

① 此处原文直译应当是“‘方框打钩’的行为”（“tick box” exercises），系英国一个流行用语，以描述那些听之任之、潦草应付的行为。因为一般事务会带有各项条件，当事人满足条件时就可在方框内打钩，确保条件一一落实；“方框打钩”则是勉强应付这些要求条件，而未能真正实现目的，类似后文中“中靶不破的”的比喻。译文取意译。——译者按

公民参与倡议得以引进——但却极少有证据表明地方政治行为的有效规则也有所变化。随着
193 时间的推移，政府越发依循新的政治领导体系中的细枝末节，而民主振兴议程的稳健性总体上却大受挠挫。

实际上，2001年的白皮书①证实了新工党将服务改进和民主振兴两种规范性目标熔于一炉的特有政策已告失败（Lowndes，2002）。工党在其第二个和第三个任期内通过“争取而来的自主性”（earned autonomy）原则，致力于重新在稳健性和可修正性两种设计标准间取得平衡。纸面上，政府承认过多的中央规制与细致入微的监测管控可能束缚住地方当局的创造力和执行力。不过，“综合评定”与国家指标的颁行逐渐开始左右工党的方针路线，只有那些“高绩效”的部门（这也是由中央政府裁定的）才能享有地方的自由事权。自由事权仅限于选择服务交付的模式，并不能得到更大程度的民主自主或财政自主。地方政府改革的发展轨迹，从根本上反映出承袭自保守党的集权化与“控制癖”（Wilson，2003）等较长期的制度遗产。

新工党最初对地方政府的愿景几乎尽数落空，这也能用我们的设计标准加以解释。在稳健性方面，服务改进与民主振兴结合而成的特有的混合价值观随时间的推移而逐渐受损；与此同时，一套能并用硬性与软性手段、精妙且复杂的执行策略也逐步被一种自上而下、被威尔逊和盖姆（Wilson and Game，2011）刻画为“胡萝卜加炸药”② 的方法所取代。而在可修正性方面，尽管变化变异和灵活性在最初是受到鼓励的，但政府逐渐变得急不可待，于是就加紧了对其倾向的制度设计与立法日程的约束，并将任何有意义的“从实践中学习”的活动排除出去。中央强行下派的目标不断增多，检查考核体制带来沉重负担，还有政府直接干预、主持“正自衰败”的地方当局工作的威胁，这些情况均使建设合作伙伴关系这一方针受到很大动摇。（“为流氓无赖设计的”）粗糙的执行机制导致地方当局广泛开展博弈、不惜一切代价地争取考核成果的最大化。贝文和胡德（Bevan and Hood，2006：517）指出：“通过设置目标而推进的治理，所依赖的前提假设就是目标能改变个体和组织的行为，而‘博弈活动’则能保持在某个可接受的低水平上。”可以将博弈活动定义为反应性的破坏行为，例如“中靶不破的”③，或是在目标未做要求的方面降低绩效等。贝文和胡德（2006：517）在其评论中对此严加抨击：

194 21世纪初，英国的政府部门，特别是英格兰的政府部门，发展出一个带有恐怖要素的目标制的公职人员治理体系。这种体系起初看起来大获成功，但却最终崩塌了。

---

① 此处是指2001年12月英国交通、地方政府和区域事务部编纂的《强有力的地方领导——高质量的公共服务》（*Strong Local Leadership- Quality Public Services*）白皮书，由时任首相的托尼·布莱尔撰写序言。起草该文件的交通、地方政府和区域事务部几经改组，2001年它由环境、运输和区域事务部改组而来，2002年5月并入新成立的副首相办公室，2006年5月被改组为社区和地方政府部，2018年更名为住房、社区和地方政府事务部，2021年9月又更名为城镇升级、住房和社区部。——译者按

② 原文“塞姆汀”（Semtex）是一种常用于非法制作炸弹的强力塑性炸药。此处“胡萝卜加炸药”化用自“胡萝卜加大棒”这种奖惩并用的激励方法，但惩处措施显然更为酷烈。——译者按

③ “中靶不破的”（hitting the target and missing the point）在此是形容表面上满足硬性要求、实际上违背或未能实现政策效果的行为。——译者按

新工党自辩称，他们的现代化议程在地方一级遭受反对阻力，同时也面对着制度的惰性。政府力图更严格地控制制度改革过程的同时，宣称将要行动起来，更为全面地促进公众利益，对抗地方治理和公共部门中的“保守势力”。同时，斯托克（Stoker，1999：35）这样阐述政府陷入的两难境地：“存在着改革方案被视为外来力量所强加的这样一种风险。同时，又有着相当强的既得利益关系，导致自下而上的总体方针也不能施行。”斯托克随即又对新工党逐渐明朗化的策略加以思考，从中发现一种他称为“命定论”式的方针，这进一步深化了我们对制度设计与偶然性的观点。斯托克（2002：417）认为，这其中有一种精心设计的策略，既能动摇现有的制度架构布局，又可充分利用既有的模糊性：

> 新工党的回应……非常类似一种基于侥幸抽彩原则而制定的策略。这种策略允许存在过量的分权单位与改革倡议，并在其中有所取舍倾斜，但它们无一能占据主导地位……关键并不在于新工党的政策是一时权宜之计（*ad hoc*），甚至是混乱颠倒的。恰恰相反，新工党的政策是一个刻意选定的行动方案，致力于寻找正确的改革规划，并在权力下放的治理制度中促进不稳定性发展、为创新开辟空间，由此来为变化创造推动力……此外，这一策略的运用也反映出政治的偶然性。而且，这种博彩式的策略有助于新工党维系其支持者组成的联盟，并得以在不同的改革方针之间调解矛盾。

如此一来，新工党相信，制度自身就能显现出来，同时，与我们之前所述希克勒、皮尔逊和西伦等的分析相符，新工党为了维系其“大帐篷”① 内议员、地方政客、公共事业管理者与商界领袖之间躁动不安的同盟关系，有意识地（*intentionally*）混淆（而非明确）其价值观基础。这种方针大可称为反设计（anti-design），因为它既接受失败的可能性又是支持变化发生的，因为它介入其中使现有状况发生动荡，继而激发起开拓创新的动力与制度的重新组合。 195

政策研究中也再度兴起对设计问题的研究兴趣，而且有趣的是，英国不少地方机构和公共事业部门如今又将其政策部门重新命名为“设计部门”（design units）。这是否可以算作针对制度设计难题而发动的新一轮作战呢？实际上，政策声明读起来同第三阶段制度主义的理论宣言是十分相似的。例如，我们很容易就能将英国“公共服务实验室”（Public Services Lab）的主要宗旨同第三阶段制度主义所提出的三大主张映照起来：

> ● 设计是表达价值观的过程：“并不存在什么中立的设计……公共服务的组织方式不可避免地影响到其达成的结果产出。”
>
> ● 设计是通过（内嵌其中的）能动性而构成的：“公共服务中的设计就在于要同人们广泛接触——包括用户、公民以及在一线工作的专业人士。这就要从他们的生活体验开

① “大帐篷”（Big Tent）是一个西方国家常见的政治术语，用于形容某个具有广泛包容性的群体或组织（譬如某个政党），能囊括不同背景、政见、族群和利益的人群加入其中，一般为褒义词或中性词。例如，奥巴马在2010年10月接受《滚石》采访时说：“我们之所以在党内会有大的争论，是因为我们党是一个大帐篷。”——译者按

始入手……”

- 设计是就地取材、拼凑而成的：“以原型设计的概念开展实验……尝试多种事物、低成本地快速失败、迭代重复并从中学习。”(Colligan，2011)

美国商学院的咨询顾问将“设计思维”（design thinking）定为实现“社会创新”的工具，并特别强调要解决传统的公共服务应对措施尚未奏效的那些复杂且顽固的难题。重点在于，要从理性设计那种机械的印象（拉动操纵杆、原因与结果等）转向一种“深入人性”、建立在设计者“保持直觉、识别模式、构建具有情感内涵的思想以及发挥效能”等诸多能力（Brown and Wyatt，2010：33）上的思维进路。咨询顾问们建议，设计者应当“在实地”度过时间，从人们的实际体验中获取灵感启发，尤其是要主动寻找“积极正面的异常”案例（例如，虽然家庭贫困，但孩子十分健康），借此来研究——实际上有效的——游戏规则，它们“在边缘领域”逐渐发展起来，可能会为新的设计原型打下基础，而这些设计原型将来还能以重大社会规划的形式加以改进、试点运行并扩大规模。那么在灵感启发、构思成型和执行落实这样一个三阶段的模型中，就可充分认识到设计是一个不断推进的过程了（Brown and Wyatt，2010）。

格里·斯托克认为，政策顾问与实务人士对这些看法的接纳，凸显出政治科学本身发展
196 出一个“设计分支”的必要性。这就要求智识取向要从“发现问题症结”重新定位到“设计解决方案”上去。这就带有将设计过程构建为一种“本质上政治性”的概念并加入其中的潜在可能。认识到设计关乎“权力作用”，不一定需要政治学家置身局外。偶然性与党派性在最终结果上可能都是无可避免的，但按照斯托克（2010：83）的话说，政治学家的专业知识应当“为民主服务，而不能凌驾于其上”。有鉴于拉斯韦尔（Laswell）与德雷泽克在“民主科学”上的洞见，斯托克（2010：81）提出：

> 政治科学中包罗一切的设计框架，正是为了打开民主讨论而建立起来的，也是在开放式协商与意见交换的实际政治中搭建而成的。设计者是为了支持民主政治的过程而投身其中，而不是要支持这个过程所形成的所有产物。

其实，要投入政治科学的设计分支中，就需要制度主义者参与到设计备选方案总目的合作生产、评测评估和改进完善等工作中。“设计实验”就给出这样一个渠道。约翰、史密斯和斯托克（John，Smith and Stoker，2009）运用这样一种方法，将“助推”策略和“思考”策略进行比较，前者是美国民主党和英国保守党为确保公民的行为变更而采取的策略，后者则出现于20世纪90年代以来民主理论化主流转向协商的转折当中。助推（nudge）的概念来源于行为经济学和心理学，它的运行基础在于，政治家与管理者能向公民提供一种鼓励他们以造福自身及他人的方式行动的“选择架构”（choice architecture）。而“思考”（think）策略是源自政治理论与社会学的，它“认为，在适宜的情境与框架下，公民自身会进行集体思考，

对问题产生更深的理解，思考得出更为有效的集体行动解决方案，并就此避免狭隘地聚焦于自己个人的短期利益”（John *et al.*，2009：361）。实际上，这两种策略也可共同起效，而且“没有政府想要抛弃二者中任何一个工具”。就制度设计而言，助推策略的践行者需要“更注重集体与制度的设定如何有助于敲定助推策略的结果成败”（John *et al.*，2009：369）。而思考策略的倡导者，则需要考虑用于协商过程的规则能如何减少权力的不对称性，又能如何鼓 197
励弱势个体和群体发声。

小结

第二阶段制度主义中，肖特（Schotter，1986：118）曾质疑制度能否“预先设计”，并主张制度应当被理论化为“‘有机地’显露出来的、未经规划且非预期的规律性（社会传统）”。到第三阶段制度主义中，几乎没有学者持有这种进化论的视角了，即便有也只是极少数。以能动性解释制度变化，认为政策周期中有若干个节点，政治行动者在这些关头上会尝试推行带有目的的设计方案，这已为大多数理论家所采纳。我们在前文已看到，学者间之所以有所分歧，是因为在他们的设想中，当设计方案得以实施时，他们的行动者能对较为长期的设计流程与效果施加的控制程度有所不同。

因此，皮尔逊和希克勒等理论家并不怀疑行动者参与制度设计的能力，而是对达成满意结果的可能性持高度怀疑的态度。布莱思、黑伊和杰索普将危机时刻视为政治行动者在冲突和争论的条件下得以将思想观念转化为行动、重新设计制度的形成期，不过其结果是难以预测的。另一方面，在施密特看来，国家行动者正通过协调性话语和沟通性话语，将各种思想观念结合起来，操控整个政权对于经济情况的认知理解，由此对过程和效果握有更为强大的控制。奥斯特罗姆认为，处在等级体系极低位的行动者能在地方上设计制度，她还预测这些制度在维护保存公共池塘资源上，要较中央设计的规则更为有效。在正和博弈中，规则制定者和规则接受者都能对过程和效果加以控制，以追求更大的公共福祉。社会学制度主义者虽然强调行动者的理性有所局限，但并未否认行动者在不确定性和斗争的情况下力图影响政治制度的过程中是目标明确、富有创造力的。

贯穿全书，我们都在论证制度主义者必须要将制度置于其理论架构的核心位置，而且制度的关键特征要在规则、惯例与支持性的叙事话语之间的联结关系——正是这些联结关系创造出长期留存的架构布局——中得以发现。行动者不仅尝试利用这些架构间的裂隙与模糊，同时受到其利益所建构起来的多重动机驱使，还将很大一部分精力投入维护和捍卫现有制度 198
（及其联结）的工作上。正是因此，制度架构得以变得相对稳定，其过程和效果均有相当的可预见性。这并不是说制度就是简单地以一种机械性的因果关系运转的；更确切地说，这是在明确宣称，如果游戏规则十分重要，那么就必须将它们进行理论化，它们至少会大致上以我们所能推想到未来的方式，对行动者加以限制、赋予权力。而且我们还从这一基本的理论立场推导得出，行动者有可能设计出能接近（即便不能完全达成）他们的期盼、同这些大致的宽泛预测相一致的目标。

正如我们在本章所说明的这样，致力于制度设计的种种尝试，是居于（民主及其他形式的）政治活动的核心地位的。制度设计为行动者提供了一个将自己及其他人绑定到特定的行动方针上的机会（这也相应地表达出特定的价值观与权力格局）。设计就是在试图创造并维系相当稳健且可修正的制度性规则，以确保其面对不断变化的环境条件具有高度的“黏着性”。一般而言，彼此分散但又带有策略性的就地取材的行动，将会对推进制度变化的宏大蓝图作出解读并执行落实，这些行动合力推动着制度显现的各个过程。制度设计的雄心壮志是不可避免的，但这并不能确保设计会取得成功。通过阐述鲍勃·杰索普（2000：31）对于治理所发的论断，我们认为制度设计要求“某种自我反思的讽刺意味，因为设计的参与者必须认识到失败的可能性，但又要装作成功可期一般，继续推进自己的工作”。

8 结论

本书以说明“制度为什么重要”开篇，论证制度在理解政治行为和政治结果时的核心地 199
位，这不仅是为了得出事后归因的解释，也是为了预见尚在推进的政治方案未来的情况特征与动态变化。新的制度形式（比如，同全球化和信息革命联系起来而发生）爆炸式激增，这恰恰加大了研究工作对精奥准确的概念和巧妙创新的方法的需求。本书提出了新的制度主义思想历史分期，它没有遵循“旧”制度主义和“新”制度主义这种传统的划分方法，而是观察到新制度主义分裂为多个互不相同、彼此论争的理论变体，就此提出异议。我们转而力图认识到制度主义课题——在理论和实践两方面——的核心所在，并明确说明各个概念所共有的理论内核。我们坚持认为，制度主义解释应当从制度本身出发，只将制度视为其分析的主要对象和足以解释政治生活中大多数现象的唯一变量。相当多“制度主义者”连这个理论立场都不能坚持，充其量不过是在学术论辩中把制度主义这个身份标签权作“方便旗”使用罢了。我们支持的是要聚焦在制度主义所特有的内容上，而不是无限地生发出那些只将这个术语用作名词后缀以实现其合理化的次一级理论变种。自称采用“制度主义”方法的研究者需要确保自己是将制度置于政治行为的其他合理解释之上的优先地位的，并且他们能清楚明了地发现所要探讨的制度。

我们力图阐明这些根本性问题，进而从理论关切联系到方法论的策略上。结合一大批案例研究，我们详尽论述了自己的观点主张，确认核实理论上的概念能在研究中实现其操作化，同时还与政策、实践和政治斗争的世界产生交互共鸣。不过，我们对于制度主义的共有内核所作的论断，并非要表明这方面的理论已成静水一潭或是磐石一块。在阐明其共
有理论内核的同时，我们也明确论述了制度主义者所面临的重大理论和方法论困境。尽管 200
制度主义在第二阶段产生分歧，发散为若干支脉，但我们发现制度主义注目于眼下的种种挑战，发展出明显的趋同态势，并认为需要在各个不同分支间相互借鉴参照，才能获取最大的理论推动力。在制度主义研究今后发展进程的语境下，本章所余各节将重述全书主要观点。

制度主义的发展轨迹

我们提出，以三大阶段分期，能最好地把握到制度主义思想的发展轨迹。我们从“第一阶段——探索与再发现”开始，其中包含所谓的“旧制度主义”和随后出现的“新制度主义”萌芽。接下来是“第二阶段——发散与分隔”，认为新制度主义是凭借三大主要学派——理性选择制度主义、社会学制度主义和历史制度主义——得以快速发展起来的，同时话语制度主义和女性主义制度主义等新生的理论分支也从中独立出来。目前，我们已迈入“第三阶段——趋同与融合”，这个阶段所见到的是，制度主义的不同学派（虽然它们可能仍在强调其各自差异而非相似点）围绕一系列核心概念与关键难题实际上开始集聚融合起来。本书主张，通过一系列巩固加强的行动，一幅政治制度如何运转的共有图景正得以显现出来，其内容可概括如下：制度既通过正式方法，也通过非正式手段，对行动者的行为加以影响塑造；它们既表现出动态变化，也具有稳定性；它们分配权力，同时也不可避免地遭受争议；它们表现为杂乱且差异化的形态；而且它们同政治行动者是相辅相成、相互构建的，既能影响行动者，也被行动者影响着。

规则、惯例与叙事话语

我们认识到制度主义中存在概念拉抻的发展趋向，于是就深度探究这些特征，试图将政治制度如何发挥其效用的方式确定下来。我们提出，制度从三个不同的途径影响塑造着政治行为：规则、惯例与叙事话语。我们将之称为约束模式，并从理性选择制度主义、历史制度
201 主义和社会学制度主义的观点出发，对它们逐一进行分析，阐明其趋同和融合的理论观点，同时也指出其关键难题与今后的研究议程。我们最为关键的结论是，虽然规则、惯例和叙事话语各自以其方式对行动者施以限制，但它们在合力起效时是最具效力的。这些各不相同的约束模式在实践中结合（或不结合）起来的方式，与其说是一个本体论问题，不如说是一个经验性的问题。我们拒绝寻求某种本体论意义上的纯粹，也就是说我们并不从先天上就由因及果地推定[①]（*a priori*）某种约束模式高于另一种模式。我们认为，行动者是按照混合型动机来建构这个世界的。如果我们接受行动者可能同时受到规则、惯例与叙事话语的约束这样一种观点，那么我们就能更为深刻地理解制度如何运转（以及如何能改革或抵制制度）了。把这些各不相同的约束模式区分开来，在分析层面和方法论上都是十分重要的，因为这能指导我们在政治制度的相关研究中明确探寻目标（而这些研究不论是涉及分析历史文档、采访政治行动者，还是涉及实验室研究或政策实验）。

---

① 原文系拉丁语。——译者按

我们在明确第三阶段制度主义的共有理论内核后，就转而识别并阐明各派制度主义者正与之搏斗的共同难题。这些难题聚焦于如何理论构建权力与能动性、制度变化与多样性以及有意识的制度设计的前景等等。

权力与能动性

我们认同行动者具备某种特有的制度式能动作用，而不假定他们会全然遵从自己接触到的制度的种种训令。实施执行的性质在不同的约束模式中也有所不同，从正式的制裁处罚到规范性上的反对和认知不一致等不一而足。制度执行落实的有效性取决于（个体或集体）行动者的权力、资源与战略行动。通过案例研究，我们说明通过将规则、惯例与叙事话语结合起来，可以加强约束力，而且还阐述了规则如何遭到破坏、主导性惯例如何受到抵制以及权威的叙事话语如何遭到干扰等等。而且，制度一方面在设法施以限制，另一方面也在赋予权力。我们运用规则、惯例与叙事话语的三重理论模型，分析制度是如何通过法律、权利和许可授权等有形可见且有书面记录的机制直接赋予权力的；它们又是如何通过性别规范、涉及 202 裙带关系或恩庇关系的特权等不成文的非正式机制来间接地赋予权力的；以及个体和群体行动者们的叙事论述是如何赋予其权威以正当地位并预防挑战和质疑的。实现约束/赋权二者辩证关系的概念化，是第三阶段制度主义的关键挑战，我们凭借自己的“5C”能动性模型对这一问题加以论述。制度塑造着行动者的行为，而它们自身恰恰又是人类能动性的产物；制度既表现出特定的权力格局，又有助于这些权力格局的不断复现。制度主义能够阐明不平等与非正义现象是怎样在政治系统中“建立起来”的，同时它也有潜力指导那些试图抵抗这种限制的人群怎样发起自下而上的制度建设。

制度的变化

由于不能针对政治制度如何变化给出可信的论述，第一阶段和第二阶段的制度主义者时常遭受批评。第一阶段制度主义当然是关注于如何解释政治中的稳定性和可预测性，而第二阶段制度主义虽然对制度变化抱有理论兴趣，但只是从“停止/启动”的角度作出解释，认为长时间的路径依赖被若干个关键节点所间断，而这些关键节点的源头存在于制度之外。我们则论证认为，第三阶段制度主义从多个不同视角出发，成功打破了这个理论模型的局限。我们集理性选择制度主义、历史制度主义和社会学制度主义各家洞见，说明渐进式的制度变化可能怎样带来变革性的影响效果，以及显著变化既有可能源于外部驱动力，也有可能是受内部因素的推动。我们运用多个案例研究，表明制度经时间推移而保持的稳态实际上是制度维护这个不断冲突的过程所产生的结果，反映出不断变化的权力关系，以及围绕思想与价值观所展开的持续不休的“阵地战”。

制度的多样性

随着时间的推移，通过各种重新组合的过程、旧的制度要素和新的制度要素的衔接拼合，以及规则、惯例与叙事话语的架构布局中发生的转折变化，制度还会发生改变。第一阶段和第二阶段的学术研究尚专注于制度的趋同性时，第三阶段制度主义却促使我们认识到各个政
203 治体系内、外广泛存在的制度多样性。我们在一组小品短文中说明政治制度与非政治制度间的联结关系（譬如“资本主义的多样性”）是如何催生出多样性的，并阐明政治领域的内、外划分本身就是政治论争的一大主题。制度的杂合性同样来自奠基性时刻就已建立在其中（并随着时间的推移而不断扩大）的模糊性上，从而反映出政治的妥协折中与过往举措留存弥久的遗留问题。由于这类兼具时间和空间维度的偶然性效应，制度变化的发展轨迹是很难预测的。不过，可以笃定的是，制度变化是必然要遭受争议的，也必须依托于其所处的背景情境；制度的变化过程受到行为主体的驱动，而这些行为主体自身又受到更为宽广的外在制度架构的约束。

制度的设计

在这一背景下，第三阶段制度主义面前最为棘手的难题之一，就是实际上是否有可能设计政治制度。我们认为，在长期致力于将其他人绑定到体现他们的思想理念和价值观的特定行动方案上的过程中，政治行动者总是在谋求设计出政治制度。虽然极不可能实现其最初的全部目标，但推动参与制度设计的驱动力却是政治生活中一个必不可少又恰如其分的方面。与此同时，那些自认为陷入不利地位或试图建立起足以分庭抗礼的制度安排的行动者们，要针对特定制度体系发起抗争，也就在意料之中了。我们认为，设计并不仅仅包括起草宪章或开展根本改革等那些英雄豪壮的奠基性时刻，还包括身处一线的战略性行动者为应对不断变化的环境与权力关系而承担起来的许许多多个完全不同的“制度性就地取材”的行动。对于这些行动者来说，模糊性、妥协折中与多样性实际上都能转化为制度设计的资源而非阻碍。于是，我们深入探究某种对制度设计所受限制的认识如何才能转译为优秀设计——或至少可堪取用的设计——的一整套原则。考虑到制度的内嵌性和持续不断的价值论争等现实情况，我们主张“稳健性”与“可修正性”的标准最适合用来评估设计策略，或预测实现相对成功的各项条件。实际上，投入这一学派的制度主义者们适得其所，得以促成备选设计方案的合作生产、试行试用、评估考察与完善改进等方面工作。

展望

204 本书认为，围绕多元的约束模式（规则、惯例与叙事话语）共存互动、制度和行动者相

互构建、制度的变化与稳态受同一套机制的支配等理论认同，一套制度主义的基本原理正在出现。于是我们感到，是时候该从那些谦退内敛地将制度主义描述为“尚在组织成形当中的理论视角”（Lowndes，2002）或“新登场的觊觎者”（Hay，2002）的知识宣称上挣脱开了。回想我们在第 2 章中关于什么是“好”的理论的讨论，我们此时就能宣称制度主义已达到这个基准点了。当是之时，这一理论并不需要开始陈述种种恒定不变的基本行为法则。恰恰相反，它应当建立起各个概念环环相扣的可靠理论基础，确保相关研究能百尺竿头更进一步，并为实务人士提供能引发共鸣的启发式指导。同样，好的理论并不扼杀异议，而是主动提出问题和理论困境，进而激发探查调研、促进实践发展。

举步而前，仍不能低估认识政治制度的重要意义——它们是如何设计出来的，它们怎样塑造行为，它们如何授予权力，它们如何随时间与空间的变化而变化，它们所施加的种种限制约束是如何执行落实的、又是如何遭到抵制反抗的，等等。面对 21 世纪的重大政治挑战——譬如金融监管、人权、环境可持续性、种族主义和性别平等、获取卫生保健服务供应及良政善治——政治制度既形成威胁，也给出机遇。由于其牢固稳定的特性，建立已久的政治制度就可能对政治变革造成强有力的阻碍。但同时也如我们所述，制度设计的可能性与必然性也为富于创造力的政治行动者提供了动摇当前权力关系，并利用备选规则、惯例与叙事话语重塑现行制度的机会。本书提倡以“参与性”视角观察制度，认识到制度在分配政治、社会和经济等方面权力的过程中所发挥的作用。因此，制度主义不仅有助于我们更好地理解政治制度如何运转，更能立足于社会公义，为制度性抗争与改革拟定各种战略方针。

参考文献

Acosta, A. M. (2006) 'Crafting Legislative Ghost Coalitions in Ecuador: Informal Institutions and Economic Reform in an Unlikely Case', in G. Helmke and S. Levitsky (eds) *Informal Institutions and Democracy* (Baltimore: Johns Hopkins University Press).

Aglietta, M. (1979) *A Theory of Capitalist Regulation* (London: Verso).

Amin, A. and Thrift, N. (1994) *Globalisation, Institutions and Regional Development in Europe* (Oxford: Oxford University Press).

Aoki, M. (2001) *Towards a Comparative Institutional Analysis* (Cambridge, MA: MIT Press).

Aoki, M. (2010) *Corporations in Evolving Diversity: Cognition, Governance and Institutions* (Oxford: Oxford University Press).

Arrow, K. (1951) *Social Choice and Individual Values* (New York: Wiley).

Audit Commission (2001) *Changing Gear: Best Value Annual Statement 2001* (London: Audit Commission).

Axelrod, R. (1984) *The Evolution of Cooperation* (New York: Basic Books).

Bagehot, W. (1867) *The English Constitution* (London: Chapman & Hall).

Bannister, D. and F. Fransella (1971) *Inquiring Man* (Harmondsworth: Penguin Books).

Barnes, M., Newman, J. and Sullivan, H. (2007) *Power, Participation and Political Renewal: Case Studies in Public Participation* (Bristol: Policy Press).

Baumgartner, F. R. and Jones, B. D (1993) *Agendas and Instability in American Politics* (Chicago: University of Chicago Press).

Bell, F. and Feng, H. (2009) 'Reforming the Chinese Stock Market: Institutional Change Chinese Style', *Political Studies*, 57 (1) 117–40.

Benington, J., de Groot, L. and Foot J. (eds) (2006) *Lest We Forget: Democracy, Neighbourhoods and Government* (London: SOLACE Foundation Imprints).

Berger, P. and Luckman, T. (1967) *The Social Construction of Reality* (New York: Anchor Books).

Bevan, G. and Hood, C. (2006) 'What's Measured is What Matters: Targets and Gaming in the English Public Health Care System', *Public Administration*, 84(3) 517–38.

Bevir, M. and Rhodes, R. (2008) 'The Differentiated Polity in Narrative', *British Journal of Politics and International Relations*, 10, 729–34.

Bill, J. and Hardgrave, R. (1981) *Comparative Politics: The Quest for Theory* (Boston: University Press of America).

Blair, T. (1998) *The Third Way: New Politics for the New Century* (London: Fabian Society).

Blyth, M. (2002a) *Great Transformations: Economic Ideas And Political Change In The Twentieth Century* (Cambridge: Cambridge University Press).

Blyth, M. (2002b) 'Institutions and Ideas in Marxism', in G. Stoker and D. Marsh (eds) *Theories and Methods in Political Science* (2nd edn) (Basingstoke: Palgrave Macmillan) pp. 292–310.

Blyth, M. (2007) 'Powering, Puzzling, or Persuading? The Mechanisms of Building Institutional Orders', *International Studies Quarterly*, 51, 761–77.

Boyer, R. and Saillard, Y. (eds) (2002) *Regulation Theory: The State of the Art* (London: Routledge).

Brinks, D. (2006) 'The Rule of (Non) Law. Prosecuting Police Killings in Brazil and Argentina', in G. Helmke and S. Levitsky (eds) *Informal Institutions and Democracy* (Baltimore: Johns Hopkins University Press).

Brown, T. and Wyatt, J. (2010) 'Design Thinking for Social Innovation', *Stanford Social Innovation Review*, http://www.ssire view.org/articles/entry/design_thinking_for_social_innovation/.

Boyne, G. (ed.) (1999) *Managing Local Services: from CCT to Best Value* (London: Frank Cass).

Bulmer, S. (2009) 'Politics in Time Meets the Politics of Time: Historical Institutionalism and the EU Timescape', *Journal of European Public Policy*, 16 (2) 307–24.

Cairney, P. (2012) *Understanding Public Policy* (Basingstoke: Palgrave Macmillan).

Calvert, R. (1995) 'The Rational Choice Theory of Social Institutions: Co-operation, Co-ordination and Communication', in J. Banks and E. Hanushek (eds) *Modern Political Economy* (Cambridge: Cambridge University Press).

Carey, J. (2006) 'Legislative Organization', in R. Rhodes, S. Binder and B. Rockman (eds) *The Oxford Handbook of Political Institutions* (Oxford: Oxford University Press).

Chandler, A. (1977) *The Visible Hand: The Managerial Revolution in American Business* (Cambridge, MA: Harvard University Press).

Chappell, L. (2006) 'Comparing Political Institutions: Revealing the Gendered "Logic of Appropriateness"', *Politics and Gender*, 2 (2) 223–34.

Clarke, J. (2005) 'New Labour's Citizens: Activated, Empowered, Responsibilised, Abandoned', *Critical Social Policy*, 25 (4) 447–63.

Clarke, J. and Newman, J. (1997) *The Managerial State* (London: Sage).

Clegg, S. (1990) *Modern Organizations* (London: Sage).

Clemens, E. (1997) *The People's Lobby: Organizational Innovation and the Rise of Interest Group Politics in the United States 1980–1925* (Chicago: The University of Chicago Press).

Coase, R. H. (1937) 'The Nature of the Firm', *Economica*, 4 (16) 386–405.

Cohen, M., March, J. and Olsen, J. (1972) 'A Garbage Can Model of Organizational Choice', *Administrative Science Quarterly*, 17 (1) 1–25.

Collier, R. B. and Collier, D. (1991) *Shaping the Political Arena* (Princeton, NJ: Princeton University Press).

Colligan, P. (2011) 'What Does it Mean to Design Public Services?', *Guardian*, 01.09.2011, http: //www.guardian.co.uk/public-leaders-network/blog/2011/sep/01/design-public-services.

Coulson, A, and Ferrario, C. (2007) '"Institutional Thickness": Local Governance and Economic Development in Birmingham, England', *International Journal of Urban and Regional Research*, 31 (3), 591–615.

Crouch, C. (2005) *Capitalist Diversity and Change: Recombinant Governance and Institutional Entrepreneurs* (Oxford: Oxford University Press).

Crouch, C. and Farrell, H. (2004) 'Breaking the Path of Institutional Development? Alternatives to New Determinism', *Rationality and Society*, 16 (1) 5–43.

Crouch, C. and Keune, M. (2005) 'Changing Dominant Practice: Making use of Institutional Diversity in Hungary and the United Kingdom', in W. Streeck and K. Thelen (eds) *Beyond Continuity: Institutional Change in Advanced Political Economies* (Oxford: Oxford University Press).

DETR (1998) *Modern Local Government: In Touch with the People* (London: Department of the Environment, Transport and the Regions).

David, P. (1985) 'Clio and the Economics of QWERTY', *American Economic Review*, 75, 332–7.

Davies, Y., Nutley, S. and Smith, P. (eds) (2000) *What Works? Evidence-based Policy and Practice in Public Services* (Bristol: Policy Press).

Davis, G. F. and Thompson, T. (1994) 'A Social Movement Perspective on Corporate Control', *Administrative Science Quarterly*, 39, 141–73.

Dean, M. (2010) *Governmentality: Power and Rule in Modern Society* (2nd edn) (London: Sage).

Derrida, J. (1982) 'Différance', *Margins of Philosophy*, trans A. Bass (Chicago and London: University of Chicago Press).

DiMaggio, P. J. and Powell, W. (1991a) 'Introduction', in W. Powell and P. J DiMaggio (eds) *The New Institutionalism in Organizational Analysis* (Chicago: Chicago University Press) 1–30.

DiMaggio, P. J. and Powell, W. (1991b) 'The Iron Cage Revisited: Institutional Isomorphism and Collective Rationality in Organizational Fields', in W. Powell and P. J DiMaggio (eds) *The New Institutionalism in Organizational Analysis* (Chicago: Chicago University Press) 63–82.

Dionne, E. J. (2010) 'Explaining the Tea Party's Radicalism and Venom', *The Seattle Times*, 11.02.2010 http://seattletimes. nwsource.com/html/opinion/2011049825_dionne 12.html.

Douglas, M. (1987) *How Institutions Think* (London: Routledge & Kegan Paul).

Drum, K. (2010) 'Tea Party: Old Whine in New Bottles' at http:// motherjones.com/politics/ 2010/08/history-of-the-tea-party accessed 23.3.2012.

Dryzek, J. (1996) 'The Informal Logic of Institutional Design', in R. Goodin (ed.) *The Theory of Institutional Design* (Cambridge: Cambridge University Press).

Dunleavy, P. (1991) *Democracy, Bureaucracy and Public Choice* (London: Harvester Wheatsheaf).

Dunleavy, P. and O'Leary, B. (1987) *Theories of the State: The Politics of Liberal Democracy* (New York: The Meredith Press).

Eckstein, H. (1963) 'A Perspective on Comparative Politics: Past and Present', in H. Eckstein and D. E. Apter (eds) *Comparative Politics: A Reader* (Glencoe, IL: Free Press).

Eckstein, H. (1979) 'On the "Science" of the State', *Daedalus*, 108 (4) 1–20.

Eggertsson, T. (1996) 'A Note on the Economics of Institutions', in L. J. Alston, T. Eggertsson and D. C. North (eds) *Empirical Studies in Institutional Change* (Cambridge: Cambridge University Press).

Elkin, S. (1986) 'Regulation and Regime: A Comparative Analysis', *Journal of Public Policy*, 6, 49–71.

Evans, M. (2006) 'Elitism', in C. Hay, M. Lister and D. Marsh (eds) *The State: Theories and Issues* (Basingstoke: Palgrave Macmillan).

Feldman, M. S., Skoldberg, K., Brown, R. N. and Horner, D. (2004) 'Making Sense of Stories: A Rhetorical Approach to Narrative Analysis', *Journal of Public Administration Research and Theory*, 14 (2) 147–70.

Finer, H. (1932) *The Theory and Practice of Modern Government* (London: Methuen).

Finlayson, A. and Martin, J. (2006) 'Poststructuralism', in C. Hay, M. Lister and M. Marsh (eds) *The State: Theories And Issues* (Basingstoke: Palgrave Macmillan).

Foley, M. (1999) *The Politics of the British Constitution* (Manchester: Manchester University Press).

Fox, C. and Miller, H. (1995) *Postmodern Public Administration* (Thousand Oaks, CA: Sage).

Freidenvall, L. and Krook, M. L. (2011) 'Discursive Strategies for Institutional Reform: Gender Quotas in Sweden and France', in M. L. Krook and F. Mackay (eds) *Gender, Politics and Institutions: Towards a Feminist Institutionalism* (Basingstoke: Palgrave Macmillan).

Froese, M. (2009) *Towards a Narrative Theory of Political Agency*, downloaded from http://www.cpsa-acsp.ca/papers-2009/froese.pdf accessed 23.3.2012.

Gamble, A. (1988) *The Free Economy and the Strong State: the politics of Thatcherism* (Basingstoke: Palgrave Macmillan).

Garfinkel, H. (1974) 'On the Origins of the Term Ethnomethodology', in R. Turner (ed.) *Ethnomethodology* (Harmondsworth: Penguin).

Gibbs, D. (1996) 'Integrating Sustainable Development and Economic Restructuring: a Role for Regulation Theory?', *Geoforum*, 27 (I) l–10.

Giddens, A. (1979) *Central Problems in Social Theory: Action, Structure and Contradiction in Social Analysis* (Basingstoke: Palgrave Macmillan).

Giddens, A. (1999) 'Elements of the Theory of Structuration', in A. Elliott (ed.) *Contemporary Social Theory* (Oxford: Blackwell).

Goldstein, G. and Keohane, R. O.(eds) (1993) *Ideas and Foreign Policy: Beliefs, Institutions and Policy Change* (Ithaca, NY: Cornell Press).

Goodin, R. E. (ed.) (1996) *The Theory of Institutional Design* (Cambridge: Cambridge University Press).

Goodin, R. E. and Klingemann, H. (eds) (1996) *A New Handbook of Political Science* (Oxford: Oxford University Press).

Gorges, M. J. (2001) 'New Institutionalist Explanations for Institutional Change: A Note of Caution', *Politics,* 21 (2) 137–45.

Grafstein, R. (1988) 'The Problem of Institutional Constraint', *Journal of Politics,* 50, 577–99.

Granovetter, M. (1992) 'Economic Institutional as Social Constructions: A Framework for Analysis', *Acta Sociologica,* 35 (1) 3–11.

Hacker, J. (1998) 'The Historical Logic of National Health Insurance: Structure and Sequence in the Development of British, Canadian, and U.S. Medical Policy', *Studies in American Political Development,* 12, 57–130.

Hacker J. (2002) *The Divided Welfare State:The Battle over Public and Private Social Benefits in the United States* (New York: Cambridge University Press).

Hacker, J. (2004) 'Privatizing Risk without Privatizing the Welfare State: The Hidden Politics of Social Policy Retrenchment in the United States', *American Political Science Review,* 98 (2) 243–60.

Hall, P. (1986) *Governing The Economy: The Politics of Intervention In Britain And France* (Cambridge: Polity Press).

Hall, P. (1989) *The Power of Economic Ideas* (Princeton: Princeton University Press).

Hall, P. (1993) 'Policy Paradigms, Social Learning, and the State: The Case of Economic Policymaking in Britain', *Comparative Politics,* 25 (3) 275–96.

Hall, P. (1998) *Cities in Civilisation* (London: Weidenfeld & Nicolson).

Hall, P. (2009) 'Historical Institutionalism in Rationalist and Sociological Perspective', in J. Mahoney and K. Thelen (eds) *Explaining Institutional Change: Ambiguity, Agency, and Power* (Cambridge: Cambridge University Press).

Hall, P. and Taylor, R. (1996) 'Political Science and Three New Institutionalisms', *Political Studies,* 44, 936–57.

Hall, P. and Taylor, R. (1998) 'The Potential of Historical Institutionalism: a Response to Hay and Wincott', *Political Studies,* 46 (5) 958–62.

Hall, P. and Thelen, K. (2008) 'Institutional Change in Varieties of Capitalism', *Socio-Economic Review* (2009) 7, 7–34, advance access publication 14.10.2008.

Hardin, G. (1963) 'The Cybernetics of Competition: A Biologist's View of Society', *Perspectives in Biology and Medicine,* 7, 58–84.

Hardin, G. (1968) 'The Tragedy of the Commons', *Science,* 162, 1243–8.

Hawkesworth, M. (2005) 'Engendering Political Science: An Immodest Proposal', *Politics and Gender,* 1 (1) 141–56.

Hay, C. (1997) 'Divided by a Common Language: Political theory and the Concept of Power', *Politics* 17 (1) 45–52.

Hay, C. (2001) 'The "Crisis" of Keynesianism and the Rise of Neo-Liberalism in Britain: An Ideational Institutionalist Approach', in J. L. Campbell and O. K. Pedersen (eds) *The Second Movement in Institutional Analysis* (Princeton, NJ: Princeton University Press).

Hay, C. (2002) *Political Analysis: A Critical Introduction* (Basingstoke: Palgrave Macmillan).

Hay, C. (2006a) 'Constructivist Institutionalism', in R. A. W. Rhodes, S. A. Binder and B. A. Rockman (eds) *The Oxford Handbook Of Political Institutions* (Oxford: Oxford University Press).

Hay, C. (2006b) '(What's Marxist About) Marxist State Theory?',in C.Hay, M. Lister and M.Marsh (eds) *The State: Theories And Issues* (Basingstoke: Palgrave Macmillan).

Hay, C. (2010) 'Constructivist Institutionalism... Or, Why Ideas into interests Don't Go', in D. Béland and R. Cox (eds) *Ideas and Politics in Social Science Research* (Princeton, NJ: Princeton University Press).

Hay, C. (2012) 'Treating the Symptom Not the Condition: Crisis Definition, Deficit Reduction and the Search for a New British Growth Model', *British Journal of Politics and International Relations*, early online view, accessed 5/9/12 at http://onlineli- brary.wiley. com/doi/10.1111/j.1467-856X.2012.00515.x/full.

Hay, C. and Jessop, B. (1995) 'The Governance of Local Economic Development and the Development of Local Economic Governance', paper presented to the annual meeting of the American Political Science Association, Chicago, September 1995.

Hay, C. and Wincott, D. (1998) 'Structure, Agency, and Historical Institutionalism', *Political Studies*, 46, 951–7.

Healey, P. (2007) 'The New Institutionalism and the Transformative Goals of Planning', in N. Verma (ed.) *Institutions and Planning* (Oxford: Elsevier).

Heclo, H. (1974) *Modern Social Policies in Britain and Sweden: From Relief to Income Maintenance* (New Haven: Yale University Press).

Heclo, H. (2006) 'Thinking Institutionally', in B. A Rockman, S. A. Binder and R. A. W. Rhodes (eds) *The Oxford Handbook of Political Institutions* (Oxford: Open University Press).

Heclo, H. and Wildavsky, A. (1974) *The Private Government of Public Money: Community and Policy Inside British politics* (Basingstoke: Palgrave Macmillan).

Heffernan, R. (2003) 'Prime Ministerial Predominance? Core Executive Politics in the UK', *British Journal of Politics and International Relations,* 5 (3) 347–72.

Held, D. and Leftwich, A. (1984) 'A Discipline of Politics?', in A. Leftwich (ed.) *What is Politics? The Activity and its Study* (Oxford: Basil Blackwell).

Held, D. and Kaya, A. (eds) (2006) *Global Inequality: Patterns and Explanations* (Cambridge: Polity).

Helmke, G. and Levitsky, S. (2006) 'Introduction', in G. Helmke and S. Levitsky (eds) *Informal Institutions and Democracy: Lessons from Latin America* (Baltimore: Johns Hopkins University Press).

Heywood, A. (2011) *Global Politics* (Basingstoke: Palgrave Macmillan).

Hindmoor, A. (2010) 'Rational Choice', in G. Stoker and D. Marsh (eds) *Theory and Methods in Political Science* (3rd edn) (Basingstoke: Palgrave Macmillan).

Hochschild, J. and Birch, T. (2004) '(Purposes + Unintended Consequences) X 2 Policy Changes=Large Effects: Contingency and Intention in American Racial and Ethnic Categories', in papers to the Conference in Honour of Robert Dahl, *Contingency in the Study of Politics* Yale University, 3–4 December 2004.

Hood, C. (1998) *The Art of the State* (Oxford: The Clarendon Press).

Hughes, E. (1936) 'The Ecological Aspects of Institutions', *American Sociological Review,* 1, 180–9.

Hughes, E. (1958) *Men and Their Work* (Glencoe, IL: Free Press).

Huntington, S. (1968) *Political Order in Changing Societies* (New Haven, CT: Yale University Press).

Immergut, E. (1992) *Health Politics: Interests and Institutions in Western Europe* (New York: Cambridge University Press).

Jackson, P. J. (2006) 'Making Sense of Making Sense: Configurational Analysis and the Double Hermeneutic', in D. Yanow and P. Schwartz-Shea (eds) *Interpretation and Method-Empirical Research Methods and the Interpretive Turn* (New York: M.E. Sharpe).

James, T. (2009) 'Whatever Happened to Regulation Theory? The Regulation Approach and Local Government Revisited', *Policy Studies*, 30 (2) 181–201.

Jessop, B. (1990) *State Theory: Putting Capitalist States In Their Place* (Pennsylvania: Pennsylvania State University Press).

Jessop, B. (2000) 'Governance Failure', in G. Stoker (ed.) *The New Politics of British Local Governance* (Basingstoke: Palgrave Macmillan).

Jessop, B. (2007) *State Power: A Strategic-relational Approach* (Cambridge: Polity).

Jessop, B. (2010) 'The "Return" of the National State in the Current Crisis of the World Market', *Capital & Class*, 34, 38–43.

John, P. (1998) *Analysing Public Policy* (London: Continuum).

John, P. (2001) *Local Governance in Western Europe* (London: Sage).

John, P. and Margetts, H. (2003) 'Policy Punctuations in the UK: Fluctuations and Equilibria in Central Government Expenditure since 1951', *Public Administration*, 81 (3) 411–32.

John, P., Smith, G. and Stoker, G. (2009) 'Nudge Nudge, Think Think: Two Strategies for Changing Civic Behaviour', *Political Quarterly*, 80 (3) 361–70.

Johnson, N. (1975) 'The Place of Institutions in the Study of Politics', *Political Studies*, 23, 271–83.

Jordan, G. (1990) 'Policy Community Realism versus "New" Institutional Ambiguity', *Political Studies*, 38 (3) 470–84.

Kathlene, L. (1995) 'Position Power versus Gender Power: Who Holds the Floor?', in G. Duerst-Lahti and R. M. Kelly (eds) *Gender Power, Leadership and Governance* (Ann Arbor, MI: University of Michigan Press) 167–93.

Katzenstein, P. (ed.) (1978) *Between Power and Plenty: Foreign Economic Policies of Advanced Industrial States* (Madison, WI: University of Wisconsin Press).

Keck, M. E. and Sikkink, K. (1998) *Activists Beyond Borders* (New York: Cornell University Press).

Kenny, M. (2007) 'Gender, Institutions and Power: A Critical Review', *Politics*, 27 (2) 445–66.

Kenny, M. (2011) 'Gender and Institutions of Political Recruitment: Candidate Selection in Post-Devolution Scotland', in M. L. Krook and F. Mackay (eds) *Gender, Politics and Institutions* (Basingstoke: Palgrave Macmillan) 21–41.

Kenny, M. and Lowndes, V. (2011) 'Rule-Making and Rule-Breaking: Understanding the Gendered Dynamics of Institutional Reform', paper presented at the Political Studies Association Annual Conference, London, 19–21 April 2011.

Khanna, T and Palepu, K. (2010) *Winning in Emerging Markets* (Cambridge, MA: Harvard Business School Press).

Kiser, L. L. and Ostrom, E. (1982) 'The Three Worlds of Action: A Metatheoretical Synthesis of Institutional Approaches', in E. Ostrom (ed.) *Strategies of Political Enquiry* (London: Sage).

Klijn, E.-H. (2001) 'Rules As Institutional Context For Decision Making In Networks: The Approach to Post-War Housing Districts in Two Cities', *Administration and Society*, 33 (2) 133–64.

Knight, F. H. (1921) *Risk, Uncertainty, and Profit*. Hart, Schaffner, and Marx Prize Essays, no. 31 (Boston and New York: Houghton Mifflin).

Knight, J. (1992) *Institutions and Social Conflict* (Cambridge: Cambridge University Press).

Krasner, S. D. (1980) *The Politics of the International Economy* (Berkeley, CA: University of California Press).

Krasner, S. D. (1984) 'Approaches to the State: Alternative Conceptions and Historical Dynamics', *Comparative Politics*, 16 (2) 223–46.

Krasner, S. D. (1988) 'Sovereignty: An Institutional Perspective', *Comparative Political Studies*, 21 (1) 66–94.

Krook, M. L. and Mackay, F. (2011) 'Introduction: Gender, Politics and Institutions', in M.L. Krook and F. Mackay (eds) *Gender, Politics and Institutions: Towards a Feminist Institutionalism* (Basingstoke: Palgrave Macmillan)

Laclau, E. and Mouffe, C. (1985) *Hegemony and the Socialist Strategy: Towards A Radical Democratic Politics* (London: Verso).

Langston, J. (2006) 'The Birth and Transformation of the Dedazo in Mexico', in G. Helmke and S. Levitsky (eds) *Informal Institutions and Democracy: Lessons from Latin America* (Baltimore: Johns Hopkins University Press).

Lanzara, G. (1998) 'Self-Destructive Processes In Institutional Building And Some Modest Countervailing Mechanisms', *European Journal of Political Research*, 33, 1–39.

Laraña, E., Johnston, H. and Gusfield, J. R. (eds) (1994) *New Social Movements: From Ideology to Identity* (Philadelphia: Temple University Press).

Leach, S. (1995) 'The Strange Case Of Local Government Review', in J. Stewart and G. Stoker (eds) *Local Government In The 1990s* (Basingstoke: Macmillan).

Leach, S. and Lowndes, V. (2004) 'Understanding Local Political Leadership: Constitutions, Contexts and Capabilities', *Local Government Studies*, 30 (4) 557–75.

Leach, S. and Lowndes, V. (2007) 'Of Roles and Rules: Analysing the Changing Relationship between Political Leaders and Chief Executives in Local Government', *Public Policy and Administration*, 22 (2) 183–200.

Lemarchand, R. (1981) 'Comparative Political Clientelism: Structure, Process and Optic', in S. N. Eisenstadt and R. Lemarchand (eds) *Political Clientelism, Patronage and Developmet* (Beverly Hills, CA: Sage).

Lichbach, M. I. (1998) *The Rebel's Dilemma* (Ann Arbor, MI: University of Michigan Press).

Lijphart, A. (1999) *Patterns of Democracy* (New Haven, CT: Yale University Press).

Linde, C. (2001) 'The Acquisition of a Speaker by a Story: How History Becomes Memory and Identity', *Ethos,* 28 (4) 608–32.

Lovenduski, J. and P. Norris (1989) 'Selecting Women Candidates: Obstacles to the Feminisation of the House of Commons', *European Journal of Political Research*, 17, 533–62.

Lowndes, V. (1996) 'Varieties of New Institutionalism: A Critical Appraisal', *Public Administration*, 74, 181–97.

Lowndes, V. (1999) 'Management Change in Local Governance', in G. Stoker (ed.) *The New Management of British Local Governance* (Basingstoke: Macmillan).

Lowndes, V. (2002) 'Institutionalism', in D. Marsh and G. Stoker (eds) *Theory And Methods In Political Science*, (2nd edn) (Basingstoke: Palgrave Macmillan).

Lowndes, V. (2005) 'Something Old, Something New, Something Borrowed ... How Institutions Change (And Stay The Same) In Local Governance', *Policy Studies,* 26, 291–309.

Lowndes, V. (2010) 'The Institutional Approach', in D. Marsh and G. Stoker (eds) *Theory and Methods in Political Science* (3rd edn) (Basingstoke: Palgrave Macmillan).

Lowndes, V. and Pratchett, L. (2008) 'Public Policy and Social Capital: Creating, Redistributing or Liquidating?' in D. Castiglione, J. van Deth and G. Wolle (eds) *The Handbook of Social Capital* (Oxford: Oxford University Press) pp, 677–707.

Lowndes, V. and Squires, S. (2012) 'Cuts, Collaboration and Creativity', *Public Money and Management*, 32 (6), 401–8.

Lowndes, V. and Wilson, D. (2001) 'Social Capital and Local Governance: Exploring the Institutional Design Variable', *Political Studies*, 49 (4), 628–47.

Lowndes, V. and Wilson, D. (2003) 'Balancing Revisability and Robustness?: A New Institutionalist Perspective on Local Government Modernisation', *Public Administration*, 81 (2) 275–98.

Lowndes, V., Pratchett, L. and Stoker, G. (2006) 'Local Political Participation: The Impact of Rules-In-Use', *Public Administration*, 84 (3) 539–61.

Lowndes, V., Stoker, G. and Pratchett, L. (1998) *Enhancing Public Participation in Local Government* (London: DETR).

Luban, D. (1996) 'The Publicity Principle', in R. Goodin (ed.) *The Theory of Institutional Design* (Cambridge: Cambridge University Press).

Lupia, A. and McCubbins, M. D. (1994) 'Learning from Oversight: Fire Alarms and Police Patrols Reconstructed', *Journal of Law, Economics and Organisation,* 10, 96–125.

Maguire, D. (2010) 'Marxism', in G. Stoker and D. Marsh (eds) *Theories and Methods in Political Science* (3rd edn) (Basingstoke: Palgrave Macmillan) pp. 136–55.

Mahoney, J. and Thelen, K. (2010) 'A Theory of Gradual Institutional Change', in J. Mahoney and K. Thelen (eds) *Explaining Institutional Change: Ambiguity, Agency and Power* (Cambridge: Cambridge University Press).

March, J. G. and Olsen, J. P. (1984) 'The New Institutionalism: Organisational Factors

in Political Life', *American Political Science Review,* 78, 738–49.
March, J. G. and Olsen, J. P. (1989) *Rediscovering Institutions* (New York: Free Press).
March, J. G. and Olsen, J. P. (2004) 'The Logic of Appropriateness', *Arena Working Papers*, Centre forEuropean Studies, University of Oslo, 17/07/2007,www.arena.uio.no/ publications/ working-papers 2004/papers/wp04_9.pdf.
March, J. G. and Olsen, J. P. (2009) 'The Logic of Appropriateness' Arena Working Papers WP 04/09 Arena Centre for European Studies University of Oslo.
Marr, A. (2007) *A History Of Modern Britain* (Basingstoke: Palgrave Macmillan).
Marsh, D. (2002) 'Marxism', in D. Marsh and G. Stoker (eds) (2nd edn) *Theory and Methods in Political Science* (Basingstoke: Palgrave Macmillan).
Marsh, D. (2008) 'Understanding British Politics: Analysing Competing Models', *The British Journal of Politics and International Relations*, 10 (2) 251–68.
Marsh, D. (2010) 'Meta-Theoretical Issues', in D. Marsh and G. Stoker (eds) (3rd edn) *Theory and Methods in Political Science* (Basingstoke: Palgrave Macmillan).
Marsh, D. and Rhodes, R. A. W. (1992) *New Directions in the Study of Policy Networks* (Dordrecht: Kluwer).
Mayntz, R. (2004) 'Organisational Forms of Terrorism: Hierarchy, Network or a Type *Sui Generis*', MPIfG Discussion Paper 04/4 (Cologne:Max-Plank Institut fur Gessellschaftsforschung).
Mayntz, R. and Scharpf, F. W. (1995) 'Der Ansatz des akteurzentri- erten Institutionalismus', in R. Mayntz and F. W. Scharpf (eds) *Gesellschaftliche Selbstregelung und politische Steuerung* (Frankfurt: Campus).
Mayr, E. (1963) *Animal Species and Evolution* (Cambridge, MA: Harvard University Press).
McAdam, D. (1988) *Freedom Summer* (Oxford: Oxford University Press).
McAnulla, S. (2006) *British Politics: A Critical Introduction* (London: Continuum).
Merelman, R. M. (2003) *Pluralism at Yale: The Culture of Political Science in America* (Madison, WI: University of Wisconsin Press).
Meyer, J. W. (1994) 'Rationalised Eenvironments', in W. R. Scott and J. W. Meyer (eds) *Institutional Environments and Organizations: Structural Complexity and Individualism* (Thousand Oaks, CA: Sage).
Meyer, J. and Rowan, B. (1977) 'Institutional Organizations: Formal Structure as Myth and Ceremony', *American Journal of Sociology*, 83 (2) 340–63.
Mills, C. Wright (1956) *The Power Elite* (Oxford: Oxford University Press).
Moon, D. (2012) 'Towards a Post-structuralist Institutionalism', Unpublished paper.
Morris, E. (2010) 'The Tea Party Last Time', *New York Times*, 31/10/2010.
Mossberger, K. and Stoker, G. (2001) 'The Evolution of Urban Regime Theory: The Challenge of Conceptualization', *Urban Affairs Review*, 36 (6) 810–35.
Mouffe, C. (2000) *The Democratic Paradox* (London: Verso).
Newman, J. (2001) *Modernising Governance: New Labour, Policy and Society* (London: Sage).
Newman, J. (2005) 'Enter the Transformational Leader: Network Governance and the Micro-Politics of Modernization', *Sociology*, 39 (4) 717–34.

Niskanen, W. (1971) *Bureaucracy and Representative Government* (New York: Aldine-Atherton).

Niskanen, W. (1973) *Bureaucracy: Servant or Master?*(London: Institute of Economic Affairs).

North, D. C. (1990) *Institutions, Institutional Change And Economic Performance* (Cambridge: Cambridge University Press).

North, D. and Thomas, R. (1973) *The Rise of the Western World: A New Economic History* (Cambridge: Cambridge University Press).

Nye, J. (2008) *The Powers to Lead: Soft, Hard, and Smart* (New York: Oxford University Press).

Offe, C. (1996) 'Designing Institutions in East European Transitions', in R. Goodin (ed.) *The Theory of Institutional Design* (Cambridge: Cambridge University Press).

Offe, C. (2009) 'Governance an Empty Signifier?', *Constellations*, 16 (4) 550–62.

Ohmae, K. (1995) *The End of the Nation State* (New York: Free Press).

Orren, K. and Skowronek, S. (2002) 'American Political Development', in I. Katznelson and H. Milner (eds) *Political Science: The State of the Discipline* (New York: Norton).

Ostrom, E. (1986) 'An Agenda for the Study of Institutions', *Public Choice*, 48, 3–25.

Ostrom, E. (1999) 'Institutional Rational Choice: An Assessment of The Institutional Analysis and Development Framework', in P. Sabatier (ed.) *Theories of the Public Policy Process* (Oxford: Westview Press).

Ostrom, E. (2005) *Understanding Institutional Diversity* (Princeton and Oxford: Princeton University Press).

Ostrom, E. (2007) *The Challenge of Crafting Rules to Change Open Access Resources into Managed Resources*, paper presented at the International Economic Association round table on the Sustainability of Economic Growth, Beijing, China, 13–14 July 2007.

Ostrom, E. and Cardenas, J/ (2004) 'What do People Bring into the Game: Experiments in the Field about Cooperation in the Commons, *Agricultural Systems*, 82, 307–26.

Ostrom, E., Gardner, R. and Walker, J. (1994) *Rules, Games, and Common Pool Resources* (Ann Arbor, MI: University of Michigan Press).

Painter, J. (1995) *Politics, Geography and Political Geography: A Critical Perspective* (London: Arnold).

Parsons, D. (2010) 'Constructivism and Interpretive Theory', in D. Marsh and G. Stoker (eds) *Theory and Methods in Political Science* (Basingstoke: Palgrave Macmillan).

Parsons, T. (1951) *The Social System* (Glencoe, IL: Free Press).

Perrow, C. (1987) *Complex Organizations: A Critical Essay* (New York: McGraw-Hill).

Peters, B. G. (1996) 'Institutionalism Old and New', in R. E. Goodin and H. Klingenmann (eds) *A New Handbook of Political Science* (Oxford: Oxford University Press).

Peters, B. G. (1999) *Institutional Theory in Political Science: The New Institutionalism* (London: Pinter).

Peters, B.G.(2005) *Institutional Theory in Political Science: The 'New Institutionalism'*, (2nd edn) (London: Continuum).

Peters, B. G. and Hogwood, B. W. (1991) 'Applying Population Ecology Models to Public Organizations', *Research in Public Administration*, 1, 79–108.

Peters, B. G. and Pierre, J. (1998) 'Institutions and Time: Problems of Conceptualisation and Explanation', *Journal of Public Administration Research and Theory*, 4, 565–83.

Pierson, P. (1996) 'The Path to European Integration: A Historical Institutionalist Analysis', *Comparative Political Studies*, 29 (2) 123–63.

Pierson, P. (2000) 'Increasing Returns, Path Dependence, and the Study of Politics', *American Political Science Review*, 94 (2) 251–67.

Pierson, P. (2003) 'Big, Slow-moving and... Invisible: Macrosocial Process in the Study of Comparative Politics', in J. Mahoney and D. Rueschemeyer (eds) *Comparative Historical Analysis in the Social Sciences* (Cambridge: Cambridge University Press).

Pierson, P. (2004) *Politics In Time* (Princeton, NJ: Princeton University Press).

Pierson, P. and Skocpol T. (2002) 'Historical Institutionalism in Contemporary Political Science', in I. Katznelson and H. V. Milner (eds) *Political Science: The State of the Discipline* (New York: W.W. Norton).

Polanyi, K. (1992) 'The Economy as Instituted Process', in M. Granovetter and R. Swedberg (eds) *The Sociology of Economic Life* (Boulder, CO: Westview Press).

Polsby, N W. (1975) 'Legislatures', in F. Greenstein and F. Polsby (eds) *A Handbook of Political Science* (Reading, MA: Addison-Wesley).

Premfors, R. (2004) 'The Contingency of Democratization: Scandinavia in Comparative Perspective', in papers to the Conference in Honour of Robert Dahl, *Contingency In The Study Of Politics*, Yale University, 3–4 December 2004.

Putnam, R. (1993) *Making Democracy Work: Civic Traditions in Modern Italy* (Princeton: Princeton University Press).

Putnam, R. (2000) *Bowling Alone: The Collapse and Revival of American Community* (New York: Simon & Schuster).

Rawnsley A. (2010) *The End of the Party: The Rise and Fall of New Labour* (London: Viking).

Reich, R. B. (1990) *The Power of Public Ideas* (Cambridge, MA: Harvard University Press).

Rhodes, R. A. W. (1988) *Beyond Westminster and Whitehall: The Subcentral Governments of Britain* (London: Unwin Hyman).

Rhodes, R. A. W. (1995) 'The Institutional Approach', in M. Marsh and G. Stoker (eds) *Theory and Methods in Political Science* (Basingstoke: Macmillan).

Rhodes, R. A. W. (1997) *Understanding Governance: Policy Networks, Governance, Reflexivity and Accountability* (London: Open University Press).

Rhodes, R. A. W. (2006) 'Old Institutionalisms', in R. A. W. Rhodes, S. A. Binder and B. A. Rockman (eds) *The Oxford Handbook of Political Institutions* (Oxford: Oxford University Press).

Rhodes, R. A. W., Binder, S. A. and Rockman, B. A. (2006) *The Oxford Handbook of Political Institutions* (Oxford: Oxford University Press).

Richardson, J. and Jordan, G. (1979) *Governing Under Pressure. The Policy Process in a Post Parliamentary Democracy* (Oxford: Martin Robertson).

Riker, W. H. (1980) 'Implications from the Disequilibrium of Majority Rule for the Study of Institutions', *American Political Science Review*, 74, 432–46.

Riker, W. H. (1982) *Liberalism Against Populism: A Confrontation Between the Theory of Democracy and the Theory of Social Choice* (San Francisco: W.H. Freeman).

Ringen, S. (2005: 5) *The Powerlessness of Powerful Government* (Oxford: Oxford University Press).

Rittberger, V. (1993) *Regime Theory and International Relations* (Oxford: Clarendon Press).

Roberts, M. (2008) 'Bringing the Actor Back In: Agency as the Engine of Collaborative Public Governance', unpublished PhD thesis, INLOGOV, School of Public Policy, University of Birmingham.

Robson, W. A. (1960) *Nationalized Industry and Public Ownership* (London: Allen & Unwin).

Rose, N. S. (1999) *Powers of Freedom Reframing Political Thought* (Cambridge: Cambridge University Press).

Rothstein, B. (1996) 'Political Institutions – An Overview', in R. E. Goodin and H. D. Klingemann (eds) *A New Handbook for Political Science* (Oxford: Oxford University Press).

Sabatier, P. (1988) 'An Advocacy Coalition Framework of Policy Change and the Role of Policy-oriented Learning Therein', *Policy Sciences*, 21, 129–68.

Sabatier, P. (2007) *Theories of the Policy Process* (Boulder, CO: Westview Press).

Sabatier, P. and Weible, C. M. (2007) 'The Advocacy Coalition Framework: Innovations and Clarifications', in P. Sabatier (ed.) *Theories of the Policy Process* (Boulder, CO: Westview Press).

Sanders, D. (2010) 'Behavioural Analysis', in D. Marsh and G. Stoker (eds) *Theories and Methods in Political Science* (3rd edn) (Basingstoke: Palgrave Macmillan).

Scharpf, F. W. (1997) *Games Real Actors Play: Actor-Centred Institutionalism In Policy Research* (Boulder, CO: Westview Press).

Schickler, E. (2001) *Disjointed Pluralism: Institutional Innovation and the Development of the U.S. Congress* (Princeton, NJ: Princeton University Press).

Schmidt, V. (2006) 'Institutionalism', in C. Hay, M. Lister and D. Marsh (eds) *The State: Theories and Issues* (Basingstoke: Palgrave Macmillan).

Schmidt, V. (2008) 'Discursive Institutionalism: The Explanatory Power of Ideas', *Annual Review of Political Science*, 11, 1, 303–26.

Schmidt, V. (2009) 'Putting Political Back into the Political Economy by Bringing the State Back in Yet Again', *World Politics*, 61 (3) 516–46.

Schmidt, V. (2010) 'Taking Ideas and Discourse Seriously: Explaining Change Through Discursive Institutionalism as the Fourth "New Institutionalism"', *European Political Science Review*, 2, (1) 1–25.

Schneiberg, M. and Clemens, E. (2006) 'The Typical Tools For The Job: Research Strategies In Institutional Analysis', *Sociological Theory*, 3, 195–227.

Schneiberg, M. and Lounsbury, M. (2008) 'Social Movements and Neo-institutional Theory: Analyzing Path Creation and Change', in R. Greenwood, C. Oliver, S. Sahlin-Andersson and R. Suddaby (eds) *Handbook of Institutional Theory* (Thousand Oaks, CA: Sage).

Schotter, A. (1986) *The Economic Theory of Social Institutions* (Cambridge: Cambridge University Press).

Scott, W. R. (2001) *Institutions and Organizations* (2nd edn)(Thousand Oaks, CA: Sage).

Scott, W. R. (2008) *Institutions and Organizations: Ideas and Interests* (3rd edn) (Thousand Oaks, CA: Sage).

Scott, W. R., Ruef, M., Mendel, P. and Caronna, C. (2000) *Institutional Change and Organizations: Transformation of a Healthcare Field* (Chicago: University of Chicago Press).

Selznick, P. (1949) *TVA and the Grass Roots: A Study in the Sociology of Formal Organization* (Berkeley, CA: University of California Press).

Selznick, P. (1957) *Leadership in Administration; a Sociological Interpretation* (Evanston, IL: Row, Peterson).

Shepsle, K. (1986) 'Institutional Equilibrium and Equilibrium Institutions', in H. Weisberg (ed.) *Political Science: The Science of Politics* (New York: Agathon).

Shepsle, K. (1989) 'Studying Institutions: Some Lessons from the Rational Choice Approach', *Journal of Theoretical politics*, 1, 131–47.

Silverman, D. (1971) *The Theory of Organizations: A Sociological Framework* (New York: Basic Books).

Skocpol, T. (1979) *States and Social Revolutions: A Comparative Analysis of France, Russia, and China* (Cambridge: Cambridge University Press).

Skocpol, T. (1985) 'Bringing the State Back In: Strategies of Analysis in Current Research', in P. Evans, D. Rueschemeyer and T. Skocpol(eds *Bringing the State Back In* (Cambridge: Cambridge University Press).

Skowronek, S. (1982) *Building a New American State: The Expansion of National Administrative Capacities, 1877–1920* (Cambridge: Cambridge University Press).

Smith, M. (2006) 'Pluralism', in C. Hay, M. Lister and D. Marsh (eds) *The State: Theories and Issues* (Basingstoke: Palgrave Macmillan).

Sørenson, E. and Torfing, J. (2008) 'Theoretical Approaches to Governance Network Dynamics', in E. Sørenson and J. Torfing(eds) *Theories of Democratic Network Governance* (Basingstoke: Palgrave Macmillan).

Steinmo, S., Thelen, K. and Longstreth, F. (eds) (1992) *Structuring Politics Historical Institutionalism in Comparative Analysis* (Cambridge: Cambridge University Press).

Stewart, J. (2000) *The Nature of British Local Government* (Basingstoke: Palgrave Macmillan).

Stewart, J. (2002) 'Will Best Value Survive?', *Public Money and Management*, 22 (2) 4–5.

Stewart, J. (2003) *Modernising British Local Government: An Assessment of Labour's Reform Programme* (Basingstoke: Palgrave Macmillan).

Stinchcombe, A. L. (1997) 'On the Virtues of the Old Institutionalism', *Annual Review of Sociology*, 23, 1–18.

Stoker, G. (1995) 'Regime Theory and Urban Politics', in D. Judge, G. Stoker and H. Wolman (eds) *Theories of Urban Politics* (London: Sage).

Stoker, G. (1999) 'Remaking Local Democracy: Lessons from the New Labour Reform Strategy', paper presented at Department of Government, University of Manchester, Golden Jubilee Celebrations.

Stoker, G. (2002) 'Life is a Lottery: New Labour's Strategy for the Reform of Devolved Governance', *Public Administration*, 80 (3) 417–34.

Stoker, G. (2010) 'Blockages on the Road to Relevance: Why has Political Relevance Failed to Deliver?', *European Political Science*, 9, 72–84.

Stoker, G. and Mossberger, K. (1995) 'The Post-Fordist Local State', in J. Stewart and G. Stoker (eds) *Local Government in the 1990s* (London: Macmillan).

Stone,C. (1989) *Regime Politics: Governing Atlanta 1946–1988* (Lawrence:University Press of Kansas).

Strang, D. and Meyer, J. (1993) 'Institutional Conditions for Diffusion', *Theory and Society*, 22, 487–512.

Streek, W. (2001) 'Introduction: Explorations into the Origins of Nonliberal Capitalism in Germany and Japan', in W. Streek and K. Yamamura (eds) *The Origins of Nonliberal Capitalism: Germany and Japan* (New York: Cornell University Press).

Streek, W. and Thelen, K. (eds) (2005) *Beyond Continuity: Institutional Change in Advanced Political Economies* (Oxford: Oxford University Press).

Sullivan, H. and Skelcher, C. (2002) *Working Across Boundaries* (Basingstoke: Palgrave Macmillan).

Sumner, W. G. (1906) *Folkways, a Study of the Sociological Importance of Usages, Manners, Customs, Mores, and Morals* (Boston, MA: Ginn).

Thelen, K. (2004) *How Institutions Evolve. The Political Economy of Skills in Germany, Britain, the United States and Japan* (Cambridge: Cambridge University Press).

Thelen, K. (2009) 'Institutional Change in Advanced Political Economies', *British Journal of Industrial Relations*, 47 (3) 471–98.

Thelen, K. and Steinmo, S. (1992) 'Historical Institutionalism in Comparative Politics', in S. Steinmo, K. Thelen and F. Longstreth (eds) *Structuring Politics: Historical Institutionalism In Comparative Analysis* (Cambridge: Cambridge University Press).

True, J. L., Jones, B. D. and Baumgartner, F. R. (1999) 'Punctuated- Equilibrium Theory: Explaining Stability And Change In Public Policymaking', in P. Sabatier (ed.) *Theories of the Policy Process* (Colorado: Westview Press).

Verba, S., Schlozman, K. and Brady, H. (1995) *Voice and Equality: Civic Voluntarism in American Politics* (Cambridge, MA: Harvard University Press).

Walker, J. and Ostrom, E.(2007) 'Trust and Reciprocity as Foundations for Cooperations Individuals, Institutions, and Context', Paper presented at the Capstone Meeting of the RSF Trust Initiative at the Russell Sage Foundation in May 2007, http://www.iew. uzh. ch/static/seminars/downloads/Walker-Ostrom-v6-4-06-07.pdf, accessed 30.3.2012.

Walsh, K., Deakin, N., Smith, P., Spurgeon P. and Thomas, N. (1997) *Contracting for Change* (Oxford: Oxford University Press).

Ward, H. (2002) 'Rational Choice', in D. Marsh and G. Stoker (eds) *Theory and Methods in Political Science* (Basingstoke: Macmillan).

Waylen, G. (2011) 'Gendered Institutionalist Analysis: Understanding democratic transitions', in M. L. Krook and F. Mackay (eds) *Gender, Politics and Institutions: Towards a Feminist Institutionalism* (Basingstoke: Palgrave Macmillan).

Weingast, B. (1996) 'Political Institutions: Rational Choice Perspectives', in R. Goodin and H.-D. Klingemann (eds) *A New Handbook of Political Science* (Oxford: Oxford University Press).

Weir, M. and Skocpol, T. (1983) 'State Structures and Social Keynesianism: Responses to the Great Depression in Sweden and the United States', *International Journal of Comparative Sociology*, 24, 4–29.

Weir, M. and Skocpol, T. (1985) *Bringing the State Back In* (Cambridge: Cambridge University Press).

Wendt, A. (1999) *Social Theory of International Politics* (Cambridge:Cambridge University Press)

Williams, R. (1983) *Keywords: A Vocabulary of Culture and Society* (Oxford: Oxford University Press).

Williamson, O. E. (1985) *The Economic Institutions of Capitalism: Firms, Markets, Relational Contracting* (New York: Free Press).

Wilson, D. (2003) 'Unravelling Control Freakery: Redefining Central–Local Government Relations', *British Journal of Politics and International Relations*, 5 (3) 317–46.

Wilson, D. and Game, C. (2011) *Local Government in the United Kingdom* (5th edn) (Basingstoke: Palgrave Macmillan).

Wilson, W. (1956) *Congressional Government: A Study in American Politics* (Cleveland: World Publishing).

Wood, D. (2001) *The Deconstruction of Time* (Evanston, IL: North Western University Press).

Zucker, L. G. (1977) 'The Role of Institutionalization in Cultural Persistence', *American Sociological Review*, 42, 726–43.

Zucker, L. G. (1991) 'The Role of Institutionalization in Cultural Persistence', in W. W. Powell and P.J. DiMaggio (eds) *The New Institutionalism in Organizational Analysis* (Chicago: University of Chicago Press).

作者索引

主题索引

First published in English under the title

Why Institutions Matter: The New Institutionalism in Political Science

by Vivien Lowndes and Mark Roberts, edition: 1

图书在版编目（CIP）数据

制度为什么重要：政治科学中的新制度主义 /（英）薇薇安·朗兹（Vivien Lowndes），（英）马克·罗伯茨（Mark Roberts）著；徐常锌译. -- 北京：中国人民大学出版社，2024. 9. --（人文社科悦读坊）. -- ISBN 978-7-300-33145-4

Ⅰ. D034

中国国家版本馆 CIP 数据核字第 2024FG1909 号

人文社科悦读坊

制度为什么重要：政治科学中的新制度主义

［英］薇薇安·朗兹（Vivien Lowndes）
　　　马克·罗伯茨（Mark Roberts）　著

徐常锌　译

Zhidu Weishenme Zhongyao：Zhengzhi Kexue zhong de Xin Zhidu Zhuyi

出版发行	中国人民大学出版社		
社　　址	北京中关村大街 31 号	**邮政编码**	100080
电　　话	010－62511242（总编室）		010－62511770（质管部）
	010－82501766（邮购部）		010－62514148（门市部）
	010－62515195（发行公司）		010－62515275（盗版举报）
网　　址	http://www.crup.com.cn		
经　　销	新华书店		
印　　刷	北京昌联印刷有限公司		
开　　本	787 mm×1092 mm　1/16	**版　　次**	2024 年 9 月第 1 版
印　　张	12.25 插页 1	**印　　次**	2025 年 1 月第 2 次印刷
字　　数	262 000	**定　　价**	58.00 元